張衍

著

海峽兩岸檔案學教育之沿革與發展

謹將此書獻給包小媛女士。

薛序

　　檔案教育是檔案事業的根本，有了健全的檔案教育，才有穩固的檔案事業發展。檔案教育猶如檔案事業的基石，唯有植基於磐石之上，才能建造出百年不墜的樓宇。1934 年，武昌文華圖書館學專科學校設立檔案管理特種教席，這是近代中國檔案教育的發端。

　　臺灣的檔案學教育起步稍晚，1946 年臺灣行政長官公署開始對全臺文書檔案管理人才進行業務培訓，這是臺灣最早與檔案教育有關的記載。1958 年倪寶坤在臺灣省立師範大學（今臺灣師範大學）社會教育學系圖書館組開設「檔案管理」課程，係臺灣最早開設檔案課程的大學。

　　由兩岸在學術單位開設檔案學課程的起始年代來看，相距 24 年，但其後兩地在檔案學教育的發展卻有極大的不同。透過本論文的研究，可據以得知兩者的分野。本書先以文獻探討國外檔案學教育相關研究的回顧與進展，再針對法國、英國、美國、俄國等國檔案教育的發展歷程進行探討。針對中國大陸與臺灣兩地檔案學教育之研究進行回顧，並對兩岸檔案學教育之相關研究也進行探討與分析。

　　本論文的採用歷史法、比較研究法與訪談法三種研究方法。由於論文主題是探討兩岸檔案學教育之發展沿革，且年代最早溯及 1912 年，因而採用歷史法實屬合適之研究方法。此外，因需釐清兩岸檔案學教育之異同，比較研究法是學術界較常使用於兩者或以上研究主體相關主題比較之方法。為彌補上述研究法未能涵蓋之處，訪談法是為了瞭解當事人親身體驗或經歷的事件真相所採行的研究方法。因而本研究另採用訪談法。

　　中國大陸在 1912-1949 年時，檔案教育沿革涉及：武昌文華圖書館學專科學校、江蘇學院行政管理系、國立社會教育學院圖書博物館學系、崇實檔案學校四個學校。草創時期的檔案教育多為開設概論性質的課程，且專職教授檔案學課程的師資亦較有限。

　　第五章主要探討 1945-2016 年間海峽兩岸檔案學教育之發展，分別探討中

國大陸與臺灣大學教育沿革與現況。

　　第六章係基於上述對兩岸檔案學教育之歷史發展及現況，進行檔案學教育歷史脈絡之分析，歸納出兩岸檔案學教育發展歷程有三項發現：一.1949：民國檔案學教育的重構與承襲、二.政治角力的映射與外來檔案學教育輸入、三.檔案管理體制與檔案學教育的互動。

　　第七章結論中，作者對於海峽兩岸檔案學教育的差異，總結出七項的差異，分別是：一.歷史發展概況、二.系所設置、三.學科隸屬與學位授與、四.地理分布、五.入學方式與考試、六.學生、七.教師等。除了文字敘述比較外，還提供兩岸檔案學教育相關項目比較的表格，可以清楚的瞭解各項中兩者之差異。作者最後針對中國大陸檔案學教育發展提出四項建議：一.合理規劃檔案學教育之發展、二.優化檔案學教育系所地理分布、三.加速發展檔案專業博士教育、四.提升檔案專業教師素質。臺灣檔案學教育發展亦提出四項建議，分別是：一.推動檔案典藏單位的設置與聘用檔案專業人員、二.優化檔案學教育系所地理分布、三.設置檔案大學部教育、四.共享檔案學教育資源。

　　綜觀本書係由張衍博士的政治大學圖書資訊與檔案學研究所的博士論文所改寫，該論文也是政大圖檔所第三位檔案學博士論文，具有開創性的意涵。張衍在碩士班就讀期間曾到臺灣東吳大學就讀，當時即期許日後能到臺灣再就讀博士班。在取得全額博士班獎學金後，張衍在木柵指南山麓就讀期間，可謂夙夜匪懈，無時無刻不以學業為重。在博士班資格考長達十多小時的長考，幾乎昏厥，考後隨即到醫院掛點滴，傳為佳話。可知其在學業用功之勤。本書在臺灣而言，也是首部對於自民國以來兩岸檔案學教育進行全面性的探討、比較與研究，尤其難得的是該論文遍查兩岸相關的重要檔案與文獻。本書的出版將可彌補兩岸對於民國以來檔案學教育發展歷程論述不足之缺憾，是一本非常具有參考價值的著作。

薛理桂

2020 年 8 月 11 日

於新北淡水

目次
CONTENTS

圖次

表次

第一章　緒論

第一節　研究背景與動機

　　1945 年，第二次世界大戰結束，國民政府作為戰勝國順利從日本手中收回 1895 年割讓的臺灣及澎湖列島。臺灣省行政長官陳儀（1883-1950）代表中國政府宣布：

　　從今天起臺灣及澎湖列島已正式重入中國版圖，所有一切土地、人民、政事已置於中華民國國民政府主權之下，這件具有歷史意義的事實本人特報告給中國全體同胞及全世界周知。[1]

　　1949 年，國民政府在國共內戰中失利，退守臺灣，至此海峽兩岸隔海相望。海峽兩岸的分隔，不僅僅是余光中（1928-2017）筆下的詩句：「鄉愁是一灣淺淺的海峽／我在這頭／大陸在那頭」[2]，也影響到整個社會變遷的路徑。無論是庶民的日常生活，還是學術與教育的發展軌跡——檔案學教育就是其中之一。

　　中國現代的檔案學教育發軔於 1930 年代。1934 年位於湖北的私立武昌文華圖書館學專科學校（以下簡稱文華圖專）設立檔案管理特種教席，1939 年國民政府教育部在該校附設了一個檔案管理專科，這是近代中國培養檔案管理專業人才之肇始。1946 年殷鐘麒（1907-1970）在重慶創辦私立崇實檔案學校（簡稱崇實檔案學校），設有文書處理科與檔案管理科，分為高級、初級兩班。此為最早專門培養檔案專業人才的機構。[3]此外，還有私立中國檔案函授學校[4]、四

---

[1]　〈臺灣全境日軍俯首投降：陳長官奉命主持典禮 從此臺省及澎湖列島復歸祖國〉，臺灣新生報，1945 年 10 月 26 日，第二版。

[2]　余光中，《余光中詩選：1949-1981》，洪範文學叢書 72，二版一印（臺北市：洪範書店，2006），251-52。

[3]　邵金耀，〈檔案學教育起源探析〉，檔案學通訊，1 期（2006 年 1 月）：71-74。

[4]　玉奇，〈新中國成立前上海曾創辦過「中國檔案函授學校」——關於《舊中國的檔案教育》補遺〉，檔案工作，4 期（1990 年 4 月）：45。

川職業檔案所[5]、國立社會教育學院圖書博物館學系[6]、江蘇省立江蘇學院（簡稱江蘇學院）行政管理系[7]等機構講授檔案管理方面的課程。上述的檔案學教育實踐及這一時期產生與培養的檔案學人，構成了 1945 年之後海峽兩岸檔案學教育的共同基礎之一。但 1949 年之後，海峽兩岸的檔案學教育各自發展。

首先，中國大陸方面在 1949 年之後開始重構檔案事業與教育體系。1951年，中共中央辦公廳創辦第一本檔案刊物《材料工作通訊》（1953 年更名為《檔案工作》，1994 年再次更名為《中國檔案》），用於介紹蘇聯文書、檔案工作的理論及其在本土的應用經驗。[8] 1952 年，中共中央辦公廳、組織部和宣傳部委託中國人民大學籌辦檔案專修班，同年 11 月 15 日檔案專修班正式開學，這是中國大陸重構檔案高等教育的開端。[9] 1954 年 11 月，中國大陸國家檔案局成立，從此中國大陸開始有主管檔案的中央機關。1979 年，中國檔案學會成立，檔案事業開始有專業的學會。1987 年 9 月 5 日，《檔案法》頒布實施。自此，中國大陸構建了一個相對完整、獨立的檔案事業體系，中央設有檔案事業主管機關，民間設有檔案專業學會，以及頒布檔案事業專法。

在檔案事業方面，根據中國大陸國家檔案局 2016 年 11 月 16 日公布的最新數據顯示，截至到 2015 年，中國大陸共有各級檔案行政管理部門 3,077 個。其中，中央級 1 個，省（區、市）級 31 個，地（市、州、盟）級 423 個，縣（區、旗、市）級 2,622 個。中國大陸共有各級各類檔案館 4,193 個。其中，國家綜合檔案館 3,322 個，國家專門檔案館 234 個，部門檔案館 237 個，企業集團和大型企業檔案館 176 個，省、部屬事業單位檔案館 224 個。[10]檔案人員方面，中國大陸各級檔案行政管理部門和綜合檔案館共有專職人員 49,190 人，其中，中央級 651 人，省（區、市）級 3,800 人，地（市、州、盟）級 10,710人，縣（區、旗、市）級 34,029 人。國家專門檔案館共有專職人員 3,457 人，

5　徐擁軍、張斌，〈中國大陸檔案高等教育發展研究〉，（論文發表於 2011 年海峽兩岸檔案暨縮微學術交流會，北京市，2011 年 7 月 22-23 日），102-19。

6　張衍、程熙、吳品才，〈蘇州大學檔案學教育源流探析——順記周連寬與徐家麟教授在蘇州大學的檔案學教學〉，**檔案學通訊**，5 期（2013 年 9 月）：96-100。

7　張衍，〈江蘇學院檔案學教育溯源〉，**檔案學研究**，1 期（2016 年 2 月）：51-56。

8　賴世鶴，〈從《材料工作通訊》到《檔案工作》〉，**中國檔案**，6 期（2011 年 6 月）：32-35。

9　徐擁軍、張斌，〈中國大陸檔案高等教育發展研究〉，（論文發表於 2011 年海峽兩岸檔案暨縮微學術交流會，北京市，2011 年 7 月 22-23 日），102-19。

10　國家檔案局政策法規司，〈2015 年度全國檔案行政管理部門和檔案館基本情況摘要〉，國家檔案局網站，最後更新於 2016 年 11 月 16 日，檢索於 2017 年 3 月 1 日，http://www.saac.gov.cn/xxgk/2016-11/16/content_164743.htm。

部門檔案館 2,263 人，企業集團和大型企業檔案館 2,982 人，省、部屬事業單位檔案館 2,072 人。[11]

在檔案學教育方面，中國大陸現共有 37 所高等學校或研究機構培養檔案專業學生，其中本科[12]院校 33 所，最早開設檔案學本科教育的大學係中國人民大學，最新增設檔案學本科專業是內蒙古自治區呼和浩特民族學院管理系；共有 27 所學校開展檔案學碩士研究生教育，1982 年中國人民大學檔案系（1985年更名為檔案學院，2003 年更名為信息資源管理學院）率先開始檔案學碩士研究生教育；共有 6 所學校招收檔案學博士研究生，分別是中國人民大學、武漢大學、南京大學、雲南大學、吉林大學、解放軍南京政治學院。

在臺灣方面，陳儀於 1945 年前往臺灣擔任臺灣省行政長官兼臺灣省警備總司令部總司令，並著手展開接受與改革工作。時任江蘇學院行政管理系教授的陳國琛（1894-?）隨同前往並擔任臺灣行政長官公署秘書處公報室（後改為編輯室）兼秘書處文書科科長，旋即主持戰後臺灣文書改革事宜。為了更為迅速推進文書改革，臺灣省行政長官公署於 1946 年 6 月 6 日至 6 月 13 日針對全省文書檔案管理人才輪番進行業務培訓，這也是臺灣最早有關於檔案教育的記載。[13]然而隨著「二二八事件」[14]的發生、陳國琛隨陳儀調往浙江，臺灣剛萌芽的檔案教育一度中斷。

1958 年，倪寶坤（1903-1991）在臺灣省立師範大學社會教育學系圖書館組開設「檔案管理」課程，首開臺灣檔案正規教育的先河。1978 年，中華民國資料處理縮影學會成立，該會引進現代化縮微科技設備，致力推動檔案縮微制度。幾度更名後定為「中華檔案暨資訊微縮管理學會」。[15]自此，象徵著臺灣第一個檔案相關專業學會正式誕生。此外，中華民國圖書館學會於 2014 年 2 月

---

[11] 國家檔案局政策法規司，〈2015 年度全國檔案行政管理部門和檔案館基本情況摘要〉，國家檔案局網站，最後更新於 2016 年 11 月 16 日，檢索於 2017 年 3 月 1 日，http://www.saac.gov.cn/xxgk/2016-11/16/content_164743.htm。

[12] 相當於臺灣的大學部，以下涉及中國大陸地區採用本科，臺灣採用大學部。

[13] 吳宇凡，〈陳國琛與戰後初期臺灣文書改革〉，檔案學通訊，3 期（2015 年 5 月）：99-104。

[14] 二二八事件又稱作二二八大屠殺，是臺灣於 1947 年 2 月 27 日至 5 月 16 日發生的事件。事件中，臺灣各地民眾大規模反抗政府，國民政府派遣軍隊鎮壓屠殺臺灣民眾、逮捕及槍決臺灣士紳、知識分子。其中包括民眾與政府的衝突、軍警鎮壓平民、當地人對外省人的攻擊，以及臺灣士紳遭軍警捕殺等等情事。這次事件造成大量臺灣民眾傷亡，然而數字眾說紛紜，各方統計的死亡人數，由數百人、數千人、一萬餘人，至數萬人不等。見：「二二八事件」，維基百科網站，檢索於 2017 年 3 月 3日，https://zh.wikipedia.org/zh-tw/%E4%BA%8C%E4%BA%8C%E5%85%AB%E4%BA%8B%E4%BB%B6。

[15] 楊正寬，〈兩岸檔案暨縮微學術交流二十週年的回顧與前瞻〉，檔案與縮微，102 期（2011 年秋季）：3-21，檢索於 2016 年 1 月 15 日，http://www.chinafile.org.tw/book102/。

14 日成立「檔案與手稿委員會」[16]，該委員會的成立進一步壯大了檔案專業學會的陣容。1996 年，國立政治大學（簡稱政治大學）圖書資訊學研究所檔案組的成立，象徵著臺灣檔案學正規教育走向系統化與專門化。2003 年 8 月，政大圖書資訊學研究所更名為「圖書資訊與檔案學研究所」，從此在臺灣開始有以「檔案學」為名的研究所。[17] 1999 年，臺灣《檔案法》頒布，並於 2002 年 1 月 1 日正式施行，該法為臺灣檔案管理制度的建立提供了法律依據。2001 年 10 月 24 日，《檔案管理局組織條例》公布施行，同年 11 月 23 日檔案管理局正式成立。該局的成立象徵著臺灣第一個檔案主管機關正式誕生。《檔案法》的施行和檔案主管機關的成立推動了臺灣檔案事業和檔案學教育的發展。自此，臺灣檔案事業體系大體構建完成。

在檔案事業方面，臺灣目前有 8 個主要的檔案典藏單位，即國家發展委員會檔案管理局、國史館、國史館臺灣文獻館、中央研究院近代史研究所檔案館、中央研究院臺灣史研究所檔案館、中央研究院歷史語言研究所檔案館、國立故宮博物院、中國國民黨黨史館。

在檔案學教育方面，政治大學圖書資訊與檔案學研究所是臺灣唯一的一所正規、系統從事檔案學教育的研究所。截至到 2016 年 4 月，該所共招收了 20 屆碩士研究生、6 屆博士研究生（含圖書資訊與檔案學）。

縱觀海峽兩岸檔案事業與檔案學教育的發展情況，無論是檔案事業還是檔案學教育都有很大的差異。反觀海峽兩岸與檔案學屬於相關學科的圖書資訊學教育，就其教育機構數量而言，中國大陸現有 58 所圖書資訊學教育系所、臺灣現有 7 所圖書資訊學教育系所，機構數量比例為 58：7，遠低於檔案學教育系所數量之比的 44：1。由此也可以推斷並非區域越大則相關教育機構數量則越多，區域越小則相關教育機構數量越少。

除此之外，陳慧娉與薛理桂在反思海峽兩岸檔案學教育發展情況時認為：「因戰爭的緣故，當時培育的檔案人才大多留在大陸地區，使得臺灣地區的檔案教育無以為繼。」[18]人才的短缺為檔案學教育的推行增加了阻力，但這種阻力實難認為是制約檔案教育發展的根本因素。當年教授過檔案管理課程或撰寫過檔案學專著的人才並非無一人赴臺，如沈寶環（1919-2004）、何魯成（1912-1981）、

---

[16] 中華民國圖書館學會，〈第 53 屆各委員會暨工作小組之名單與工作計畫（2014-2015）〉，中華民國圖書館學會網站，檢索於 2016 年 3 月 28 日，http://www.lac.org.tw/intro/intro-committee53#Archives。

[17] 薛理桂，〈台灣地區檔案事業與檔案教育發展現況與前瞻〉，**圖書與資訊學刊**，59 期（2006 年 11 月）：16-24。

[18] 陳慧娉、薛理桂，〈中國檔案學教育發軔與在臺發展情況〉，**檔案學通訊**，3 期（2015 年 5 月）：4-10。

甘乃光（1897-1956）等人均渡海來臺。此外，文華圖專、江蘇學院行政管理系等學校亦有學成的學子渡海來臺，如王征、邱啟明、劉勝旌等。反觀中國大陸，1949 年之後重構檔案教育時，在此之前的檔案學人幾乎無一人得以重用或啟用，如陳國琛、孔充（1897？-？）、傅振倫（1906-1999）、殷鐘麒、周連寬（1905-1998）、毛坤（1899-1960）、徐家麟（1904-1975）、梁建洲（1919-2013）等人。

綜上所述，海峽兩岸檔案學教育的差異為何？究竟是何因素導致海峽兩岸檔案學教育與事業的巨大差異？檔案學教育發展受到哪些因素的推動與制約？海峽兩岸檔案學教育的走向又會如何？這些都成為啟發本研究的關鍵節點。

第二節　研究目的與問題陳述

有鑑於海峽兩岸檔案學教育發展現狀的差異，本研究希冀透過對現有文獻的梳理與現狀的調查，達成以下的研究目的：

1、全面梳理海峽兩岸檔案學教育沿革；

2、調查海峽兩岸檔案學教育發展現況；

3、分析影響海峽兩岸檔案學教育發展的因素；

4、歸納海峽兩岸檔案學教育發展特點與問題，並提出相應的建議。

為了達成上述的研究目的，擬訂研究問題如下：

1、海峽兩岸檔案學教育沿革為何？

2、海峽兩岸檔案學教育發展現況為何？

3、海峽兩岸檔案學教育之沿革與現況的差異點為何？影響海峽兩岸檔案學教育發展的因素為何？

4、海峽兩岸檔案學教育發展的特點為何？遭遇的問題及改進措施為何？

第三節　研究範圍與限制

壹、研究範圍

在時間範圍方面，本研究對資料的選取以 1949 年為界，研究的主題以 1949 年至 2016 年為主。但考慮到海峽兩岸檔案學教育頗受民國初年檔案管理、檔

案教育實踐的影響，在探討海峽兩岸檔案教育起源的部分，時間界限會往前延伸。

在研究對象範圍，由於時間、財力資源有限，本研究並未全面訪問所有之檔案學教育機構，僅訪問中國人民大學、蘇州大學等校。

貳、研究限制

截止到 2015 年，中國大陸由 31 個省份組成，人口約 13.74 億[19]，省均人口約 4,432.26 萬人，國內生產毛額約 107,216.86 億美元，省均國內生產毛額 3,458.61 億美元，人均國內生產毛額約 7,851.72 美元，[20]普通高等學校學校數（所）2,560 個（其中本科院校學校數（所）1,219 個，專科院校學校數（所）1,341 個），省均普通高等學校學校數（所）82.58 個。[21]截止到 2015 年，臺灣人口約 2,354 萬[22]，國內生產毛額約 5,251.96 億美元[23]，人均國內生產毛額約 22,384 美元[24]，大專校院 161 所（其中一般大專校院 65 所，師範大專校院 9 所，技職大專校院 87 所）[25]。中國大陸與臺灣的人口數量、國內生產毛額、普通高等學校學校數（所）／大專校院等指標的總量上存在較大的差異。這也是本研究所無法規避的研究限制。但若以中國大陸的省均人口數量、省均國內生產毛額、省均普通高等學校學校數（所）與臺灣相比較，則在數量上大致相當。

由於研究者在語言方面能力所限，本研究研讀的資料主要以中文、英文以及譯成中文或英文的資料為主。涉及檔案學教育發展的日文、德文、法文及俄

---

[19] 國家統計局，〈年末總人口〉，國家數據網站，最後更新於 2015 年 12 月 31 日，檢索於 2017 年 3 月 19 日，http://data.stats.gov.cn/easyquery.htm?cn=C01&zb=A0301&sj=2015。

[20] 國家統計局，〈國民總收入（億元）〉，國家數據網站，最後更新於 2015 年 12 月 31 日，檢索於 2017 年 3 月 20 日，http://data.stats.gov.cn/easyquery.htm?cn=C01&zb=A0201&sj=2015。

[21] 國家統計局，〈高等教育學校數（所）〉，國家數據網站，最後更新於 2015 年 12 月 31 日，檢索於 2017 年 3 月 19 日，http://data.stats.gov.cn/easyquery.htm?cn=C01&zb=A0M0101&sj=2015。

[22] 內政部統計處，〈最新統計指標-人口數〉，內政部統計處網站，最後更新於 2017 年 2 月，檢索於 2017 年 3 月 19 日，http://www.moi.gov.tw/stat/chart.aspx。

[23] 行政院主計總處，〈國內生產毛額 GDP（名目值，美元）〉，中華民國統計資訊網，檢索於 2017 年 3 月 20 日，http://statdb.dgbas.gov.tw/pxweb/Dialog/Saveshow.asp。

[24] 行政院主計總處，〈平均每人 GDP（名目值，美元）〉，中華民國統計資訊網，檢索於 2017 年 3 月 20 日，http://statdb.dgbas.gov.tw/pxweb/Dialog/Saveshow.asp。

[25] 教育部統計處，〈105 學年各級學校名錄及異動一覽表〉，教育部網站，檢索於 2017 年 3 月 20 日，http://depart.moe.edu.tw/ED4500/News_Content.aspx?n=63F5AB3D02A8BBAC&sms=1FF9979D10DBF9F3&s=78FF58E4D55E8239。

文的資料，只能儘量用現有的中英文資料展開相關研究。由於語言的限制，將侷限本研究的視野，也造成部分論述只是「史實」的一部分或與「史實」之間存有偏差。

研究者雖來往海峽兩岸，了解海峽兩岸的現有習慣、表述等文化狀況，以及經濟、政治等氛圍，但是仍有可能在潛意識中留有影響資料分析、梳理的文化偏差，這種偏差將會波及分析的客觀性與公正性，但研究者在詮釋時仍儘可能保持客觀性。

第四節　名詞解釋

為避免在論述時因使用名詞的不明確而引起混淆，本研究使用之重要名詞定義如下：

1.檔案與文件

「檔案」與「文件」是檔案學研究、檔案學教育的基石，此二名詞的意涵將決定檔案學研究與檔案學教育的範圍與走向，故需明確定義、辨析。

（1）檔案

海內外已有的具體的檔案定義達數百種之多[26]，海峽兩岸對檔案的定義也不盡相同。中國大陸行業標準之一的《檔案工作基本術語 DA/T1-2000》將檔案定義為：

國家機構、社會組織或個人在社會活動中直接形成的有價值的各種形式的歷史記錄。[27]

《中國大百科全書檔案學分冊》中將檔案定義為：

國家機構、社會組織以及個人從事政治、軍事、經濟、科學、技術、文化、宗教等活動直接形成的具有保存價值的各種文字、圖表、聲像等不同形式的歷史記錄。[28]

---

[26] 張輯哲，《檔案學概論》，馮惠玲、張輯哲編，第二版，（北京市：中國人民大學出版社，2006），4。
[27] 見中華人民共和國行業標準——檔案工作基本術語 DA/T1-2000。
[28] 《中國大百科全書檔案學分冊》，見詞條「檔案」，（北京市：中國大百科全書出版社，1993），21-27。

張輯哲認為無論檔案的定義為何，都應該在其定義中揭示出檔案的本質屬性——原始記錄性。故張輯哲將檔案的定義進一步明確表述為：

檔案是社會組織或個人在以往的社會實踐活動中直接形成的具有清晰、確定的原始記錄作用的固化信息（註：信息，等同臺灣的資訊或訊息）。[29]

臺灣主流的檔案定義有如下幾種，《圖書館學與資訊科學大辭典》對檔案的定義為：

所謂檔案，乃指政府機關、人民團體、公司行號及個人，因處理公眾事務，而產生之文字記錄或實物，經過種種科學管理程序，予以整理、分類、立案、編目等手續，使成為有組織有系統，即便保管，又利查驗之資料，妥存於合法之管理機構中，用供執行行政之稽查，為史料採擇與學術研究之主要對象之一。[30]

臺灣《檔案法》第二條與《檔案法施行細則》第二條規定：

指各機關依照管理程序，而歸檔管理之文字或非文字資料及其附件。其所稱文字或非文字資料及其附件，指各機關處理公務或因公務而產生之各類記錄資料及其附件，包括各機關所持有或保管之文書、圖片、記錄、照片、錄影（音）、微縮膠片、電腦處理資料等，可供聽、讀、閱覽或藉助科技得以閱覽或理解之文書或物品。[31]

薛理桂認為檔案的定義可以分為廣義上的檔案和狹義上的檔案。廣義上檔案並不限定於政府單位，如私人機構、家庭或個人所產生的文書也可以稱為檔案[32]。而狹義的檔案則是：

政府單位在處理公務的過程中所產生的文書，在經歷一段時間後，這些文書已不再使用，經鑑定其具有長期保存價值後，予以保存，以供使用。[33]

由上述的各種定義可以得知，各界對檔案產生者的認知趨向一致，即包含公務機關也包含非公務機關，如個人、家庭（家族）、公司行號等。*Encyclopedia of Archival Science* 中對檔案產生者的定義更為廣泛，只要是自然人或法人（a

---

[29] 張輯哲，《檔案學概論》，馮惠玲、張輯哲編，第二版，（北京市：中國人民大學出版社，2006），6。
[30] 《圖書館學與資訊科學大辭典》，見詞條「檔案」，（臺北市：漢美，1995），2340。
[31] 國家發展委員會檔案管理局，〈檔案法（含解釋函）〉，國家發展委員會檔案管理局全球資訊網，最後更新於 2016 年 5 月 24 日，檢索於 2016 年 7 月 19 日，http://www.archives.gov.tw/Publish.aspx?cnid= 1626&p=453；國家發展委員會檔案管理局，〈檔案法施行細則〉，國家發展委員會檔案管理局全球資訊網，最後更新於 2016 年 7 月 4 日，檢索於 2016 年 7 月 19 日，http://www.archives.gov.tw/Publish. aspx?cnid=1634&p=60。
[32] 薛理桂，《檔案學導論》，修訂版，（臺北市：五南，2004），3。
[33] 薛理桂，《檔案學導論》，修訂版，（臺北市：五南，2004），3。

physical or juridical persons）即可。[34]檔案的實體不僅僅包含傳統意義上的文件，亦包含圖表、聲音、影像等各式其他非文件載體。在數位時代，檔案的形態早已從實體走向了虛擬，即存儲於電子媒介上的記錄亦是檔案的形態之一。但是檔案之所以可以成為檔案的關鍵點在於檔案的「價值」——經過鑑定有保存價值的記錄才有可能轉換為檔案，而發揮其價值的管道則在於提供給社會各界使用。由此可見，檔案的定義可以作如下界定：

自然人或法人在社會活動中直接形成的有價值的各種形式的原始記錄。

（2）文件

文件又稱文書，英文名為 record（s）。世人大多難以將其與檔案明確區分，以至混淆。

美國檔案工作者協會（Society of American Archivist，以下簡稱 SAA）在 A Glossary of Archival and Records Terminology 中對 record 的解釋如下：

可用於證據（evidence）或證明（proof）的具有法律或官方屬性的手寫或列印的文件（a document）；可用於拓展人類記憶或問責（to demonstrate accountability）的有內容（content）、有脈絡（context）、有結構（structure）的被固定在一些載體上的資料（data）或資訊（information）；為了將來參考而作為證據保存起來的在個人或機構活動過程中產生或接受的某一固定形式的資料或資訊。[35]

中國大陸行業標準《檔案工作基本術語 DA/T1-2000》將文件定義為：

文件（record 或 document）國家機構、社會組織或個人在履行其法定職責或處理事務中形成的各種形式的信息記錄。[36]

《中國大百科全書檔案學分冊》中將文件定義為：

文書（records）亦稱文件。國家機關、社會組織、企事業單位或個人在社會活動中為處理事務、交流信息而使用的各種載體的文字、圖表、聲音、圖像等記錄材料。[37]

《圖書館學與資訊科學大辭典》對文件的定義為：

---

[34] *Encyclopedia of Archival Science*, s.v. "Archives (Material)," (Maryland, USA: Rowman & Littlefield，2015),95-99.

[35] *A Glossary of Archival and Records Terminology*, s.v. "record," (Chicago, USA: The Society of American Archivists, 2005), 326-30, accessed July 20, 2016, http://files.archivists.org/pubs/free/SAA-Glossary-2005.pdf.

[36] 見中華人民共和國行業標準——檔案工作基本術語 DA/T1—2000。

[37] 《中國大百科全書檔案學分冊》，見詞條「文書」，（北京市：中國大百科全書出版社，1993），329-31。

文書或稱為文件，是社會組織或個人在各項活動中形成，並具有特定用途的憑證性記錄。廣義的文書不只包括政府機關產生之公文書，舉凡是機關、團體、組織或個人在履行其職責或處理事務過程中所形成、收到或保存的記錄，不論其載體形式，均稱為文書。因此，文書由產生來源可以區分為：公文書與私文書。[38]

由上述的各種定義可知：文件的產生者包括政府機關、人民團體、社會組織、個人、家庭（家族）等等，通常根據文件的產生者的性質，可以將文件分為公文書或私文書。公文書因其內容具有法定權威之用途，其記錄體制通常有一定的制式；私文書則是在處理自身事務活動中所形成的信箋、筆記、手稿、契約、證書、家譜等，是具有憑證性之記錄。[39]但存放於檔案典藏機構的文件主要以公文書為主，故一般意義上的文件多以公文為第一印象。根據文件的時效性，亦可以將其劃分為：現行文件（current record）、半現行文件（semi-current record）、非現行文件（non-current record）。結合上述認知，可對文件作如下定義：

文件，亦稱文書，係自然人或法人在處理社會活動或自身事務過程中產生的各種形式的記錄。

（3）檔案與文件的聯繫與區別

檔案與文件既有聯繫又有區別。隨著文件對產生者效用的降低而不斷發生文件階段的變更，即從現行文件到半現行文件再到非現行文件。但因文件「對其原產生者以及其他潛在使用者持續性的價值」[40]，經過鑑定後，部分文件將會轉變為檔案而予以典藏，也就是謝倫伯格（Theodore Roosevelt Schellenberg, 1903-1970）所說的文件第一價值（原始價值）向文件第二價值（從屬價值）的轉化。由此可見，並非所有的文件都會轉變為檔案，只有經過鑑定具有持續性價值的部分文件會轉變為檔案。從此層面而言，文件是檔案的源頭之一。但檔案並非全部由文件轉化而來，還包括大量非文件類的原始性記錄物。綜上所述，檔案與文件二者之間的聯繫主要是實存形態上的直接轉換關係。檔案與文件的

---

[38] 《圖書館學與資訊科學大辭典》，見詞條「文書」，檢索於 2016 年 7 月 21 日，http://terms.naer.edu.tw/detail/1678658/。

[39] 《圖書館學與資訊科學大辭典》，見詞條「文書」，檢索於 2016 年 7 月 21 日，http://terms.naer.edu.tw/detail/1678658/。

[40] Laura Millar, "What Are Archives?", The Society of American Archivists, accessed July 21, 2016, http://www2.archivists.org/profession#.V4yqDJN97LZ; *Encyclopedia of Archival Science*, s.v. "Record(s)," (Maryland, USA: Rowman & Littlefield，2015), 315-19.

區別在於「文件本質上處理、解決現時性具體事務、問題的資訊傳遞工具，它主要在空間上傳播交流且具有相當程度的強制性（如公文）。而檔案的本質則是已往社會實踐的原始記錄物，主要是在時間上傳遞。從邏輯上講，二者內涵不同，外延有大面積交叉」。[41]

2.檔案學

《中國大百科全書檔案學分冊》中將檔案學定義為：

檔案學是探索檔案、檔案工作和檔案事業的發展規律，研究檔案信息資源的管理、開發的理論、原則與方法的學科。[42]

《圖書館學與資訊科學大辭典》在上述表述的基礎之上，結合 Trevor Livelton 的定義，對檔案學解釋為：

檔案學係以檔案及檔案工作為研究對象。檔案學的架構可以區分為純檔案學與應用檔案學兩大類，其中純檔案學是以理論為主，而應用檔案學則包括方法論，其下再分為實務與學術兩類。檔案學的研究內容可以概分為知識與實務兩大類，其中知識係以理論為主，其下包括方法論與學術；而實務則以方法論與實務為主。可知檔案學的研究係以理論與實務兩者為主。理論的探討包括檔案的產生、文件的生命週期、檔案組織、檔案的使用、讀者服務等相關議題的原理與原則的探討。檔案實務包括較廣泛，包括：檔案徵集與鑑定、檔案編排與描述、檔案利用、檔案參考服務、檔案典藏、檔案維護、檔案數位化與加值運用、電子文件與電子檔案、各類檔案的管理等項。檔案理論著重於相關議題的原理與原則的探討，係以哲學層面為主；而檔案實務則以上述的各種檔案實際工作的項目為主，探討實際工作面臨的議題及解決之道。[43]

王英瑋在《檔案學概論》中對檔案學作出定義：

檔案學是以檔案現象為研究對象，以揭示檔案現象的本質和規律為目標的一門綜合性學科。[44]

國際上有關檔案學的定義，可以參見 SAA 在 *A Glossary of Archival and Records Terminology* 中對 archival science 的解釋：

---

[41] 張輯哲，《檔案學概論》，馮惠玲、張輯哲編，第二版，（北京市：中國人民大學出版社，2006），12。

[42] 《中國大百科全書檔案學分冊》，見詞條「檔案學」，（北京市：中國大百書出版社，1993），329-31。

[43] 《圖書館學與資訊科學大辭典》，見詞條「檔案學」，檢索於 2016 年 7 月 21 日，http://terms.naer.edu.tw/detail/1679335/。

[44] 王英瑋，《檔案學概論》，馮惠玲、張輯哲編，第二版（北京市：中國人民大學出版社，2006），191。

檔案學係指能夠支撐鑑定（appraising）、獲取（acquiring）、驗證（authenticating）、保存（preserving）以及取用記錄性材料（recorded materials）的系統性理論。[45]

Encyclopedia of Library and Information Science, Third Edition 中對檔案學（archival science）的定義如下：

檔案學（Archival science）是一門學術（academic）與專業（professional）並存的學科，涉及理論、方法以及文件與檔案的產生、保存和使用。它包含在功能性脈絡（functional context）下文件的產生、保存和使用，而不論文件是組織的還是個人的以及範圍更廣的社交（social）、法律（legal）、文化（cultural）環境下產生或被使用的。[46]

從上述的定義中可知，除 SAA 並未明確界定檔案學科屬性之外，上述各定義均對其作出了界定，即檔案學是一門純學科、應用性學科、綜合性學科、學術性學科、專業性學科等等。在 2015 年 *Encyclopedia of Archival Science* 的 archival science 詞條中，認為檔案學既是純科學（a pure science）也是一門應用科學（an applied science）。但是純學科、應用性學科、學術性學科、專業性學科與綜合性學科所揭露的特點有所不同，純學科、學術性學科強調的是檔案學重視理論研究，而應用性學科、專業性學科主張檔案學著力於將理論應用於實踐、注重解決檔案工作中遇到的實際問題。而綜合性學科則是從檔案學的學科特點予以描述，指出檔案學不同於文科、理科、醫科等科別，具有「綜合性和社會性、實踐性和理論性、技術性和實用性、開放性和包容性」[47]，檔案學的發展和建設不斷借鑑與之相關的學科方法、理論、技術進而壯大自己，且「其與哲學、思維科學、橫斷科學、管理科學、歷史學、圖書資訊學、某些自然科學、秘書學、文書學等互相交叉滲透」[48]，故可將其視作一門綜合科學。

從上述的定義中可知，檔案學的研究對象可以概括為以下幾點：（1）檔案與文件等載體的產生、鑑定、保存、利用等；（2）檔案、檔案工作、檔案事業發展規律；（3）與檔案等記錄性載體相關的脈絡。由此可見，檔案學的研究對象可以概括為「檔案現象及其本質與規律」。[49]

---

[45] *A Glossary of Archival and Records Terminology*, s.v. "archival science," (Chicago, USA: The Society of American Archivists, 2005), 28, accessed July 20, 2016, http://files.archivists.org/pubs/free/SAA-Glossary-2005.pdf.

[46] *Encyclopedia of Library and Information Science, Third Edition*, s.v. "Archival Science," (New York: Taylor and Francis, 2011), 179-191.

[47] 王英瑋，《檔案學概論》，馮惠玲、張輯哲編，第二版，（北京市：中國人民大學出版社，2006），193-98。

[48] 王英瑋，《檔案學概論》，馮惠玲、張輯哲編，第二版，（北京市：中國人民大學出版社，2006），208-13。

[49] 同上註，193。

綜上，檔案學的定義如下：

檔案學是一門研究檔案現象及其本質與規律的純學科和應用性學科。

3.檔案學教育

《中國大百科全書檔案學分冊》中將檔案專業教育定義為：

檔案專業教育是為培養從事檔案工作的人才而進行的檔案學理論、專業技能和有關學科知識的傳授活動。[50]

《圖書館學與資訊科學大辭典》對檔案教育的定義為：

檔案教育係指為培養能夠勝任檔案工作之人員，所進行的檔案學理論、專業技能和有關學科知識的專業教育，包括學校之正規教育及由專業組織所舉辦的專業培訓課程等。[51]

海峽兩岸的檔案學教育的定義漸趨向一致，皆認為檔案學教育是為檔案工作培養人才。*Encyclopedia of Archival Science* 還特別強調檔案學教育要緊扣時代脈搏，培養的學生和研究者要能適應未來的變化與挑戰。[52]據此，檔案學教育可作如下定義：

檔案學教育係指為了培養能夠勝任當下及未來檔案相關事務的工作者、研究者與教育者而展開的教育，教育內容包括檔案學理論、專業技能以及相關學科知識，教育的方式包括由各級學校提供的正規教育、繼續教育以及行政機構、專業組織所舉辦的專業培訓課程、認證教育等。

本研究之「檔案學教育」僅為檔案學教育中的「正規教育」，即由大專校院在檔案學專業或檔案學相關專業中開設的學歷教育，不包括繼續教育以及由公部門或非公部門的民間盈利性質機構所展開的檔案教育與培訓等。但在正規的檔案學教育產生之前，存有大量的檔案課程、培訓等非正規教育，故在論述檔案學教育沿革的過程中，除了會探討到正規的檔案學教育之外，亦會介紹相關非正規檔案教育的發展歷程，以便於較為全面、系統地掌握海峽兩岸檔案教育的沿革與發展。

---

[50] 《中國大百科全書檔案學分冊》，見詞條「檔案專業教育」，（北京市：中國大百科全書出版社，1993），103-7。

[51] 《圖書館學與資訊科學大辭典》，見詞條「檔案教育」，檢索於 2016 年 7 月 27 日，http://terms.naer.edu.tw/detail/1678688/。

[52] *Encyclopedia of Archival Science*, s.v. "Archival Education," (Maryland, USA: Rowman & Littlefield, 2015), 42-46.

第二章　文獻探討

第一節　文獻選擇與檢索

　　本研究分層選取部分資料庫檢索相關檔案學教育研究成果。在西文資料庫方面，選擇 Library, Information Science and Technology Abstracts（LISTA）和 Library and Information Science Abstracts（LISA），中文資料庫選擇：中國學術期刊網路出版總庫、中國博士學位論文全文數據庫、中國優秀碩士學位論文全文數據庫、中國重要會議論文全文數據庫、臺灣期刊論文索引系統、臺灣博碩士論文知識加值系統，並根據語境與資料庫系統的迴異而制定不同的檢索策略。文獻檢索之後，手動剔除非學術性論文、重複性論文，然後將文獻匯出 Refworks 格式（臺灣博碩士論文知識加值系統中檢索結果無法匯出該格式，需手動添加）；在 Refworks 在線系統（https://www.refworks.com）予以編輯管理，經系統精確查詢之後，各資料庫有效文獻數量為：Library, Information Science and Technology Abstracts（LISTA）55 條、Library and Information Science Abstracts（LISA）33 條、中國學術期刊網路出版總庫 400 條、中國博士學位論文全文數據庫 0 條、中國優秀碩士學位論文全文數據庫 27 條、中國重要會議論文全文數據庫 13 條、臺灣期刊論文索引系統 27 條、臺灣博碩士論文知識加值系統 5 條，見表 2-1。

表 2-1　資料庫檢索與檢索結果

序號	資料庫全稱／簡寫	檢索式	實際有效數量
1	Library, Information Science and Technology Abstracts (LISTA)	SU archival education OR SU archivist training (布林邏輯)	55
2	Library and Information Science Abstracts (LISA)	su (archival education) OR su (archivist training)	33
3	中國學術期刊網路出版總庫		400

序號	資料庫全稱／簡寫	檢索式	實際有效數量
4	中國博士學位論文全文數據庫	主題＝檔案教育 and 主題＝檔案學教育 or 主題＝檔案培訓（精確匹配）	0
5	中國優秀碩士學位論文全文數據庫		27
6	中國重要會議論文全文數據庫		13
7	臺灣期刊論文索引系統	進階查詢：任意欄位＝檔案教育 or 檔案管理教育 or 檔案培訓	27
8	臺灣博碩士論文知識加值系統	進階查詢：任意欄位＝檔案教育 or 檔案管理教育 or 檔案培訓	5

除此之外，選擇《檔案學論文著作目錄》[1]、《檔案學論著目錄（1911-1983）》[2]、《檔案學論著目錄（1984-1993）》[3]及「萬方數據知識服務平臺」數據比對，避免數據的訛誤與缺失，在此基礎之上進行文獻綜述。在文獻綜述的過程中，亦採用參考文獻回溯的方法，以降低機器檢索帶來的查全率（Recall Ratio）下降的風險。

第二節　國外檔案學教育研究回顧與進展

現代檔案學教育發軔於 19 世紀初期的義大利、法國、德國等地，迄今已有近兩百年的歷史。早期的研究主要集中在文件（書）管理、檔案管理等實務層面，較少關注檔案學教育。從 1938 年至 1984 年間，計有 22 篇論文提及檔案學教育及訓練等議題發表於 *American Archivists*，其中真正提及檔案學教育者僅有兩篇。[4]另外，從 1985 年至 2001 年間，以英文發表「檔案教育」主題之期刊論文約有 50 餘篇。[5]雖然檔案教育出現較早，但是關於檔案學教育的研究卻相對較晚且少。

---

[1] 中國人民大學歷史檔案系編，《檔案學論文著作目錄》，（北京市：中國人民大學，1961）。

[2] 中國人民大學檔案學院資料室編，《檔案學論著目錄（1911-1983）》，（北京市：檔案出版社，1986）。

[3] 侯俊芳編，《檔案學論著目錄（1984-1993）》，（北京市：檔案出版社，1986）。

[4] Jacqueline Goggin, "That We Shall Truly Deserve the Title of 'Profession': The Training and Education of Archivists, 1930-60," *The American Archivist* 47, no.3 (Summer, 1984): 243-54, accessed March 27, 2016, https://www.jstor.org/stable/40292675?seq=1#page_scan_tab_contents; Janice E. Ruth, "Educating the Reference Archivist," *The American Archivist* 51, no.3 (Summer, 1988): 266-75, accessed March 27, 2016, http://americanarchivist.org/doi/pdf/10.17723/aarc.51.3.q76742568n110771.

[5] 葉淑慧，〈檔案學碩士教育之比較研究：以五國九校為例〉，（碩士論文，國立政治大學，2002），5，檢索於 2016 年 2 月 26 日，http://ndltd.ncl.edu.tw/cgi-bin/gs32/gsweb.cgi?o=dnclcdr&s=id=%22090NCCU0448009%22.&searchmode=basic.

SAA 在 1936 年成立之後的第一項正式活動，就是設立一個檔案學教育委員會。1938 年，SAA 檔案學教育與培訓委員會主席——著名的歷史學家比米斯（Samuel Flagg Bemis，1891.10.20-1973.9.26）在報告中建議：在大學開辦檔案訓練班。SAA 為了推動美國檔案學教育的發展，在因應時代發展和需求的背景下，分別於 1977 年、1988 年、1994 年、2002 年、2005 年、2011 年 6 次公布《檔案學研究碩士課程指南》（*Guidelines for a Graduate Program in Archival Studies*）。[6]該指南從願景與目標、課程、行政、教職員與設備等多個方面，對美國檔案教育提出了標準。自 1960 年代開始，SAA 為美國檔案教育展開了長期的推動工作。[7]

　　在國際層面上，國際檔案理事會（International Council on Archives，以下簡稱 ICA）於 1966 年在華盛頓哥倫比亞特區（Washington, D.C.）召開的一次會議上設立了兩個區域性的檔案訓練中心，專門用來發展非洲的檔案事業，一個設立在塞內加爾（Senegal）首都達卡（Dakar）；另一個設立在迦納（Ghana）首都阿克拉（Accra）。[8]除此之外，在 1988 年 ICA 成立專門的檔案學教育與培訓部門（Section for Archival Education and Training），並召開檔案教育年會，以此來推進國際檔案學教育的發展。[9]此外，亦有區域性的「亞太地區檔案教育國際學術研討會」、檔案教育與研究聯合會（Archival Education and Research Institutes，以下簡稱 AERI）[10]共同推動檔案學教育、研究與實踐。根據 ICA 的檔案學教育與訓練機構指南（*Directory of Archival Education and Training Institution*）顯示，截至到 2002 年，國際間檔案學教育與培訓機構橫跨非洲、亞洲、歐洲、北美洲、南美洲、大洋洲，共計 70 個單位。[11]透過對西文的綜述，有關檔案教育的研究主要集中在以下幾個層面：

---

[6]　Society of American Archivists, "Guidelines for a Graduate Program in Archival Studies", Society of American Archivists, last modified March 17, 2016, accessed March 17,2016, http://www2.archivists.org/gpas.

[7]　Fredric M. Miller, "The SAA as Sisyphus: Education Since the 1960s," *The American Archivist* 63, no.4 (Fall/Winter 2000), 224-36.

[8]　*Encyclopedia of Archival Science*, s.v. "Archival Education," (Maryland, USA: Rowman & Littlefield，2015), 42-46.

[9]　黃霄羽，〈國際檔案大會關於檔案教育和培訓的研討〉，**中國檔案**，7 期（1996 年 7 月）：96-97；Karsten Uhde, "INTERNATIONALE KOOPERATION IN DER ARCHIVARSAUSBILDUNG," *Archivar* 67, no.4 (November 2014) : 353-59.

[10]　Archival Education and Research Institutes, "Home," Archival Education and Research Institutes, accessed March 27, 2016, https://aeri.gseis.ucla.edu/index.htm.

[11]　Feng Huiling and Wang Jian, "Directory of Archival Education and Training Institution," International Council on Archives, August 6, 2016, http://www.ica-sae.org/directory_second_edition.pdf.

壹、區域檔案學教育或個案研究

各國檔案工作者、教育者與研究者為了推進國際間檔案教育的交流與合作，推介本國檔案學教育的模式與經驗，展開了大量的區域檔案學教育研究，涉及的範圍包括歐洲、亞洲、美洲、非洲等地。

歐洲的區域檔案學教育研究主要探討英國檔案保護教育與訓練的現狀[12]、英格蘭檔案訓練的過去與現在；[13]古老歐洲的新檔案教育[14]或斯堪地那維亞（Scandinavian）地區[15]、前蘇聯檔案學教育。[16]其中有關斯堪地那維亞地區的檔案學教育的研究，採用比較法對斯堪地那維亞地區與歐洲的檔案學教育展開研究，分析二者之間的聯繫及相似之處，透過比較找出斯堪地那維亞檔案學教育的問題及解決措施。Elizabeth Shepherd 在《20 世紀英格蘭檔案館及檔案人員》（*Archives and Archivists in 20th century England*）一書中全面探討 20 世紀英國檔案與文件管理專業的發展，檢視檔案館政治的（political）和立法的（legislative）脈絡，分析了中央和地方政府的檔案館發展現況以及企業和大學檔案館如何面向各界保存和提供文件與檔案，思考專業學會的成長與影響力，評論檔案學教育與培訓。[17]

亞洲的區域檔案學教育研究主要探討日本、中國、菲律賓等國的檔案學教育。其中 Minoru Takahashi 介紹日本透過日本檔案協會（The Japan Society for Archival Science，以下簡稱 JSAS）建立專業檔案工作者證書體系。[18] Li Haitao

---

[12] Jonathan Rhys-Lewis, "A current view of education and training in archive Conservation," *Journal of the Society of Archivists* 18, no.2 (1997): 175-80.

[13] David Vaisey, "Archive Training Past and Present," *Journal of the Society of Archivists* 22, no.2 (October 2001): 231-36, accessed March 27, 2016, http://web.a.ebscohost.com/ehost/pdfviewer/pdfviewer?sid=ebe324c8-b439-4e52-bbf5-083cdb4605fd%40sessionmgr4001&vid=1&hid=4209.

[14] Karsten Uhde, "New Education in Old Europe," *Archival Science* 6, no.2 (2006): 193-203, accessed March 27, 2016, http://search.proquest.com/docview/214892921?accountid=10067.

[15] Müjgan Cunbur, "Archival Education in Scandinavian Countries İskandinav Ülkelerinde Arşivcilik Eğitimi," *Türk Kütüphaneciliği* 22, no.1 (2008): 25-58, accessed March 27, 2016, https://doaj.org/article/60db05cbf03348a59141de41b1d2e966; Jari Lybeck, "Archival education in scandinavia," *Archival Science* 3, no.2 (2003): 97-116, accessed March 27, 2016, http://link.springer.com/article/10.1007%2FBF02435653.

[16] Francis Blouin, Jr., "Moscow State Historico-Archival Institute and Archival Education in the USSR," *American Archivist* 51, no.4 (1988): 501-11, accessed March 27, 2016, http://americanarchivist.org/doi/pdf/10.17723/aarc.51.4.mj0u65862g450v24.

[17] Shepherd Elizabeth, Archives and Archivists in 20th century England (Farnham: Ashgate, 2009), ix.

[18] Minoru Takahashi, "Establishing a Certification System for Professional Archivists: Registered Archivist of the Japan Society for Archival Science," *Toshokan Zasshi/The Library Journal* 106, no.10 (October 2012): 705-7, accessed March 27, 2016, http://search.proquest.com/docview/1373424224/E8996ADB412E4825PQ/1?accountid=10067.

與 Song Linlin 透過對中國 20 省市的調查來研究檔案學教育核心技能與實際工作需求之間的關係,該研究發現:專業的課程設計應該要解決實務上的問題、檔案學教育中需要增加繼續教育的比重,以方便在職檔案工作者提升專業技能、檔案學教育應該針對專門或特別的技術開展訓練。[19] Mary Grace P. Golfo 論述了菲律賓檔案工作者教育及 21 世紀檔案專業所面臨的問題,她認為當前菲律賓面臨的挑戰之一就是欠缺合格的檔案工作者。[20]

　　美洲的區域檔案學教育以美國、加拿大、墨西哥為主。世紀之交的 1999 年,SAA 和匹茲堡大學(University of Pittsburgh)資訊科學學院(School of Information Science)聯合舉行了一次碩士層級檔案教育者工作會議(Working Meeting of Graduate Archival Educators)。而後,*The American Archivist* 63 卷(2000 年)將這些會議論文及相關討論集結出版。其中不乏關注美國和加拿大區域檔案學教育的研究,比如有針對美國和加拿大 10 所大學「檔案與文件管理」碩士學生的調查[21]、或是專門針對美國檔案碩士教育的調查[22]。此外,Victoria Irons Walch 等人在 2004 年針對美國檔案館與教育需求展開了普查,調查涉及學生、教師、博士教育、指導、實習、招聘等多個方面。[23] White 透過非裔墨西哥人的故事,來分析墨西哥檔案學教育的影響。[24]

　　非洲的區域檔案學教育研究以南非為主。Razia Saleh 專門介紹了南非檔案工作者的教育與訓練,特別介紹南非的「重塑檔案館」(Refiguring the Archives)工作坊,涉及檔案學教育與訓練的水平評估、檔案工作者的工作範疇、理想的

---

[19] Haitao Li and Linlin Songi, "Empirical research on archivists' skills and knowledge needs in Chinese archival education," *Archival Science* 12, no.3 (September 2012): 341-72, accessed March 27, 2016, http://link.springer.com/article/10.1007%2Fs10502-012-9183-4.

[20] Mary Grace P. Golfo, "EDUCATING FILIPINO ARCHIVISTS AMIDST THE CHALLENGES OF THE 21ST CENTURY ARCHIVAL PROFESSION," *Journal of Philippine Librarianship* 34(2014):70-78, accessed March 27, 2016, http://journals.upd.edu.ph/index.php/jpl/article/view/4586.

[21] David Wallace, "Survey of Archives and Records Management Graduate Students at Ten Universities in the United States and Canada," *The American Archivist* 63, No. 2(Fall/Winter,2000): 284-300, accessed March 27, 2016, http://americanarchivist.org/doi/abs/10.17723/aarc.63.2.72050g01j3v858j1.

[22] Elizabeth Yakel , "The Future of the Past: A Survey of Graduates of Master's-Level Archival Education Programs in the United States," *The American Archivist* 63, No. 2(Fall/Winter,2000): 301-21, accessed March 27, 2016, http://americanarchivist.org/doi/abs/10.17723/aarc.63.2.p8843508857g69v5.

[23] Victoria Irons Walch, Nancy Beaumont, Elizabeth Yakel, Jeannette Bastian, Nancy Zimmelman, Susan Davis, and Anne Diffendal , "A*CENSUS (Archival Census and Education Needs Survey in the United States)," *The American Archivist* 69, No. 2(Fall/Winter,2006): 291-419, accessed March 27, 2016, http://americanarchivist.org/doi/abs/10.17723/aarc.69.2.d474374017506522.

[24] Kelvin L. White, "Meztizaje and Remembering in Afro-Mexican Communities of the Costa Chica: Implications for Archival Education in Mexico," *Archival Science* 9, No. 1-2(June 2009): 43-55, accessed March 27, 2016, http://search.proquest.com/docview/57738161?accountid=10067.

檔案工作人員訓練途徑等；[25] Nengomasha 介紹了納米比亞（Namibia）的檔案職業訓練[26]。

在區域檔案學教育研究之外，亦有為數不少的檔案學教育個案研究，涉及南非約翰尼斯堡（Johannesburg）的金山大學（University of the Witwatersrand）[27]；英國利物浦大學（University of Liverpool）[28]、牛津大學（University of Oxford）[29]；德國的波茨坦應用科學大學（The Potsdam University of Applied Sciences）[30]、漢堡邦立檔案館（State Archive in Hamburg）[31]、馬爾堡檔案學院（Marburg School of Archival Studies）[32]；美國的西華盛頓大學（Western Washington University）[33]、

[25] Razia Saleh, "Education and training for archivists in South Africa: Introduction," *S. A. Archives Journal* 40 (1998): 102.

[26] Cathrine T. Nengomasha, "Training for the archival profession in Namibia," *Archival Science* 6, no.2(June 2006): 205-18, accessed March 27, 2016, http://web.b.ebscohost.com/ehost/detail/detail?sid=7bdb2dbd-cf45-44aa-a3bf-9e1c7cf8414d%40sessionmgr110&vid=0&hid=105&bdata=Jmxhbmc9emgtdHcmc2l0ZT1laG9zdC1saXZl&preview=false#db=lxh&AN=24380530.

[27] Carolyn Hamilton, "Advanced archival module," *S. A. Archives Journal* 40 (1998): 137-38, accessed March 27, 2016, http://web.b.ebscohost.com/ehost/detail/detail?sid=9d825de9-cdf0-4256-b538-f8365e370fe1%40sessionmgr111&vid=0&hid=129&bdata=Jmxhbmc9emgtdHcmc2l0ZT1laG9zdC1saXZl&preview=false#AN=2721454&db=lxh.

[28] Caroline Williams, "Archival training at the University of Liverpool," *Journal of the Society of Archivists* 18, no.2 (October 1997): 181-88, accessed March 27, 2016, http://web.b.ebscohost.com/ehost/detail/detail?sid=8c843a96-dfc8-4ad4-98d2-5feb29f8aacc%40sessionmgr198&vid=0&hid=105&bdata=Jmxhbmc9emgtdHcmc2l0ZT1laG9zdC1saXZl&preview=false#AN=9711242350&db=lxh.

[29] Bodleian Library, "Bodleian trains the digital archivists of the future," *D-Lib Magazine* 20, no.7/8 (July/August 2014): 16, accessed March 27, 2016, http://web.a.ebscohost.com/ehost/detail/detail?sid=33fed8d0-4677-458a-bbdd-3d0549c43d12%40sessionmgr4003&vid=0&hid=4214&bdata=Jmxhbmc9emgtdHcmc2l0ZT1laG9zdC1saXZl&preview=false#AN=97261593&db=lxh.

[30] Hartwig Walberg, "ARCHIVARISCHE AUS- UND FORTBILDUNGSANGEBOTE DER FACHHOCHSCHULE POTSDAM," *Archivar* 63, no.4 (November 2010): 366-72, accessed March 27, 2016, http://web.a.ebscohost.com/ehost/detail/detail?sid=2a8d7133-762e-4934-b8bd-328be77c1d67%40sessionmgr4003&vid=0&hid=4214&bdata=Jmxhbmc9emgtdHcmc2l0ZT1laG9zdC1saXZl&preview=false#AN=58451152&db=lxh.

[31] Julia Brüdegam, "AUSWAHLVERFAHREN IM STAATSARCHIV HAMBURG," *Archivar* 61, no.1 (February 2008):45-47, accessed March 27, 2016, http://web.a.ebscohost.com/ehost/detail/detail?sid=f1fcf2ca-dd8f-4765-963f-992f9934738b%40sessionmgr4002&vid=0&hid=4214&bdata=Jmxhbmc9emgtdHcmc2l0ZT1laG9zdC1saXZl&preview=false#AN=32652900&db=lxh.

[32] Irmgard Christa Becker, "ZWISCHEN VERGANGENHEIT UND ZUKUNFT: AUS- UND FORTBILDUNG AN DER ARCHIVSCHULE MARBURG," *Archivar* 63, no.4(November 2010): 361-65, accessed March 27, 2016, http://web.a.ebscohost.com/ehost/detail/detail?sid=33ead6e6-5aa1-455d-a971-fab321a4fb21%40sessionmgr4002&vid=0&hid=4214&bdata=Jmxhbmc9emgtdHcmc2l0ZT1laG9zdC1saXZl&preview=false#AN=58451151&db=lxh.

[33] Randall C. Jimerson, "Graduate archival education at Western Washington University," *OCLC Systems & Services: International digital library perspectives* 17, no.4(2001): 157-66, accessed March 27, 2016, http://www.emeraldinsight.com/doi/pdfplus/10.1108/10650750110409353.

紐約大學（New York University）[34]；加拿大的英屬哥倫比亞大學（University of British Columbia）[35]，澳大利亞的伊迪斯科文大學（Edith Cowan University）等。[36]

貳、資訊時代檔案學教育體系的調整與變革研究

資訊時代的來臨，對檔案管理、檔案工作者、檔案學教育等帶來了全方位的衝擊。為了因應資訊時代的要求，檔案學教育體系需根據這一變化做出調整與變革。

Terry Eastwood 直言：「檔案學教育正在朝向數位時代邁進，而人們卻仍停留在傳統的思維模式之中；檔案工作者的環境改變，需要具備的知識與技能也隨之改變，檔案學教育不得不以此為導向轉變思維來滿足社會的需求。」[37] Helen R. Tibbo 認為資訊時代檔案工作人員面臨大量的挑戰，但是檔案學教育課程體系卻有些跟不上，需要改進當前檔案學教育課程體系。[38]

Huang Xiaoyu 呼籲要改變傳統的教學方法，不僅僅注重檔案理論教育，還要在課堂中介紹檔案新聞，從而適應快速變化的社會。[39]在具體的檔案課程上，Donghee Sinn 認為「檔案編排與描述」（Archival Arrangement and Description）課程，應該注重課堂與實務工作單位之間開展合作教育。[40]

---

[34] Peter Wosh, "Research and Reality Checks: Change and Continuity in NYU's Archival Management Program," *The American Archivist* 63, no.2 (Fall/Winter 2000): 271-83, accessed March 27, 2016, http://americanarchivist.org/doi/pdf/10.17723/aarc.63.2.n00l0588g6157373.

[35] Terry Eastwood, "Archival Research: the University of British Columbia Experience," *The American Archivist* 63, no.2 (Fall/Winter 2000): 243-57, accessed March 27, 2016, http://americanarchivist.org/doi/pdf/10.17723/aarc.63.2.mk415m610pwvr40l.

[36] Mark Brogan, "Edith Cowan University, Archives and Digital Recordkeeping Programs," *Archives & Manuscripts* 38, no.1(May 2010): 184-86, accessed March 27, 2016, http://web.a.ebscohost.com/ehost/detail/detail?sid=47726091-74db-45bc-82fb-46d743f6cfa9%40sessionmgr4001&vid=0&hid=4214&bdata=Jmxhbmc9emgtdHcmc2l0ZT1laG9zdC1saXZl&preview=false#AN=51612407&db=lxh.

[37] Terry Eastwood, "Building archival knowledge and skills in the digital age," *Archival Science* 6, no.2 (June 2006): 163-70, accessed March 27, 2016, http://link.springer.com/article/10.1007%2Fs10502-006-9026-2.

[38] Helen R. Tibbo, "So much to learn, so little time to learn it: North American archival education programs in the information age and the role for certificate programs," *Archival Science* 6, no.2 (June 2006): 231-45, accessed March 27, 2016, http://link.springer.com/article/10.1007%2Fs10502-006-9031-5.

[39] Xiaoyu Huang, "The Innovation of Archival Pedagogy: Introducing Archival News into Classroom Teaching," in *Archival research and education: selected papers from the 2014 AERI conference*, ed. Richard J. Cox, Alison Langmead, and Eleanor Mattern (Sacramento, CA: Litwin Books, 2015): 339-51.

[40] Donghee Sinn, "Collaborative Education between Classroom and Workplace for Archival Arrangement and

參、關於檔案學教育定位的思考

　　檔案學教育在發展過程中應該如何自我定位，成為許多學者關心的議題。Anne Gilliland 提出：21 世紀的檔案學教育及教育者的核心理念，應該是中立、社會正義及義務。他指出全球各地倫理守則都叮嚀檔案工作者在實務工作中要確保中立，以取信於文件產生者（records creators）、一般民眾（the general public）以及子孫後代（posterity），但是在實際工作中，「中立」這一點卻飽受爭議。因此，在實際工作中，我們應該在社會正義的框架內，關注倫理與多樣性的問題、鼓勵學生作為未來的從業者與學者用批判性、反思性、有意義的方式來支撐檔案館與檔案專業的公眾信任。[41] AERI 和檔案課程多元化小組（Pluralizing the Archival Curriculum Group, PACG）也認為應該發展一個檔案學教育框架來推進對專業及社會規範，包括檔案理論及實踐不同觀點的批評。[42]

　　Kelvin L. White 和 Anne J. Gilliland 提倡在檔案學教育、研究與實務中，應該推進反思（reflexivity）與包容性（inclusivity）。[43] Anne Gilliland 等學者又另撰文認為檔案典範的多元化、本土化、包容性等特質，可以減少或防止霸權主義與新殖民主義。[44]

Description: Aiming for Sustainable Professional Education," ***The American Archivist*** 76, no.1 (April 2013): 237-62, accessed March 28, 2016, http://search.proquest.com/docview/1438547614?accountid=10067.

[41] Anne Gilliland, "Neutrality, social justice and the obligations of archival education and educators in the twenty-first century," ***Archival Science*** 11, no.3 (November 2011): 193-209, accessed March 28, 2016, http://link.springer.com/article/10.1007%2Fs10502-011-9147-0.

[42] The Archival Education and Research Institute (AERI) and Pluralizing the Archival Curriculum Group (PACG), "Educating for the Archival Multiverse," ***The American Archivist*** 74 no.1 (Spring/Summer 2011): 69-101, accessed March 28, 2016, http://americanarchivist.org/doi/pdf/10.17723/aarc.74.1.hv33964712745684.

[43] Kelvin L. White, and Anne J. Gilliland, "PROMOTING REFLEXIVITY AND INCLUSIVITY IN ARCHIVAL EDUCATION, RESEARCH, AND PRACTICE," ***Library Quarterly*** 80 no.3 (July 2010): 231-48, accessed March 28, 2016, http://web.b.ebscohost.com/ehost/detail/detail?sid=49d4e95e-291a-4fb7-8d3a-d0245d1d9030%40sessionmgr198&vid=0&hid=105&bdata=Jmxhbmc9emgtdHcmc2l0ZT1laG9zdC1saXZl&preview=false#AN=51490667&db=lxh.

[44] Anne Gilliland, Sue McKemmish, Kelvin White, Yang Lu, and Andrew Lau, "Pluralizing the Archival Paradigm: Can Archival Education in Pacific Rim Communities Address the Challenge?," The American Archivist 71, no.1(Spring/Summer 2008): 87-117, accessed March 28, 2016, http://americanarchivist.org/doi/abs/10.17723/aarc.71.1.781w61g4r2kh3708.

第三節　法國、英國、美國、俄國檔案學教育進展

　　檔案的產生可以追溯到文字和國家形成之時。據考古發掘的大量檔案顯示，依據其載體可以分為石刻檔案、泥板檔案、紙草檔案、棕櫚葉檔案、羊皮紙檔案、蠟板檔案、金屬檔案、樺樹皮檔案、木簡檔案、甲骨檔案等不同載體。

　　早在西元前三千多年中期，蘇美人發明了楔形文字。這種刻在泥板上的文字需要透過一定的處理方式才能得以保存。蘇美人根據泥板的保存期限對泥板進行不同處理，短期保存的放在太陽下晒乾，長期保存的就用火烘乾。這些泥板檔案都有專門庫房保存，以盒子放置，排列有序，並有目錄和保管制度。[45]

　　為了延續對檔案的管理，檔案教育也應運而生。經由考古證明，古代兩河流域的奴隸制國家已有專門人員從事泥板文書的辦理和保管工作，他們多被稱為「司書」，需要在專門的學校接受培訓。司書作為辦理文件和管理檔案的專門人員的傳統，也同樣被古代埃及、希臘和羅馬繼承。[46]

　　現代意義上的檔案學教育出現在義大利。在義大利的拿坡里（Napoli），兩西西里王國（Regno delle Due Sicilie）時期就已經有專門的檔案學院：古代文獻學院（Scuola di Archivistica）。該學院以教授古文字學和希臘學為主。古代文獻學院的學生需要學習拿坡里大學自 1777 年就已經開設的古文書學課程，針對政府文書進行專門研究。同樣是在 1821 年，慕尼黑檔案學院（Bayerische Archivschule）建成並進行招生。同期的檔案學院還有法國憲章學院（École royale des chartes）等。[47]以下將分述與海峽兩岸檔案學教育有淵源之法國、英國、美國、蘇聯（俄羅斯）之檔案學教育。

壹、法國檔案學教育

一、法國檔案學教育沿革

　　1789 年 7 月 14 日，法國資產階級在工人和農民的支持下攻陷了位於首都

---

[45] 葉淑慧，〈檔案學碩士教育之比較研究：以五國九校為例〉，（碩士論文，國立政治大學，2002），6，檢索於 2016 年 3 月 7 日，http://ndltd.ncl.edu.tw/cgi-bin/gs32/gsweb.cgi?o=dnclcdr&s=id=%22090NCCU0448009%22.&searchmode=basic。

[46] 黃霄羽編，《外國檔案事業史》，第三版，（北京市：中國人民大學，2015），22-23。

[47] 王玉珏，〈法國檔案學院的現狀、歷史與發展〉，中國檔案，52 期（2013 年 10 月）：52-53。

巴黎的巴士底監獄（Bastille），從而拉開了法國資產階級革命的序幕。在這場資產階級革命爆發僅僅半個月之後，法國資產階級就迫不及待地進行了檔案工作改革。

改革的第一步就是根據 1789 年 7 月 29 日頒布的《國民議會組織條例》，建立了國民議會檔案館，負責保管國民議會的文件。第二步則根據 1790 年 9 月 12 日頒布的《國家檔案館條例》建立國家檔案館。該條例的主要內容包括：將國民議會檔案館改為國家檔案館，除保存國民議會的檔案文件外，還集中保管國家機關和地方機關的公共文件；第二，國家檔案館面向社會公眾免費開放；第三步是根據 1790 年 11 月 5 日頒布的《關於成立行政區檔案館的法令》，建立了地方檔案館體系；第四步，頒布《穫月[48]七日檔案法》（Loi du 7 messidor an II），將上述檔案改革的成果鞏固下來。[49]

法國檔案改革中建立起來的國家和各省檔案館，迫切需要既精通歷史知識又具備檔案管理技能的專門人才。正是在這樣的歷史背景下，經過拿破崙一世（Napoléon Bonaparte）的不斷倡導，根據路易十八（Louis Stanislav Xavier）1821 年 2 月 22 日法令，法國檔案學院得以創建。學院原名為：皇家憲章學院，後改為「國立憲章學院」（École nationale des chartes）[50]，但習慣上我們將其稱為「法國檔案學院」。

學院初創之時，學制兩年，由皇家圖書館及國家檔案館各派一名教授講課，不授予畢業證書，亦不安排職位。第一年只有 12 名學員，全部由內政部指派。兩年後，該院停辦。1829 年該院又恢復辦學。凡中等學校畢業的年輕人，均可報考，考試合格者錄取入該校學習。招生人數，每期不得超過二十人。在課程學習上，一開始只有古文字和古文書學兩門課程。後來又增設語文、圖書學、法國機關史和檔案史、法國文獻編纂學等。[51]

法國檔案學院自創建起，其畢業生就在法國檔案界享有壟斷地位。這種壟斷地位有法律保障。1829 年 11 月 11 日，法國頒布了一項法令，規定凡公共圖書館、國家檔案館以及各地文件保管機構，當有人員出缺時，必須保留半數名額，以備錄用檔案學院的畢業生。這項法令為檔案學院畢業生進入圖書和檔案機構提供了法律保障。[52]其後，1850 年、1887 年政令規定：只有法國檔案學院

---

[48] 穫月，來自法蘭西共和曆。該法中的穫月 7 日，即 1794 年 6 月 25 日。

[49] 黃霄羽編，《外國檔案事業史》，第三版，（北京市：中國人民大學，2015），48-49。

[50] 王玉玨，〈法國檔案學院的現狀、歷史與發展〉，中國檔案，52 期（2013 年 10 月）：52-53。

[51] 韓玉梅，〈外國檔案教育〉，檔案學通訊，3 期（1979 年 6 月）：49-53。

[52] 黃霄羽編，《外國檔案事業史》，第三版，（北京市：中國人民大學，2015），67。

的畢業生才有資格在國家以及地方檔案館，以公務員的身分進行工作。該規定一直沿用至今，只有檔案學院的畢業生或在該學院經過正規培訓的館員，才有資格擔任法國國家檔案館、地方檔案館的重要職務。特別是在法國國家檔案館裡，幾乎所有的「主管保管員」以上的職務，都由檔案學院的畢業生擔任。[53]

二、法國檔案學教育現況

在現階段，法國開展檔案學教育的學校及機構共有 16 所，開展的教育層級涉及學士、碩士、博士、文憑、遺產研究員及繼續教育等。主要的學校有：法國檔案學院、上阿爾薩斯大學（Université Haute-Alsace）、里昂第三大學（Université Jean Moulin-Lyon 3）、昂熱大學（Université d'Angers）、法國遺產研究所（Institut National du Patrimoine）等等。

法國的檔案學教育分為學校正規教育和繼續教育兩個部分，其中正規教育涉及學士、碩士、博士三個層級，並設有文憑教育。1970 年代以來，法國檔案學教育與培訓的形式越來越多，除了法國檔案學院外，一些大學也開設了檔案學科並有資格授予專業文憑，且教學的區域也由巴黎不斷向法國其他省份發展，見表 2-2。

法國開設檔案學教育學士教育的機構較少，目前僅有圖盧茲第二大學（Université de Toulouse-Le Mirail）、昂熱大學、里爾第三大學（Université de Lille III）三所學校。圖盧茲第二大學從兩個方向開設了學士課程，分別是「檔案與傳媒專業」和「檔案與圖像專業」。昂熱大學的「圖書館檔案處理與管理」專業則側重於培養可以對圖書館內所藏檔案的處理與管理的人才。里爾第三大學「文獻資料加值（Chargé de la valorisation des ressources documentaires）」檔案專業分為兩個方向：「圖書館管理」和「檔案管理」[54]，見表 2-2。

上阿爾薩斯大學和里昂第三大學相繼在 1978 年、1985 年開設檔案專業碩士課程；昂熱大學從 1995 年開始以檔案與歷史為方向，開設了碩士課程。從 2002 年 9 月開始，凡爾賽大學（Université de Versailles St-Quentin-en-Yvelines）專門為參加檔案工作者資格考試的考生開設了碩士階段檔案課程，這是巴黎地

[53] 王玉珏，〈法國檔案學院的現狀、歷史與發展〉，**中國檔案**，52 期（2013 年 10 月）：52-53。

[54] Université Lille 3, "Bienvenue sur le catalogue des formations de lille3," Catalogue des formations de Lille3, accessed September 16,2016, https://formations.univ-lille3.fr/ws?_cmd=getFormation&_oid=FR_RNE_0593561A_PR_SOF-22783&_redirect=voir_fiche_program&_lang=fr-FR&_onglet=Description.

區第一所開設檔案課程的國立綜合大學。[55]在現階段，共有11所大學開展檔案碩士教育，分別是：法國檔案學院、上阿爾薩斯大學、里昂第三大學、圖盧茲第二大學、法國遺產研究所、昂熱大學、里爾第三大學、艾克斯-馬賽大學（Aix Marseille Université）、皮卡第儒勒-凡爾納大學（Université de Picardie Jules Verne）、柏根蒂大學（Université de Bourgogne）、巴黎第八大學（Université de Paris VIII）、普瓦捷大學（Université de Poitier）、凡爾賽大學（Université de Versailles St-Quentin-en-Yvelines）。法國的大學學科設置可以分為：經濟與社會行政管理、法律學、經濟與管理學、人文與社會科學、文學與語言、科學與技術學、藝術、體育運動學等。在藝術學領域，綜合大學主要是培養藝術及文化遺產的教學、管理與保存人才，而傳統的藝術和應用藝術專業培養則由高等藝術學院承擔。文化中介與傳播學科引入了諸如文化遺產與旅遊、文化遺產管理、文化中介與展覽行業、文化藝術機構管理等專業。而藝術史與考古學分支學科的專業方向，除考古之外，包括職業化專業培養，如：檔案與遺產、文化財產的保存與修復、文化遺產與旅遊等等。[56] 2004年，法國頒布《遺產法典》，涉及檔案立法的部分被納入該法典的第二卷：檔案館。2006年，法國文化部進行機構調整，將原來直屬於文化部的「法國檔案局（Direction des archives de France, DAF）」，更名為「法國檔案服務部（Service interministériel des Archives de France，以下簡稱 SIAF）」與「建築遺產部」和「博物館部」共同組建了「法國文化部遺產司（Direction gégnérale des Patrimoines）」。[57]這些舉措都可以看出法國將「檔案」納入遺產保護體系，並從保存文化遺產的角度來推進檔案工作與培養檔案人才。法國檔案碩士教育多與考古、遺產、歷史、圖書館等多領域跨界融合。

2011年，法國檔案學院因教育的需要，開始增設博士生教育。[58]但因無博士生院，所以該校的博士生可以根據其研究的具體主題選擇巴黎索邦一大（Université de Paris I-Panthéon Sorbonne）或索邦四大（Université de Paris IV-Paris Sorbonne）的博士生院註冊。除此之外，在昂熱大學，法國國家科學院西

---

[55] 李萍，〈基於中法檔案教育比較視野下我國檔案教育現狀反思〉，**檔案學研究**，1期（2008年2月）：21-26。

[56] 〈法國公立大學〉，百度百科，最後更新於 2015 年 11 月 27 日，檢索於 2016 年 9 月 16 日，http://baike.baidu.com/link?url=Rxd5h7qG7R5ZacFAIHiy8u6goBQRgIAiR5wFT5E0UafBk995boxRTOa--m3j2UHvO9XroETq3ku4fDOy122PV_。

[57] 王玉珏，〈遺產保護體系下的檔案立法：法國《遺產法典（第二卷：檔案館）》解讀〉，**檔案學通訊**，4期（2016年7月）：17-22。

[58] 王玉珏，〈法國檔案學院的現狀、歷史與發展〉，**中國檔案**，52期（2013年10月）：52-53。

第二章 文獻探討　37

部歷史研究所（Centre de recherche historiques de l' Ouest, UMR CNRS6258）的
「檔案、圖書、手稿和其他資訊載體」研究團隊，具有培養檔案學、圖書館學
博士生的資格[59]，見表 2-2。

除了正規的國家文憑體系：本科－碩士－博士之外，法國也承認由某一大
學頒發的文憑，稱為：大學文憑（Diplôme universitaire）。這種文憑是對學生所
學知識領域的一個補充學位。在法國，昂熱大學開設一門文憑課程「健康檔
案」。該文憑相當於碩士階段的學習，持續一年。專門針對在醫療部門工作的
檔案工作人員開展。此外，普瓦捷大學的「檔案館與檔案職業」也屬於這種文
憑類型[60]，見表 2-2。

在法國，要想成為公共檔案工作者，不僅需要接受專門的檔案學專業學習
和培訓，而且需要參加嚴格的資格考試。[61]其中，遺產研究員（Conservateur du
patrimoine）是文化類公務員劃分中的最高級別（Categorie A）。遺產研究員涉
及五個具體領域：考古學、檔案、歷史遺跡及名錄、博物館、科學技術自然遺
產。具有檔案遺產研究員培訓資格的僅有：法國檔案學院和法國遺產研究所。
只有經過這兩所學校全日制培訓過的學生，通過考試後成為遺產研究員
（Conservateur du patrimoine），才有可能成為法國檔案館管理層的候選人。其
他未經這兩所學校培訓的檔案館工作人員，無論其工作經歷，均沒有成為國家
檔案館、地方檔案館管理層的資格。[62]

表 2-2　現階段法國檔案學教育院校一覽表

學校名稱	學士	碩士	博士	文憑	遺產研究員	繼續教育
法國檔案學院 École nationale des chartes	-	歷史、遺產及數位技術	○	-	○	○
上阿爾薩斯大學 Université Haute-Alsace	-	歷史系：檔案學方向	-	-	-	-
里昂第三大學 Université Jean Moulin-Lyon 3	-	歷史學：檔案方向	-	-	-	-

---

[59] 王玉珏，〈法國檔案教育與培訓體系解析〉，未公開資料；École nationale des chartes, "Doctorat," École nationale des chartes, accessed September 16, 2016, http://www.enc-sorbonne.fr/fr/cursus/doctorat; Université d'Angers, "Formation doctorale," Université d'Angers, accessed September 16, 2016, http://www.univ-angers.fr/fr/recherche/formation-doctorale/ecoles-doctorales/ed-sce.html.

[60] 王玉珏，〈法國檔案教育與培訓體系解析〉，未公開資料。

[61] 李萍，〈論現代法國檔案事業的創新與發展〉，檔案學研究，2 期（2009 年 4 月）：56-60。

[62] 王玉珏，〈法國檔案教育與培訓體系解析〉，未公開資料。

學校名稱	學士	碩士	博士	文憑	遺產研究員	繼續教育
圖盧茲第二大學 Université de Toulouse-Le Mirail	檔案與傳媒 檔案與圖像	檔案與傳媒 檔案與圖像	-	-	-	-
法國遺產研究所 Institut National du Patrimoine	-	-	-	-	○	○
昂熱大學 Université d'Angers	圖書館檔案處理與管理	檔案課程	○	健康檔案	-	-
里爾第三大學 Université de Lille III	文獻資料加值	考古、遺產和檔案	-	-	-	-
艾克斯-馬賽大學 Aix Marseille Université	-	檔案、圖書館與音檔、影片材料	-	-	-	-
皮卡第儒勒-凡爾納大學 Université de Picardie Jules Verne	-	檔案與技術應用	-	-	-	-
柏根蒂大學 Université de Bourgogne	-	20世紀－21世紀歐洲檔案	-	-	-	-
巴黎第八大學 Université de Paris VIII	-	檔案工作	-	-	-	-
普瓦捷大學 Université de Poitier	-	-	-	檔案館與檔案職業	-	-
凡爾賽大學 Université de Versailles St-Quentin-en-Yvelines	-	文化工作：檔案方向	-	-	-	-
法國遺產局科學與技術培訓部 Département de la formation scientifique et technique	-	-	-	-	-	○
法國檔案工作者協會 Association des archivistes français	-	-	-	-	-	○

資料來源：王玉珏，〈法國檔案教育與培訓體系解析〉，**未公開資料**；李萍，〈基於中法檔案教育比較視野下我國檔案教育現狀反思〉，**檔案學研究**，1 期（2008 年 2 月）：21-26。注：-表示該機構未開展本學歷教育；○表示該機構有開展本學歷教育，但具體名稱不詳。

貳、英國檔案學教育

一、英國檔案學教育沿革

英國早期對檔案工作人員的專業訓練並不怎麼重視。直到 1929 年以後，英國才要求申請到公共檔案館工作的人員需受過專門訓練。[63]

Elizabeth Shepherd 將英國的檔案學教育分成四個階段：第一階段：1900 初期緩慢發展；第二階段：1947-1980 年大學開設檔案學文憑（Diplomas）教育；第三階段是 1980-2006 年開始開展文件管理與數位文件教學階段；目前處於檔案學教育發展的第四個階段。[64]

早期，英國公文書局（Public Record Office, PRO）和地方檔案館都是直接招聘接受過歷史和通識教育的學生，然後在館內接受在職培訓。1902 年的《地方檔案報告》（*Report on Local Records*）指出：英國應該設立一所像法國檔案學院的學院；大學開始教授古文書學、地方史和圖書館學。比如倫敦大學（University of London）、倫敦國王學院（King's College London）的詹金森（Hilary Jenkinson, 1882-1961）、牛津大學（University of Oxford）的 R. L. Poole 講授古文書學課程；利物浦大學（University of Liverpool）地方史與古文書學院（School of Local History and Palaeography）開設地方史相關課程，見表 2-3。

表 2-3　19-20 世紀早期檔案學教育相關課程

年代	課程名稱	學校名稱	授課人
1896	古文書學	倫敦大學	-
1930s		倫敦大學國王學院	Hilary Jenkinson
1897		牛津大學	R. L. Poole
1902/1911	地方史	利物浦大學地方史與古文書學院	-

資料來源：Elizabeth Shepherd, "Sixty years of archival education in England, 1947-2006: looking back and looking forward," (Second Asia-Pacific Conference for Archival Educators and Trainers, Tokyo, October 18-19, 2006), 103-111. 注：-表示授課人不詳。

---

[63] 黃坤坊，《六十國檔案工作概況》，陳兆祦編，（北京市：中國檔案，1995），182。

[64] Elizabeth Shepherd, "Sixty years of archival education in England, 1947-2006: looking back and looking forward," (paper presented at Second Asia-Pacific Conference for Archival Educators and Trainers, Tokyo, October 18-19, 2006), 103-11.

1947 年，英國檔案學教育邁入了新紀元。倫敦大學學院（University College London）在詹金森的積極努力下，成立了檔案專業。這是英國最早的檔案學正規教育機構。檔案專業建立之初，所開設的課程較有限。主要用於培訓在英格蘭和威爾斯地方政府博物館工作的檔案管理人員，隨著檔案學教育事業不斷拓展，該專業的課程逐漸豐富。1970 年以來，該專業開設了針對不同培養對象的選修課體系，主要培訓以下三種檔案管理人員：

1、英國的傳統檔案工作者，他們必須能夠處理 11 世紀以來的檔案文件；
2、現代檔案工作者，他們只處理當代的檔案文件；
3、國外檔案工作者，前來攻讀「國外文件管理」和「檔案管理」兩個研究方向碩士學位的留學生。[65]

　　除此之外，開設檔案學專業的學校還有利物浦大學文件與行政檔案研究文憑課程（Diploma in the Study of Records and Administration of Archives）。

　　第三階段的英國檔案學教育出現了新變化。這一時期的檔案學教育開始注重文件管理。比如諾桑比亞大學（Northumbria University）開設了文件與資訊管理碩士學位（MSc in Records and Information Management）、文件管理遠程教育碩士學位（MA / MSc in Records Management）。此外，傳統的檔案學教育也開始因應現代技術的發展而開展課程調整。

　　在文件管理教育之外，英國的檔案學教育也開始重視數位文件的管理，如倫敦大學學院調整傳統的檔案專業以便於能夠解決數位文件相關問題；格拉斯哥大學（Glasgow University）開設了資訊管理與保存碩士專業（MSc in Information Management and Preservation）。當然，在檔案學專業調整的過程中也產生了失敗的案例，比如英國檔案人員協會（Society of Archivists）、威爾斯大學（University of Wales）關閉函授課程。

　　進入 21 世紀之後，英國檔案學教育界在傳統檔案學教育的基礎上，提出一項具有創新意義的教育改革措施，即多元化的檔案學教育理念。所謂多元化教育，就是要打破大學傳統單一式的學歷教育模式，倡導檔案學教育的專業化、社會化、普及化、國際化，突顯檔案高等教育機構在專業教育、社會培訓與國際教育中的優勢與特色。發展至今，英國多元化的檔案學教育模式，不僅使英國檔案學專業教育的學歷與水平得以不斷提升，逐漸成為歐洲檔案高等教育的重要基地，更使檔案學核心課程成為英國職業教育課程體系的主幹課程。檔案學教育的社會普及度明顯提高，特別是大學開展的文件與檔案管理的職業

---

[65] 劉迅、徐娜，〈英國倫敦大學檔案學專業概述〉，**檔案學通訊**，5 期（1992 年 9 月），63-64。

認證培訓已成為英國十大職業資格認證之一。[66]

二、英國檔案學教育現況

當前英國開設檔案學教育主要大學有：倫敦大學學院、利物浦大學檔案研究中心（Centre for Archive Studies）、鄧迪大學（University of Dundee）、諾桑比亞大學、格拉斯哥大學（Glasgow University）、亞伯里斯威斯大學（Aberystwyth University）等，見表 2-4。

在學士階段，倫敦大學學院資訊研究系（Department of Information Studies）開設有檔案存取與使用（Access and Use of Archives）課程；鄧迪大學檔案與資訊研究中心開設有檔案管理與保存導論（An Introduction to the Management and Preservation of Archives）、檔案推廣導論（An Introduction to the Promotion of Archives）、數位化與數位保存導論（An Introduction to Digitisation and Digital Preservation）等課程。利物浦大學檔案研究中心開設有文憑（Diploma）與證書（Certificate）教育，分別是文件與資訊管理（Records and Information Management）、檔案與文件管理（Archives and Records Management）等課程。

在碩士教育階段，倫敦大學學院、利物浦大學檔案研究中心、鄧迪大學、諾桑比亞大學、格拉斯哥大學、亞伯里斯威斯大學均有開設相關碩士教育。倫敦大學學院開設有檔案與文件管理碩士學位教育、數位人文（Digital Humanities）碩士學位教育。利物浦大學檔案研究中心針對本土和國際（International Pathway）兩種不同管道入學的學生開設檔案與文件管理碩士學位教育，而且學生可以根據自身的狀況選擇全職（full time）或者兼職（part time）攻讀學位。諾桑比亞大學和格拉斯哥大學亦有開設相關檔案碩士學位教育。亞伯里斯威斯大學亦開設多種檔案碩士教育課程，其中碩士學位教育有：檔案管理（Archive Administration）、資料庋用（Digital Curation）以及國際檔案、文件與資訊管理（International Archives, Records and Information Management）。其中檔案管理專業，國際檔案、文件與資訊管理專業還提供文憑教育。為了向全球學子提供更為便捷、快速的檔案學教育，亞伯里斯威斯大學上述的兩個專業，無論是學位教育還是文憑教育，均支持遠距學習。

當前，倫敦大學學院、利物浦大學檔案研究中心、格拉斯哥大學、亞伯里

---

[66] 任越、倪麗娟、于媛媛，〈多元創新與互動實踐——基於近十年英國檔案教育模式的思考〉，檔案學通訊，2 期（2013 年 3 月），66-69。

斯威斯大學提供檔案學博士研究生教育。

在正規教育之外，英國及愛爾蘭檔案與文件協會（Archives and Records Association （UK and Ireland））亦提供許多檔案訓練，如檔案維護證書課程（Certificate in Archive Conservation）。[67]倫敦大學學院、利物浦大學檔案研究中心、鄧迪大學、亞伯里斯威斯大學提供繼續教育專業發展課程（Continuing Professional Developmen），課程包括：文件管理與資訊政策（Records Management and Information Policy Compliance）、口述歷史：產生到庋用（Oral history: Creation to curation）、數位庋用導論（Introduction to Digital Curation）、檔案與文件管理、文件與資訊管理、檔案管理（Archive management）、文件管理、資訊合規（Information compliance）、數位保存與管理（Digital preservation and management）、家族與地方史（Family and local history）、檔案管理：原則與技術（Archive Management: Principles and Techniques）等。其中，亞伯里斯威斯大學提供的「檔案管理：原則與技術」分別開設學士和碩士層級課程，均需要修滿 20 學分。

表 2-4　現階段英國提供檔案學教育的主要大學

學校名稱	學士／文憑課程	碩士	博士	繼續教育或 CPD
倫敦大學學院[68] University College London	檔案存取與使用	檔案與文件管理 數位人文	○	文件管理與資訊政策合規 口述歷史：產生與庋用 資料庋用導論
利物浦大學檔案研究中心[69] University of Liverpool, Centre for Archive Studies	文件與資訊管理 檔案與文件管理	檔案與文件管理	檔案與文件管理	檔案與文件管理 文件與資訊管理

---

[67] Archives and Records Association (UK and Ireland), "Training", Archives and Records Association (UK and Ireland), last modified March 16, 2016, accessed March 16, 2016, http://www.archives.org.uk/training.html.

[68] UCL Department of Information Studies, "*UCL Department of Information Studies-Home*", last modified March 16, 2016, accessed March 16, 2016, http://www.ucl.ac.uk/dis.

[69] *Liverpool University Centre for Archive Studies, "Courses and programmes*," Liverpool University Centre for Archive Studies, last modified March 16, 2016, accessed March 16, 2016, https://www.liverpool.ac.uk/centre-for-archive-studies/courses/.

學校名稱	學士／文憑課程	碩士	博士	繼續教育或 CPD
鄧迪大學檔案與資訊研究中心[70] University of Dundee, Centre for Archive and Information Studies	檔案管理與保存導論 推進檔案導論 數位化與數位保存	檔案與文件管理 文件管理 家族與地方史	-	檔案管理 文件管理 資訊合規 數位保存與管理 家族與地方史
諾桑比亞大學 Northumbria University	-	文件與資訊管理 文件管理	-	-
格拉斯哥大學 Glasgow University	-	資訊管理與保存 （數位）／（檔案與文件管理）	○	-
亞伯里斯威斯大學[71] Aberystwyth University	-	檔案管理 資料庋用 國際檔案、文件與資訊管理	○	檔案管理：原則與技術
英國及愛爾蘭檔案與文件協會 Archives and Records Association (UK and Ireland)	-	-	-	檔案維護證書課程

注：-表示該機構未開展本學歷教育；○表示該機構有開展本學歷教育，但具體名稱不詳。

參、美國檔案學教育

一、美國檔案學教育沿革

　　縱觀美國檔案學教育的發展歷程及現狀，可以將其劃分為兩個階段：第一階段是檔案學教育萌芽、創建階段（1930-1960 年代）；第二階段是檔案學教育發展階段（1970 年代至今）。

　　美國建國歷史相較於歐洲、亞洲的一些國家而言較短，從 1776 年 7 月 4 日通過《獨立宣言》（Declaration of Independence）迄今，尚不過 240 年。在 1776 年之前，美國部分地區已經產生了零星的檔案管理工作，但檔案管理工作並未

---

[70] Centre for Archive and Information Studies, "*Programmes*", Centre for Archive and Information Studies, last modified March 16, 2016, accessed March 16, 2016, http://www.dundee.ac.uk/cais/programmes/.

[71] Aberystwyth University Department of Information Studies, "Courses", Aberystwyth University Department of Information Studies, last modified March 16, 2016, accessed March 16, 2016, http://www.aber.ac.uk/en/dis/courses/.

受到足夠的重視。比如 1800 年、1801 年、1833 年、1877 年、1880~1881 年發生數次火災，燒毀了美國財政部、陸軍部、國務院、內政部等多個重要政府部門的檔案。縱然如此，美國聯邦政府依然沒有對檔案管理工作採取必要的重視與措施。[72]

1853 年，聯邦政府通過一項防止偽造法案，規定要懲處那些任意銷毀文件的人。該法案通過之後，文件不能被隨意銷毀，但也導致文件的增長速度越來越快，甚至影響了公務員辦公場所空間與工作效率。1899 年，美國歷史協會成立了一個檔案委員會。在該委員會和其他單位的多次推動下，美國政府終於在 1926 年通過了成立國家檔案館的決議。1933 年美國國家檔案館動工興建，1935 年全部完工和正式啟用。[73]

美國國家檔案館成立之後，需要配置大量的檔案人員，然而當時並沒有受過檔案訓練的現成人才可以使用。這讓美國感受到舉辦檔案學教育的迫切需求。因此，SAA 在 1936 年成立之後的第一項正式活動就是設立一個檔案學教育委員會。1938 年，SAA 檔案學教育與培訓委員會主席比米斯在提交的第一份工作報告中，具有代表性地集中反映了史學界對檔案學教育對象的設計與要求。該報告指出：第一學歷的檔案人員必須首先獲得歷史學博士學位，他們主要在檔案館、圖書館、歷史協會從事制定計畫、指導與管理工作；第二學歷的檔案人員必須獲得歷史學碩士學位或其他社會科學的碩士學位，並學完與圖書館技術與方法有關的課程，他們主要從事技術方面的工作。同年，索倫·巴克（Solon Justus Buck, 1884-1962）在哥倫比亞大學（Columbia University）開設了一門檔案學課程，名為「檔案館與歷史手稿」──致力於介紹世界上一些主要國家檔案的歷史和管理情況。這是在美國進行系統檔案培訓的第一次嘗試。[74] 1939 年，德國檔案學家波茲奈爾（Ernst Maximilian Posner, 1892-1980）由於猶太血統的問題被迫移居美國，並受聘為華盛頓美利堅大學（American University）檔案管理學教授。在美利堅大學與國家檔案館的支持下，由索倫·巴克和波茲奈爾合作，在美利堅大學開設了一門研究生課程「行政管理與檔案歷史」。該課程主要介紹檔案工作的各個發展階段，以及每一個階段所適用的原理和技術。1941 年，索倫·巴克擔任美國國家檔案館館長之後，這門課程主要由波茲奈爾獨自講授。[75]

[72] 陳兆祦、黃坤坊，《六十國檔案工作概況》，陳兆祦編，（北京市：中國檔案，1995），332-33。
[73] 同上註，333。
[74] 陳瓊，〈美國檔案教育的歷史與發展〉，檔案與管理，9 期（2003 年 9 月）：35-38。
[75] 陳兆祦、黃坤坊，《六十國檔案工作概況》，陳兆祦編，（北京市：中國檔案，1995），355。

從 1955 年開始，美利堅大學有權授予檔案與文件管理證書和學位。此外波茲奈爾還與國家檔案館、美國國會圖書館合作，從 1945 年起舉辦暑期檔案學校。除此之外，美國圖書館學校在圖書館學或資訊學院也開設了檔案學教育。[76]

從 1970 年代開始，美國檔案學教育邁入了第二個階段。這一階段，美國檔案學教育不斷建立檔案專業標準，為檔案專業獲得社會接受和認同以及檔案學教育向獨立性方向發展創造條件。另一方面，大力發展研究生教育。此外，也與其他國家攜手合作，積極開展檔案學教育研究，為檔案學教育在社會的重新定位及發展，為確立新的教育目標、構建檔案學教育體系、選擇教育途徑提供重要依據。[77]

1970 年代後期，美國檔案界逐漸形成三大專業標準，分別是：檔案專業教育指南、檔案工作者資格認證標準和檔案機構評估標準，三者為社會及檔案界本身對檔案專業的認同奠定了基礎。其中檔案專業教育指南經 1977 年公布之後，隨著時代變遷及對檔案學教育內容與方式的變化，歷經了 1988 年、1994 年、2002 年、2005 年、2011 年數次重新修訂。2011 年修訂的《檔案學研究所課程指南》（*Guidelines for a Graduate Program in Archival Studies*）對檔案學教育的願景、目標、課程體系、行政、教職人員、設備等多個方面均提出方向性標準。[78]

二、美國檔案學教育現狀

美國現有 39 所大學開展檔案學教育，教育的層級覆蓋：證書（Certificate）、碩士級證書（Graduate Certificate）、碩士、博士，其中證書與碩士級證書均屬於繼續教育，而碩士與博士教育則是學歷教育。當前，美國共有 18 所學校提供 25 種證書教育、7 所學校提供 9 種碩士級證書教育、35 所學校提供 51 種碩士學位教育、21 所學校提供 23 種博士學位教育。據 SAA 最新的名單（檢索日期：2016 年 9 月 18 日）[79]顯示，美國檔案學教育系所如表 2-5 所示。

---

[76] 郝偉斌、賀默嫣，〈美國著名檔案學家——波茲奈爾〉，**檔案管理**，4 期（2007 年）：6；陳兆禤、黃坤坊，《六十國檔案工作概況》，陳兆禤編，（北京市：中國檔案，1995），355。

[77] 陳瓊，〈美國檔案教育的歷史與發展〉，**檔案與管理**，9 期（2003 年 9 月）：35-38。

[78] Society of American Archivists, "Guidelines for a Graduate Program in Archival Studies", Society of American Archivists, last modified March 17, 2016, accessed March 17, 2016, http://www2.archivists.org/gpas.

[79] Society of American Archivists, "Directory of Archival Education", Society of American Archivists, accessed September 18, 2016, http://www2.archivists.org/dae?field_program_type%5B%5D=0&field_program_type

表 2-5　現階段美國檔案學教育院校一覽表

學校名稱	證書	畢業證書	碩士學位	博士學位
奧本大學 Auburn University	歷史學：檔案管理 檔案學研究	-	歷史學	○
亞利桑那大學 University of Arizona	數位資訊	-	資訊資源與圖書館學	資訊資源與圖書館學
聖荷西州立大學 San José State University	-	-	圖書資訊學 檔案與文件管理	○
加州大學洛杉磯分校 University of California, Los Angeles	-	-	-	資訊研究
加州大學河濱分校 University of California, Riverside	-	-	歷史學：博物館管理者 歷史學：歷史古蹟保存 歷史學：檔案管理	歷史學：大眾史學
美國天主教大學 Catholic University of America	○	-	圖書資訊學	-
約翰‧霍普金斯大學 Johns Hopkins University	資料庋用	-	博物館研究	-
克萊頓州立大學 Clayton State University	-	-	檔案學研究	
夏威夷大學馬諾阿分校 University of Hawaii at Manoa	檔案學研究	-	圖書資訊學	-
多明尼克大學 Dominican University	檔案、文化遺產資源與服務	-	圖書資訊學 圖書資訊學研究（MPS） 大眾史學與圖書資訊學（與芝加哥羅耀拉大學聯合培養）	圖書資訊學
芝加哥羅耀拉大學 Loyola University Chicago	-	-	歷史學 大眾史學與圖書資訊學（與多明克大學聯合培養）	歷史學

%5B%5D=1&field_program_type%5B%5D=2&field_degree_type%5B%5D=Certificate&field_degree_type%5B%5D=Associate&field_degree_type%5B%5D=Bachelor%27s&field_degree_type%5B%5D=Graduate+Certificate&field_degree_type%5B%5D=Master%27s&field_degree_type%5B%5D=Ph.D..

學校名稱	證書	畢業證書	碩士學位	博士學位
伊利諾伊大學厄巴納-香檳分校 University of Illinois at Urbana-Champaign	特色館藏資料庋用	-	圖書資訊學	圖書資訊學
印第安納大學 Indiana University	-	-	圖書館學：檔案與文件管理 圖書館學：珍本與手稿 圖書館學與歷史學	-
恩波利州立大學 Emporia State University	檔案學研究	-	圖書館學：檔案學研究	
路易斯安那州立大學 Louisiana State University		-	圖書資訊學：檔案管理	-
西蒙斯學院 Simmons College	檔案館 檔案館學程（數位學習） 數位管理人證書（數位學習）	-	檔案與歷史 檔案館	圖書資訊學
馬薩諸塞大學波士頓校區 University of Massachusetts Boston	-	檔案館	歷史學：大眾史學 歷史學：通史 歷史學：檔案學	-
馬里蘭大學 University of Maryland	-	-	圖書館學（包含檔案、文件與資訊管理學程） 圖書館學與歷史學（雙聯學位）	資訊研究（包含檔案、文件與資訊管理學程）
密西根大學 University of Michigan	-	-	資訊學（檔案與文件管理）	資訊
韋恩州立大學 Wayne State University	-	檔案管理	圖書資訊學 歷史學與圖書資訊學（雙聯學位）	-
北卡羅來納大學教堂山分校 University of North Carolina at Chapel Hill	-	資料庋用	圖書館學 資訊科學	○

學校名稱	證書	畢業證書	碩士學位	博士學位
長島大學 Long Island University	文件管理 檔案館	-	-	-
紐約大學 New York University	-	檔案館 大眾史學	檔案與大眾史學：檔案	歷史學與檔案高級證書 歷史學與大眾史學證書
普瑞特藝術學院 Pratt Institute	保存與資料庋用 數位人文 使用者體驗	檔案館 圖書資訊學	藝術史 圖書資訊學	-
紐約市立大學皇后學院 Queens College, City University of New York	○	-	-	-
聖若望大學 St. John's University	-	圖書資訊學	圖書館學	-
紐約州立大學奧本尼分校 State University of New York at Albany	-		資訊科學	-
肯特州立大學 Kent State University	-	-	圖書資訊學	○
萊特州立大學 Wright State University	○	-	-	-
卓克索大學 Drexel University	-	資訊研究與技術	圖書資訊學	資訊研究 計算機科學
天普大學 Temple University	-	-	大眾史學	○
匹茲堡大學 University of Pittsburgh	-	-	圖書資訊學	圖書資訊學
南卡羅來納大學 University of South Carolina	圖書資訊學	-	圖書資訊學 大眾史學	-
東田納西州立大學 East Tennessee State University	檔案學研究	-	博雅研究：檔案學研究	-
中田納西州立大學 Middle Tennessee State University-Murfreesboro	-	-	歷史學：檔案管理	大眾史學
德克薩斯州立大學奧斯汀分校 The University of Texas at Austin	數位檔案館	-	資訊研究	○
西華盛頓大學 Western Washington University	-	-	歷史學 檔案與文件管理證書（與歷史學碩士或者碩士證書相結合）	-

學校名稱	證書	畢業證書	碩士學位	博士學位
威斯康辛大學麥迪遜分校 University of Wisconsin-Madison	○	-	圖書資訊學	○
威斯康辛大學密爾瓦基分校 University of Wisconsin-Milwaukee	檔案與文件管理	-	圖書資訊學：檔案學研究	資訊研究
美國檔案工作者協會 SAA	編排與描述 數位檔案館 專家	-	-	-

注：-表示該機構未開展本學歷教育；○表示該機構有開展本學歷教育，但具體名稱不詳。

　　美國不提供學士層面的檔案學教育，其教育的學歷主要集中在碩士以上。當前，美國共有 18 所學校提供檔案證書教育，其中有 4 所學校提供「檔案學研究（Archival Studies）」證書教育，分別是：奧本大學（Auburn University）、夏威夷大學馬諾阿分校（Universiyu of Hawaii at Manoa）、恩波州立大學（Emporia State University）以及東田納西州立大學（East Tennessee State University）。其他的證書教育涉及：「檔案與文化遺產資源與服務（Archival and Cultural Heritage Resources and Services）」、「檔案館（Archives）」、「檔案與文件管理（Archives and Records Administration）」等課程。

　　在證書教育之外，美國現亦有一種碩士級證書教育。不過，提供碩士級證書教育的學校不多，目前僅有 7 所學校提供，分別是：馬薩諸塞大學波士頓校區（Universiy of Massachusetts Boston）、韋恩州立大學（Wayne State University）、北卡羅納大學教堂山分校（University of North Carolina at Chapel Hill）、紐約大學、普瑞特藝術學院（Pratt Institute）、聖若望大學（St. John's University）、卓克索大學（Drexel University）。

　　美國共計有 35 所學校提供檔案學碩士教育，占 SAA 名單學校的 89.74%。透過對美國檔案學碩士教育學程（program）的名稱分析，可以將其檔案學碩士教育劃分為四類：檔案學類、圖書資訊學類、歷史類、綜合類。

　　第一種：檔案學類，直接以檔案學及其相關領域的研究作為學程名稱。如克萊頓州立大學的檔案學研究碩士（Master of Archival Studies），其他的還有：檔案與文件管理（Archives and Records Management）、檔案館（Archives）。其中，西華盛頓大學的「檔案與文件管理」教育雖然是證書教育，但是該證書教育與歷史學碩士相結合，並不單獨授予。第二種：圖書資訊學類，該類多為在圖書資訊學門下開設檔案學相關研究方向或課程。印第安納大學在圖書館學下招收「檔案與文件管理」、「珍本與手稿（Rare Books and Manuscripts）」方向碩士研究生。恩波州立大學在圖書館學專業下開設檔案學研究方向。密西根大

學在資訊科學（Master of Science in Information）專業下招收檔案與文件管理方向的碩士研究生。與此類似的還有：路易斯安那州立大學（Louisiana State University）、馬里蘭大學（University of Maryland）、威斯康辛大學密爾瓦基分校（University of Wisconsin-Wilwaukee）等。除此之外，亦有16所學校在圖書資訊學、圖書館學、資訊科學等專業下開設檔案學相關課程。第三種：歷史類，在歷史學門下開設檔案檔案學相關研究方向或課程。加州大學河濱分校（University of California, Riverside）在歷史學（History）下設置檔案管理（Archival Management）研究方向；馬薩諸塞大學波士頓校區在歷史學下設置檔案學研究方向。而奧本大學、西華盛頓大學、芝加哥羅耀拉大學（Loyola University Chicago）、天普大學（Temple University）、南卡羅來納大學（University of South Carolina）、普瑞特藝術學院（Pratt Institute）分別在歷史學、大眾史學（Public History）、藝術史（Art History）專業下開設檔案學相關課程。第四種：綜合類，該類一般是上述三種的組合，比如檔案學與圖書資訊學的組合、檔案學與歷史學的組合、圖書資訊學與歷史學的組合。比如：紐約大學開設「檔案與大眾史學」碩士專業（Archives and Public History），該專業有兩個研究方向，一個是大眾史學；另一個則是檔案方向。西蒙斯學院（Simmons College）則是開設「檔案與歷史（Archives and History）」專業。而多明尼克大學（Dominican University）則是與芝加哥羅耀拉大學聯合培養大眾史學與圖書資訊學雙學位碩士，並在在學程中開設檔案學課程，培養富有圖書資訊學與歷史學門綜合素養的專業人才。採取同樣措施的學校還有：馬里蘭大學、韋恩州立大學（Wayne State University）。

在博士生教育層面，共有21所學校提供23次別博士學位教育。在上述博士教育中，並未有直接以檔案學為名的博士學程教育，而是集中在圖書資訊學和歷史學兩個學門。

肆、俄國檔案學教育

俄國係指歷史上的俄羅斯帝國（Российская империя）和今天的俄羅斯聯邦（Российская Федерация），也指蘇聯（Союз Советских Социалисти́ческих Респу́блик）。

一、俄國檔案學教育沿革

俄國第一所檔案人員訓練的教育機構可以追溯到創辦於 1877 年的聖彼得堡考古學院（St.-Petersburg Archaeological Institute）。該院由歷史學與法學教授卡拉切夫（Nikolai V. Kalachev, 1819-1885）所創辦，招收具有已擁有學位的學生，學制兩年，免費，培養的目標是養成考古學家或檔案工作人員。學院的研究主題有 12 個，包括古文書學、年代學、錢幣學、古代地理學等。1922 年，蘇聯成立之後，該院併入彼得格勒州立大學（即原先的聖彼得堡大學，現更名為聖彼得堡國立大學，Санкт-Петербургский государственный университет）。[80]

1907 年，莫斯科考古學院（Archaeological Institute in Moscow）也開始了檔案培訓工作。該學院為擁有學位的學生提供為期 3 年的課程。旁聽生也可以被允許參加學院的考試。整個學校主要由私人捐贈和學費來維繫。1922 年，莫斯科考古學院併入莫斯科國立大學社會科學學院（Faculty of Social Sciences of Moscow State University）。[81]

蘇聯時期非常重視檔案工作。早在 1904 年，蘇聯檔案工作的開創者——弗拉基米爾・德米特里耶維奇・邦契-布魯耶維奇（Владимир Дмитриевич Бонч-Бруевич, 1873-1955）在與列寧（Влади́мир Ильи́ч Улья́нов, 1870-1924）商及建立俄國社會民主工黨圖書館與檔案館的議題時，列寧立即表示同意，並認為建館工作是黨的重要工作之一。[82]

1917 年，「十月革命」（Октябрьская револю́ция）之後，俄羅斯蘇維埃聯邦社會主義共和國中央委員率先於 1918 年 4 月 2 日批准建立檔案事務管理局；6 月 1 日，蘇聯在教育人民委員部內成立主管檔案事業的檔案管理局（1938 年 9 月 29 日，更名為：蘇聯內務部人民委員會檔案管理總局）。同年，一批彼得格勒的檔案工作者完成了檔案學教學計劃，使得一些省份的檔案人員接受了檔案學教育。[83] 1930 年 9 月 3 日，蘇聯人民委員會作出了創辦一所直屬於蘇聯中央檔案管理局的檔案管理學院的決定——《關於在蘇聯中央檔案管理局下設

[80] Liudmila Guseva and Alexandra Makarova, "TRADITIONS AND MODERN TRENDS OF THE RUSSIAN AND FRENCH ARCHIVAL EDUCATION", *Criar Educação* 5, no.1 (July/November 2015), accessed March 22, 2017, http://periodicos.unesc.net/criaredu/article/view/2265/2134.

[81] Liudmila Guseva and Alexandra Makarova, "TRADITIONS AND MODERN TRENDS OF THE RUSSIAN AND FRENCH ARCHIVAL EDUCATION", *Criar Educação* 5, no.1 (July/November 2015), accessed March 22, 2017, http://periodicos.unesc.net/criaredu/article/view/2265/2134.

[82] 黃坤坊，「蘇聯檔案工作的開創者——邦契・布魯也維奇」，檔案，4 期（1991 年），27。

[83] 任慶勝、任時根，〈蘇聯檔案事業建設大事記（一）〉，浙江檔案，7 期（1990 年），26-27。

立檔案學院的決議》。1932 年 4 月 1 日，檔案管理學院正式成立，改名為歷史檔案學院。[84]該校就是影響全蘇聯乃至大陸檔案學教育的「蘇聯國立莫斯科歷史檔案學院」（第二次世界大戰後改為此名，以下簡稱歷史檔案學院）。歷史檔案學院的創設不是教育者心血來潮之作，是時蘇聯迫切需要科學幹部、工程師、技術人員、農藝師、醫師、教員等專業人才與幹部。為此蘇聯透過了培養高級和中級技術專家，以及建立新的高等技術學校和中等專業學校的五年計畫，歷史檔案學院定位為高等學校，學習期限兩年，以培養蘇聯檔案機關的領導人員和科學工作者為目的。[85]

蘇聯的檔案學教育的需求，自新政權成立之初就已經產生。曾任歷史檔案學院院長的阿·斯·羅斯洛娃坦言：舊檔案工作者「用怠工和破壞的方法擾亂蘇維埃的檔案建設事業，使蘇維埃國家利用檔案發生困難。因此，培養忠於蘇維埃政權的檔案工作者，便成了檔案機關的主要任務。」[86]譬如：檔案管理總局曾先後舉辦多次短期培訓班[87]、在列寧格勒大學（Санкт-Петербургский государственный университет）設立檔案考古班、在莫斯科大學（Московский Государственный Университет имени М.В.Ломоносова）人文學系歷史考古班開設檔案講座等一系列措施等。但這些措施並未有效緩解蘇聯對檔案專業人才的需求，支援蘇聯的社會主義事業建設，直到歷史檔案學院的成立。

1938 年，為了培養中等檔案業務人員，蘇聯在莫斯科和列寧格勒（後恢復為：聖彼得堡）分別開辦了兩所新的歷史檔案專科學校。[88]

直到蘇聯解體前，歷史檔案學院都是蘇聯唯一的檔案學院，負責培養三個方面的專業幹部：為國家檔案館培養歷史檔案專家，為科技檔案館和科技情報部門培養科技檔案和情報專家，為國家機關培養管理和文書工作的組織人才。此外，學院還設有培養研究生的研究部和提高檔案機關人員業務水平的函授課程。[89] 除了歷史檔案學院之外，基輔大學（Київський національний університет імені Тараса Шевченка）、烏拉爾大學（Уральский федеральный университет имени первого Президента России Б.Н. Ельцина）、維爾紐斯大學（Vilniaus

---

[84] 任慶勝、任時根，〈蘇聯檔案事業建設大事記（三）〉，**浙江檔案**，9 期（1990 年），30-31。

[85] 阿·斯·羅斯洛娃，〈蘇聯國立莫斯科歷史檔案學院概況介紹〉，**檔案學研究**，2 期（1959 年 9 月）：188-222。

[86] 同上註。

[87] 阿·斯·羅斯洛娃，〈蘇聯國立莫斯科歷史檔案學院概況介紹〉，**檔案學研究**，2 期（1959 年 9 月）：188-222；任慶勝、任時根，〈蘇聯檔案事業建設大事記（二）〉，**浙江檔案**，8 期（1990 年），30-31。

[88] 任時根、任慶勝，〈蘇聯檔案事業建設大事記（四）〉，**浙江檔案**，10 期（1990 年），26-27。

[89] 張恩慶，〈蘇聯檔案工作的歷史和現狀〉，**檔案學通訊**，2 期（1980 年），58-64。

universitetas）、里加理工學院（Rīgas Politehniskā augstskola，現為里加工業大學 Rīgas Tehniskā Universitāte）等亦開設相關的檔案學教育或課程。[90]

　　除大學開設的日常課程外，國家還設有函授大學和夜校，以使檔案工作人員既能從事正常工作，又能得到必要的教育。[91]

二、俄國檔案學教育現況

　　1991 年 12 月 25 日，蘇聯總統戈巴契夫（Михаил Сергеевич Горбачёв, 1931- ）宣布辭職，標誌著蘇聯解體。蘇聯解體之後，俄羅斯繼承了蘇聯的絕大部分土地與遺產。在檔案事業與檔案學教育方面的具體表現為：蘇聯部長會議檔案管理總局讓位於俄羅斯聯邦檔案事務委員會，蘇聯檔案被俄羅斯聯邦檔案事務委員會全面接收。[92]故此部分以俄羅斯檔案學教育來作論述。

　　在蘇聯解體之前，蘇聯檔案學教育的中樞力量——國立莫斯科歷史檔案學院已經發生了鉅變。俄羅斯聯邦總統葉爾辛（Борис Николаевич Éльцин, 1931-2007）頒佈了一項法令，在該校的基礎上成立了俄羅斯國立人文大學（Российский государственный гуманитарный университет），並由歷史檔案學院院長阿法納西耶夫（Юрий Николаевич Афанасьев, 1934-2015）擔任新大學的校長，而歷史檔案學院則變為新大學的一個學院。當前，俄羅斯國立人文大學歷史檔案學院共設有 4 個系：檔案事業系、文件學系、技術檔案與文件系，以及歷史學、政治學和法學系。這 4 個系下設有 21 個教研室，分屬 9 個專業。其大學部教育學制 5 年。歷史檔案學院在碩士和博士教育層面沒有設立獨立的檔案學或文件學專業，而是在歷史學下展開檔案學教育。[93]

　　俄羅斯檔案學教育主要透過在大專校院開設檔案學專業和文件學與文件管理專業，進行招生和培養，檔案學教育的學歷既有博士、碩士和本科教育，也有中等職業技術（專科）教育。據俄羅斯國立人文大學歷史檔案學院訪問學

---

[90] Fyodor Vaganov, "Archival Affairs in the USSR," *The American Archivist* 51, No. 4 (1988 Fall): 481-85, accessed September 24, 2016, http://americanarchivist.org/doi/pdf/10.17723/aarc.51.4.l2n04270785vp1g5.

[91] Ibid.

[92] 傅華,〈蘇聯解體前後檔案界的大變動〉,**檔案學通訊**, 1 期（1993 年）, 68-71；Patricia Kennedy Grimsted, "Beyond Perestroika: Soviet-Area Archives after the August Coup," *The American Archivist* 55, no.1 (Winter 1992): 94-124, accessed September 24, 2016, http://americanarchivist.org/doi/pdf/10.17723/aarc. 55.1.p620773723871m06; Patricia Kennedy Grimsted, "'Glasnost' in the Archives? Recent Developments on the Soviet Archival Scene," *The American Archivist* 52, no.2 (Spring 1989): 214-36, accessed September 24, 2016, http://americanarchivist.org/doi/pdf/10.17723/aarc.52.2.111m357171724762.

[93] 肖秋會,「俄羅斯國立人文大學歷史檔案學院的歷史與現狀」,**檔案學通訊**, 3 期（2012 年）, 77-81。

者肖秋會的統計，俄羅斯現共有約 40 所大專校院（不包括國立人文大學分校）開設了檔案學專業或文件學和文件管理專業，尤以文件學和文件管理專業居多。[94]

伍、小結

綜觀法國、英國、美國、俄國檔案學教育的發展可知：法國檔案學教育起步最早（1821 年），俄國的檔案學教育次之，而英國、美國則開始於第二次世界大戰之後。從現代檔案學教育產生原因來看，法國、英國、美國、蘇聯等國皆是因應社會需求推動檔案學教育的發展，不同的是檔案學教育的推動階層有所區別：法國和俄國均係新政權通過檔案教育的推動，鞏固其在檔案事業方面革命的成果。英國與美國則是純粹為加強與提升檔案工作者的科學性而推動檔案學教育，此點與法俄截然不同。但無論其檔案學教育推動者階級屬性如何，客觀的行動均對檔案學教育的正規化與規模化發揮催化作用，見表 2-6。

表 2-6　各國檔案學教育現況

		法國	英國	美國	俄國
第一所正規學校		法國檔案學院	倫敦大學	美利堅大學	聖彼得堡考古學院
創設時間		1821	1947	1955	1877
現開設檔案學教育學校	數量	14	6	39	40
	大學部	3	3	-	不詳
	碩士	11	6	35	不詳
	博士	2	4	21	不詳

從檔案學教育的內容來看，各國檔案學教育的側重點有所不同。法國、英國等非常重視對歷史檔案的整理、研究、編纂；而美國則注重對現行文件、檔案的管理與利用；俄國則介於二者中間。這從其課程內容上亦可以反映出，如英國早期的檔案學教育課程主要集中在古文書學、地方史，法國的檔案學教育偏重古文字學、古文書學等。但是進入到 21 世紀之後，法國、英國、美國、俄國等國的檔案學教育重點均有所轉移，英國、美國、俄國都開始重視文件管理，尤其是電子文件的管理，而法國則是將檔案納入到遺產保護中的一環，對現代文件與電子文件管理的重視不足。

---

[94] 肖秋會，〈當前俄羅斯檔案事業評述〉，**檔案學研究**，1 期（2008 年），60-63。

從檔案學教育機構的性質來看，法國的檔案學教育最為特別。法國早期的檔案學教育屬於「特許教育」，所謂特許教育的意思是：該學校的地位是有法律保證的，其畢業生具有在相關機構工作的法定保障權利。這種特許屬性一直到 1970 年代以後才逐步放寬。但是透過遺產研究員資格認證成為檔案管理層候選人後，仍然必須接受法國檔案學院或法國遺產研究所全日制教育。蘇聯歷史檔案學院早期的學生，大多由國家各檔案館或政府機關選送，畢業後仍回原單位工作亦或是留校攻讀研究生。但這種情況與法國的特許教育仍然有差異。

從現有檔案學教育的層級和學校數量來看：法國現有 14 所學校展開檔案學教育，其中大學部、碩士、博士教育的學校數量分別是 3：11：2；英國現有 6 所學校開設檔案學教育，其中大學部、碩士、博士教育的學校數量分別是 3：6：4；美國現有 39 所學校開設檔案學教育，主要集中在研究所，其中碩士、博士教育的學校數量是 35：21。

透過上述國家或區域的檔案學教育系所的學歷分布來看，美國的檔案學教育集中在研究所階段，而法國、英國和俄國在大學部、碩士班、博士班等各個學歷均開展檔案學教育，其中法國和英國的檔案學教育系所的學歷分布較為均勻。

第四節　中國大陸檔案學教育研究回顧與進展

1966 年 5 月至 1976 年 10 月，中國大陸發生了「無產階級文化大革命」運動。在這場長達十年的政治運動中，中國人民大學及其歷史檔案系均被撤銷，檔案學教育陷入停滯狀態。這也成為檔案學教育研究的天然分水嶺。

壹、初始探索：1966 年文化大革命之前的檔案學教育研究

1949 年之前，雖有文華圖專[95]、崇實檔案學校[96]、江蘇學院行政管理專業[97]、

---

[95] 邵金耀，〈檔案學教育起源探究〉，檔案學通訊，1 期（2006 年）：71-74。
[96] 四川省地方誌編纂委員會編，《四川省誌・檔案誌・僑務誌》，（成都市：四川科學技術出版社，2000），105。
[97] 張衍，〈江蘇學院檔案學教育溯源〉，檔案學研究，1 期（2016 年 2 月）：51-56。

國立社會教育學院圖書博物館學系[98]、私立中國檔案函授學校[99]、四川職業檔案所等校開展檔案學教育[100]，但有關檔案學教育的研究十分罕見。就目前所知，僅有蔣崐一文專門介紹了法國檔案學校沿革。[101]

根據《檔案學論文著作目錄》[102]和《檔案學論著目錄（1911-1983）》[103]顯示，在檔案學教育與檔案學教育研究陷入停滯之前，中國大陸檔案學教育主要集中在兩個領域：外國檔案學教育介紹與本土檔案學教育工作總結，分述於下：

一、外國檔案學教育介紹

中國大陸在蘇聯專家的協助下展開了檔案學教育的重構與建立。因此，其對蘇聯檔案學教育開展的歷史與現狀非常重視。在中國人民大學創辦的內部刊物《檔案學研究》第二期中專門刊登了蘇聯國立莫斯科歷史檔案學院院長阿·斯·羅斯洛娃的文章〈國立莫斯科歷史檔案學院二十五年〉。該文詳細回顧了國立莫斯科歷史檔案學院從 1930 年創建到 1955 年這二十五年的歷史和發展概況，並從成立和組織建設時期（1930 年 9 月至 1941 年 6 月）、衛國戰爭時期（1941 年 6 月至 1945 年 8 月）、戰後時期（1945 年 9 月至 1955 年 9 月）三個階段分別總結該學院的師資、教學、課程設置、學術研究、學生等方面的經驗。[104]除了重視蘇聯的檔案學教育經驗之外，亦有文章介紹普魯士檔案學教育。1956 年，中國人民大學歷史檔案系分別在《歷史檔案參考資料》[105]和《檔案學參考資料（外國公共檔案館）》上，兩度介紹普魯士檔案學教育的養成，還詳細介紹了柏林普魯士史學專科及檔案學院規程，及普魯士國家檔案館檔案學術服務人員錄用法。[106]

---

[98] 張衍、程熙、吳品才，〈蘇州大學檔案學教育源流探析——順記周連寬教授和徐家麟教授在蘇州大學的檔案學教育〉，**檔案學通訊**，6 期（2013 年）：43-46。

[99] 玉奇，〈解放前上海曾創辦過「中國檔案函授學校」——關於《舊中國的檔案教育》補遺〉，**檔案學通訊**，4 期（1990 年）：45。

[100] 徐擁軍、張斌，〈中國大陸檔案高等教育發展研究〉，（論文發表於 2011 年海峽兩岸檔案暨縮微學術交流會，北京市，2011 年 7 月 22-23 日），102-19。

[101] 蔣崐，〈法國國立檔案學校沿革〉，行政效率 2 卷，7 期（1935 年）：1067-73。

[102] 中國人民大學歷史檔案系編，《檔案學論文著作目錄》，（北京市：中國人民大學，1961），42-44。

[103] 中國人民大學檔案學院資料室編，《檔案學論著目錄（1911-1983）》，（北京市：檔案出版社，1986），79-108，391-93，571-72。

[104] 阿·斯·羅斯洛娃，〈蘇聯國立莫斯科歷史檔案學院概況介紹〉，檔案學研究，2 期（1959 年 9 月）：188-222。

[105] 布蘭克曼，〈普魯士培養檔案管理人員問題〉，在《歷史檔案參考資料》，中國人民大學歷史檔案系編，（北京市：中國人民大學，1956），29-33。

[106] 布蘭克曼，〈普魯士檔案教育之養成〉，在《檔案學參考資料》，中國人民大學歷史檔案系編，（北京

二、本土檔案學教育工作總結

　　自中國人民大學正式開始重構檔案學教育起，有關本土檔案學教育的研究主要集中在教育工作或學習的總結。有關本土檔案學教育工作總結可以分為兩個方面，一方面是圍繞中國人民大學檔案高等教育的實施現況的總結；另一方面是圍繞檔案幹部或從業人員的培訓教育總結。

　　1952 年 11 月 5 日，中國人民大學檔案專修班正式開學。1953 年，《檔案工作》第三期上就刊登了〈中國人民大學檔案專修班關於第一期教學工作的基本總結〉。該文回顧了中國人民大學檔案專修班第一期教學工作的大致情況，如辦學方針、學生構成、教學與研究進展、存在的問題與展望等。[107]除此之外，亦有撰文介紹中國人民大學檔案教研室科學討論會的情形[108]、學生實習[109]或撰寫畢業論文[110]等。

　　當時，除了中國人民大學開展的檔案高等教育之外，大量的檔案幹部或從業人員主要透過短期訓練獲得檔案學教育。這類短期訓練通常是由「中央和省、市舉辦的短期訓練班，這些訓練班有的是經常性的，有的是臨時性的。而有的省、市在黨校或行政幹部學校設立檔案訓練班」[111]。這一時期，有關各地檔案培訓的總結紛呈，如山西[112]、上海[113]、江西[114]、河北[115]、青海[116]等等。透過對各地檔案幹部或從業人員短期培訓工作的總結發現：為了使檔案幹部的培養工作能儘可能適應實際工作發展的需要，必須採取「兩條腿走路」的辦法，

市：中國人民大學，1956），130-45。

[107] 檔案工作編輯部，〈中國人民大學檔案專修班關於第一期教學工作的基本總結〉，**檔案工作**，3 期（1953 年 10 月）：13-15。

[108] 檔案工作編輯部，〈中國人民大學檔案教研室科學討論會簡記〉，**檔案工作**，6 期（1954 年 1 月）。

[109] 陳兆祺，〈歷史檔案系本科三年級學生 1958 年生產實習總結〉，**檔案學研究**，3 期（1960 年 3 月）：97-108。

[110] 張恩慶，〈我們寫作畢業論文的體會〉，**檔案學研究**，3 期（1960 年 3 月），108-21。

[111] 吳寶康，〈檔案幹部的培養訓練和理論工作〉，在《檔案學參考資料》，第一輯，中國人民大學歷史檔案系編，（北京市：中國人民大學，1959），316-26。

[112] 檔案工作編輯部，〈中共山西省委秘書處關於檔案業務學習情況簡報〉，**檔案工作**，3 期（1953 年 10 月）：27-28。

[113] 檔案工作編輯部，〈中共上海市委、市人民政府和團市委檔案工作者學習情況〉，**檔案工作**，13 期（1954 年 8 月）。

[114] 檔案工作編輯部，〈中共江西省委秘書處關於檔案研究班教學工作總結〉，**檔案工作**，13 期（1954 年 8 月）。

[115] 檔案工作編輯部，〈中共河北省通縣地委辦公室組織專直檔案業務學習〉，**檔案工作**，13 期（1954 年 8 月）。

[116] 檔案工作編輯部，陳玉梅，〈青海樂都縣檔案館附設文書檔案系簡介〉，**檔案工作**，12 期（1958 年 12 月）：16。

也就是長期培養與短期訓練相結合，離職學習與業餘學習相結合，學校教育與實際工作的培養相結合，普及與提高相結合的策略。[117]這樣的提法，對尚處於「大躍進」時期的中國大陸而言，非常的獨特而中肯，可說是適合於當時檔案幹部或從業人員的培養方式。

在上述的研究之外，亦有部分研究不在其列，如殷鐘麒在《國民黨時期檔案管理述要》中，全面總結了 1949 年之前中國大陸的檔案學教育。分別介紹了文華圖專舉辦的檔案管理職業訓練班、檔案專科及檔案管理短期訓練班、崇實檔案學校、國民黨中央訓練委員會與內政部通令各省地方行政幹部訓練團舉辦的縣檔案人員訓練班、四川省圖書管理人員講習班添設的文書與和檔案課程、四川職業指導所開辦的文書人員訓練班、國立社會教育學院圖書博物館學系開設的檔案管理課程等等。[118]另外，戴澧還撰文論述了古文字學與歷史檔案專業之間關係的文章，認為學習歷史檔案專業的人學一點古文字學非常重要，並從字形、字音、字義三個方面予以論證說明。[119]

縱觀這一時期中國大陸檔案學教育研究成果，多屬於通訊報導或經驗總結，真正意義上的「研究」不多。但是，考慮到當時檔案學教育方興未艾，檔案學研究人口稀少，這部分研究能反映出該階段的檔案學教育現狀與問題，顯得彌足珍貴。

貳、研究細化：改革開放以來的檔案學教育研究（1978-1997）

1976 年文化大革命結束之後，中國人民大學及其歷史檔案系積極準備復校、復系。1978 年 7 月 7 日，中國大陸國務院正式批准中國人民大學復校，歷史檔案系也同時恢復，改名檔案系。同年 9 月，檔案系開始招生。[120] 1979 年 2 月 17 日，國家檔案局恢復，隨後各省、自治區、直轄市的檔案管理部門相繼恢復。1978 年之後，檔案正規教育打破中國人民大學獨家辦學的局面，多地開始開設多學歷的檔案專業教育，如鄭州航空工業管理專科學校設立技術檔案系，招收專科生[121]；北京聯合大學、蘇州大學、上海大學、南京大學等均開始

---

[117] 吳寶康，〈檔案幹部的培養訓練和理論工作〉，在《檔案學參考資料》，第一輯，中國人民大學歷史檔案系編，（北京市：中國人民大學，1959），316-26。
[118] 殷鐘麒，《國民黨時期檔案管理述要》，（北京市：國家檔案局，1959），10-15。
[119] 戴澧，〈古文字學與歷史檔案專業〉，檔案學研究，2 期（1959 年 9 月）：176-84。
[120] 王景高、馮博群、李向罡編，《當代中國檔案事業實錄》，（北京市：檔案出版社，1993），181。
[121] 同上註，182。

招收檔案學本科生。

在檔案事業和檔案學教育高漲的局勢下，檔案學研究也開始蓬勃發展。有關檔案學教育的研究突破 1966 年之前的範疇，研究逐步開始細化。這一階段的檔案學教育研究主要集中在幾個方面，分述如下：

一、檔案學教育歷史與現狀的回顧、反思與展望

有關檔案學教育辦學歷史回顧的文章主要有任春艷〈舊中國檔案教育的回顧與啟示〉[122]、梁建洲〈我國解放前檔案管理教育情況〉[123]、王德俊〈我國近代檔案教育歷史簡述〉[124]、玉奇〈解放前上海曾創辦過「中國檔案函授學校」〉[125]、韓森〈舊中國的檔案教育〉[126]、賈翰文〈略述舊中國的檔案教育〉[127]，此外《當代中國的檔案事業》中也略有涉及。[128]這一時期回顧檔案學教育辦學歷史的文章，內容主要還是集中在文華圖專、崇實檔案學校上，新的史料較少，內容重複度較高。但曾任文華圖專檔案學教育授課老師的梁建洲的文章，則詳細論述了文華圖專檔案學教育的前因後果、任課教師、課程設置、教材、學生等情況，補足了殷鐘麒在《國民黨時期檔案管理述要》一書中，關於文華圖專檔案學教育的論述，還進一步介紹了南京國民政府時期國防部在檔案管理培訓方面所作的努力，論述較新。[129]此外，任春艷〈舊中國檔案教育的回顧與啟示〉一文，雖簡單回顧了 1949 年之前檔案學教育的歷史，但該文對 1949 年之前的檔案學教育作了總結反思，認為檔案學教育的產生與國家檔案工作的發展，檔案學理論的產生以及社會對檔案人才的需求等都有著十分密切的關係。檔案學教育的規模與國家檔案工作的規模密切相關。該文還進一步將 1949 年之前的檔案學教育歸納為兩大模式──「文華圖專式」和「崇實檔案學校式」，並認為這兩種模式深刻影響了 1949 年之後的中國大陸檔案學教育。[130]

除了對檔案學教育辦學歷史的回顧之外，許多學者從宏觀上對中國大陸檔

---

[122] 任春艷，〈舊中國檔案教育的回顧與啟示〉，**遼寧檔案**，3 期（1994 年）：26-28。
[123] 梁建洲，〈我國解放前檔案管理教育情況〉，**檔案學通訊**，1 期（1992 年）：54-55。
[124] 王德俊，〈我國近代檔案教育歷史簡述〉，**檔案工作**，9 期（1992 年）：32-33。
[125] 玉奇，〈解放前上海曾創辦過「中國檔案函授學校」──關於《舊中國的檔案教育》的補遺〉，**檔案工作**，4 期（1990 年 4 月）：45。
[126] 韓森，〈舊中國的檔案教育〉，**檔案工作**，5 期（1986 年）：42。
[127] 賈翰，〈略述舊中國的檔案教育〉，**檔案管理**，2 期（1987 年）：35。
[128] 《當代中國》叢書編輯部，《當代中國的檔案事業》，（北京市：中國社會科學出版社，1988），18-20。
[129] 梁建洲，〈我國解放前檔案管理教育情況〉，**檔案學通訊**，1 期（1992 年）：54-55。
[130] 任春艷，〈舊中國檔案教育的回顧與啟示〉，**遼寧檔案**，3 期（1994 年）：26-28。

案學教育現狀展開調查與反思，如王德俊〈我國檔案教育的歷史、現狀與展望〉[131]、方毓寧〈試論我國檔案教育的歷史與現狀〉[132]、任虎成〈試談我國檔案教育的現狀與今後發展〉[133]、陳忠民、孫振濤和劉文彥〈檔案教育：現狀與趨勢的點滴思考〉[134]、譚錚培〈對目前檔案學教育的幾點看法〉[135]等。1978 年之後，檔案學教育規模發展迅速。1985 年至 1989 年間，中國大陸單舉辦的各類培訓班、研討班共有 8,231 期，培訓各類檔案幹部 573,762 人次。截至 1988 年，計有 33 所高校、14 所業餘大學設立檔案系、檔案專業或專修班，在校生 32,000 多人；48 所學校設立檔案中專班（註：中專等同臺灣的高工或高職），在校生 5,000 多人。由此可見，檔案學教育體系龐大且學歷多元。這一時期有關檔案學教育現狀的研究均指出檔案學教育亟待改革，需要調整教育結構，改變教育指導方針、教學內容、環節、方法等。[136]任虎成將檔案學教育主要存在的問題歸納為四點，即發展盲目性——區域分布不合理、設點過多，力量分散、發展後勁不足；師資力量薄弱；實驗條件差；在職教育沒有統一的教學要求等項。[137]針對上述存在的問題，學者們建議要有計畫、有步驟地培養檔案中等教育，穩步提高和發展現有的檔案高等教育，加強檔案部門在職幹部的繼續教育，調整現有的教育結構等。此外，還需要建立檔案學教育的評估制度，確保辦學、教學品質，謹防出現「濫開班、濫收費、濫發文憑」現象。[138]

　　在宏觀性回顧中國大陸整體檔案學教育的同時，亦有大量的研究將視角投向本土或本區域，涉及吉林[139]、遼寧[140]、新疆[141]、北京[142]、甘肅[143]、內蒙古[144]、

---

[131] 王德俊，〈我國檔案教育的歷史、現狀與展望〉，北京檔案，5 期（1992 年）：14-16。

[132] 方毓寧，〈試論我國檔案教育的歷史與現狀〉，山西檔案，6 期（1988 年）：27-29。

[133] 任虎成，〈試談我國檔案教育的現狀與今後發展〉，檔案學通訊，1 期（1988 年）：69-73。

[134] 陳忠民、孫振濤、劉文彥，〈檔案教育：現狀與趨勢的點滴思考〉，檔案學研究，1 期（1991 年）：24-27。

[135] 譚錚培，〈對目前檔案學教育的幾點看法〉，檔案管理，4 期（1986 年）：43-45。

[136] 王德俊，〈我國檔案教育的歷史、現狀與展望〉，北京檔案，5 期（1992 年）：14-16。

[137] 任虎成，〈試談我國檔案教育的現狀與今後發展〉，檔案學通訊，1 期（1988 年）：69-73。

[138] 方毓寧，〈試論我國檔案教育的歷史與現狀〉，山西檔案，6 期（1988 年）：27-29；陳忠民、孫振濤、劉文彥，〈檔案教育：現狀與趨勢的點滴思考〉，檔案學研究，1 期（1991 年）：24-27。

[139] 孫濤，〈談談我省檔案教育問題〉，吉林檔案，3 期（1985 年）：28-31，轉引自侯俊芳編，《檔案學論著目錄（1984-1993）》，（北京市：檔案出版社，1986），730。

[140] 瞿鳳起，〈遼寧省檔案教育的形勢和任務〉，遼寧檔案，23 期（1987 年）：59-60，轉引自侯俊芳編，《檔案學論著目錄（1984-1993）》，（北京市：檔案出版社，1986），730。

[141] 于建民，〈對我區檔案教育事業現狀及發展的思考〉，新疆檔案，2 期（1989 年）：36-38，轉引自侯俊芳編，《檔案學論著目錄（1984-1993）》，（北京市：檔案出版社，1986），730。

[142] 包金春，〈發展中的北京市檔案專業教育〉，檔案工作，8 期（1987 年）：13-14。

[143] 張克復、姜洪源，〈關於我省檔案專業教育的回顧、展望和幾點意見〉，檔案，5 期（1985 年）：21-25。

[144] 王君彩，〈我區檔案高等教育在實踐中——兼論有內蒙古特色的檔案高等教育〉，內蒙古檔案工作，2 期（1985 年）：6-13，轉引自侯俊芳編，《檔案學論著目錄（1984-1993）》，（北京市：檔案出版社，

寧夏[145]、江蘇[146]、湖南[147]、安徽[148]等地區。這些區域性研究更加針對性的指出本區域檔案學教育改革或改善的建議。沈三根據調查研究的結果，建議江蘇的檔案學教育要相對穩定和鞏固已經建設起來的頗有基礎和影響的檔案教學點；在調查研究的基礎上，審慎地對檔案專業教育進行必要的調整和充實；抓好教材建設和教師隊伍的建設；檔案行政管理部門要加強對檔案專業教育的管理和協調；加強對在職檔案幹部的培訓。[149]

二、各層級檔案學教育的專門研究

1985 年 8 月 28 日，中國大陸國家教育委員會和國家檔案局聯合發出通知《關於發展和改革檔案學教育的幾點意見》，指出高等學校、中等專業學校培養的人才數量不能滿足檔案事業發展的需要，而且檔案學教育的結構不合理，學歷比較單一，人才需要量大得多的中專教育發展緩慢且十分薄弱，高等教育與中專教育的比例嚴重失調。因此需要積極穩步地發展高等教育，有計畫地大力發展中專教育，積極發展在職教育。[150]

由於國家教育委員、國家檔案局的聯合發文，各地檔案學教育的推動以及研究者的關注點，各層級檔案學教育的專門研究主要集中在檔案中等專業教育以及電視大學（註：等同於臺灣的空中大學）、函授、自學教育等成人教育方面。姚峰從宏觀上論及發展檔案中等教育的緊迫性，提出只有大力發展檔案中等教育，才能使檔案學教育的學歷結構比例合理，才能解決檔案專業人才「供求關係」上的實際矛盾，也是提高現職檔案幹部水平的途徑之一。[151]劉德元等人均持上述觀點[152]。檔案中等教育雖然很重要，但是很多學者意識到想要辦好檔案中等教育，面臨著經費、師資、教材以及地方檔案行政管理部門支持等諸

1986），731。
[145] 趙小平，〈寧夏檔案教育事業發展之我見〉，**寧夏檔案**，創刊號（1986 年）：16-19，轉引自侯俊芳編，《**檔案學論著目錄（1984-1993）**》，（北京市：檔案出版社，1986），731。
[146] 沈三，〈關於江蘇檔案教育的回顧與設想〉，**檔案與建設**，5 期（1990 年）：5-7。
[147] 方明雪，〈蓬勃發展的我省檔案教育事業〉，**湖南檔案**，6 期（1989 年）：28-30。
[148] 何秋生，〈安徽省檔案專業教育發展的前景及對策〉，**安徽檔案**，2 期（1990 年）：19-21，轉引自侯俊芳編，《**檔案學論著目錄（1984-1993）**》，（北京市：檔案出版社，1986），731。
[149] 沈三，〈關於江蘇檔案教育的回顧與設想〉，**檔案與建設**，5 期（1990 年）：5-7。
[150] 檔案學通訊編輯部，〈國家教育委員會、國家檔案局關於發展和改革檔案學教育的幾點意見〉，**檔案學通訊**，1 期（1986 年）：1-5。
[151] 姚峰，〈談發展檔案中等教育的問題〉，**檔案學通訊**，5 期（1986 年）：72-75。
[152] 劉德元，〈應當重視中等檔案專業教育〉，**湖南檔案**，2 期（1986 年）：28-29。

多問題。[153]如何培養一名合格的檔案中等教育畢業生，學者們對此也頗為關注。黃光奎等提出應該培養檔案中等教育學生檔案管理、文書立卷、公文寫作、書法、現代化辦公設備的操作、公關社交、學習適應、開拓創新、初步的科學研究、抽象邏輯思維等十種能力，還進一步分析上述十種能力之間的辯證關係與培養途徑。[154]在檔案中等教育取得一定成績的同時，桂玉蘭根據對北京地區檔案中等專業教育的調研及數據，分析社會要重視檔案中專和職業高中畢業生分配難和所分配專業不對口是畢業分配工作中存在的重要問題。而產生這些問題的原因是多元的，比如成人教育與中專和職業高中競爭、受用人單位編制的限制、高校與用人單位缺乏中間環節、高校向用人單位收取「培訓費」等問題。[155]

三、檔案專業教學與課程設置研究

　　檔案專業教學與課程設置研究涉及到專業課程設置、教學、教材等方面。改革開放之後，檔案學教育現有的課程體系與實際工作需要、社會發展現狀之間產生了落差。周東濤提出在規劃檔案學教育課程體系之時，必須遵循內部條件與外部條件相結合、眼前利益與長遠利益相結合、局部效益與整體效益相結合、量的要求與質的要求相結合的要求，提出檔案學教育課程體系應該包括政治理論課、文史基礎課、專業基礎課和專業課、相關學科課以及專題研究課五種類型課程配套而成。此外，研究還發現檔案學教育課程體系中《檔案館學概論》課程空白，為了滿足各級各類檔案館的建設，以及建立完整的檔案學學科體系，必須盡速編寫相關教材並開設該門課程。[156]趙國俊則論述了檔案專業中「行政信息管理專門化」課程體系建設應該注意的事項。[157]除了宏觀的檔案課程體系設置之外，學者們對檔案利用服務課程[158]、計算機課程[159]、外語[160]、檔

[153] 俞伯森，〈檔案學中等專業教育必須大力發展〉，**湖南檔案**，4 期（1986 年）：26-27；姚峰，〈談發展檔案中等教育的問題〉，**檔案學通訊**，5 期（1986 年）：72-75。

[154] 黃光奎、趙汝周，〈論中等檔案專業人才的智能結構與培養〉，**檔案學通訊**，2 期（1993 年）：68-71；黃光奎，〈論中等檔案專業人才的智能結構〉，**檔案學研究**，S1（1993 年）：21。

[155] 桂玉蘭，〈關於職業高中生分配難的思考〉，**北京檔案**，4 期（1990 年）：12-14。

[156] 周東濤，〈檔案學教育（本科）課程體系探討〉，**檔案**，2 期（1987 年）：7-10。

[157] 趙國俊，〈關於行政信息管理專門化課程體系問題的幾點思考〉，**檔案學通訊**，6 期（1992 年）：32-35。

[158] 薛匡勇，〈檔案利用服務課程的設置及知識構成〉，**檔案學通訊**，2 期（1993 年）：72-74。

[159] 張照餘、周毅，〈關於在檔案學專業開設計算機課程的思考〉，**上海檔案**，3 期（1988 年）：31-32；王蘭成，〈關於檔案專業大學本科計算機課程的設置和叫許餓內容的探討〉，**檔案學通訊**，1 期（1990 年）：57-61。

[160] 魏鐵進，〈淺談科技檔案專業外語的教學〉，**航空檔案**，S1 期（1988 年）：46-49。

案專業心理學[161]等課程的設置，也投入了研究。早在 1988 年，張照余和周毅就認為：在檔案專業開設計算機課程，必須結合檔案工作的具體特點，而非將二者拼湊在一起就好。[162]這一觀點對當前的檔案學教育中計算機類課程的設置與開展仍有指導意義。

在課程體系面臨改革外，教學方式與方法、教材等也面臨同樣的處境。玉振提出要想講課講好，必須要抓住備課、講課和治學三個環節；在講課環節中要內容充實、條理清晰、重點突出。[163]為了使授課內容更加具有針對性，應該針對教學任務、授課對象以及授課時數的差異予以調整，進而能有更佳的教學效果。[164]課堂教學方法或授課方式的調整，不僅是大學面臨的問題，檔案學教育培訓也存在同樣的困擾。將大學課堂的授課方式搬到檔案學教育培訓中，讓基層檔案管理人員無所適從，所以也需要改進教學方法，最好能在課堂中運用案例教材，提高培訓的效果。[165]黃玉萍還撰文論述案例教學法在檔案教學中的應用，辨析其與實例教學法的迥異並進一步分析為何採用案例教學法以及如何編製案例。[166]從上述問題也側面反映出教材方面存在諸多問題。[167]陳兆祦直言檔案學教材建設在品種、數量以及品質等多方面仍有提升的空間。[168]而科技檔案學教材、檔案文獻編纂學教材等均需要調整與改善。[169]

四、外國檔案學教育研究

在 1966 年之前，中國大陸有關外國檔案學教育的研究主要側重於對蘇聯、法國、普魯士檔案學教育的介紹。而進入改革開放之後，中國大陸對外國檔案學教育的介紹範圍非常廣泛，遍及亞洲、歐洲、北美洲、南美洲、非洲等，如

---

[161] 宋濤，〈檔案專業心理學芻議〉，**檔案學參考**，22 期（1988 年）：9-12。

[162] 張照余、周毅，〈關於在檔案學專業開設計算機課程的思考〉，**上海檔案**，3 期（1988 年）：31-32；王蘭成，〈關於檔案專業大學本科計算機課程的設置和叫許餓內容的探討〉，**檔案學通訊**，1 期（1990年）：57-61。

[163] 玉振，〈檔案課教學淺議〉，**檔案管理**，5 期（1992 年）：30-31。

[164] 楊勝球，〈淺談檔案教學內容的針對性〉，**湖南檔案**，6 期（1988 年）：34。

[165] 吳運湘，〈改進教學方法 提高培訓效果〉，**湖南檔案**，5 期（1985 年）：27；馮先覺，〈淺議檔案培訓班教材教學方法的改進〉，**湖南檔案**，3 期（1984 年）：10-11。

[166] 黃玉萍，〈案例教學法在檔案教學中的應用〉，**檔案工作**，4 期（1991 年）：32-33。

[167] 羅軍，〈談談檔案學教材的建設問題〉，**上海大學學報**（社科版），2 期（1993 年）：96-97。

[168] 陳兆祦，〈加強檔案學教材建設的加點想法〉，**檔案學通訊**，1 期（1988 年）：36-38。

[169] 馬素萍，〈科技檔案管理學教材內容評述〉，**航空檔案**，1 期（1992 年）：12-17；趙愛國，〈檔案文獻編纂學體系及教材結構之我見〉，**檔案與建設**，3 期（1988 年）：11-13。

阿拉伯[170]、日本[171]、菲律賓[172]、蘇聯[173]、法國[174]、義大利[175]、西德[176]、英國[177]、荷蘭[178]、匈牙利[179]、西班牙[180]、波蘭[181]、瑞典[182]、加拿大[183]、美國[184]、墨西哥[185]、阿根廷[186]、巴西[187]等。除了對各國或地區的檔案學教育進行整體性介紹或報導之外，亦有部分研究專門介紹特定學校或國際組織的檔案學教育，如英國倫敦

---

[170] 外國檔案工作動態編輯部，〈阿拉伯檔案學院簡介〉，**外國檔案工作動態**，5 期（1983 年）：15，轉引自中國人民大學檔案學院資料室編，《**檔案學論著目錄（1911-1983）**》，（北京市：檔案出版社，1986），571。

[171] 沈麗華，〈關於日本檔案教育和培訓計劃的發展情況〉，**山東檔案**，5 期（1992 年）：31，轉引自侯俊芳編，《**檔案學論著目錄（1984-1993）**》，（北京市：檔案出版社，1986），817。

[172] 王慧玲，〈菲律賓的檔案人員培訓〉，**檔案工作**，3 期（1993 年）：38。

[173] 韓玉梅，〈蘇聯學校檔案管理淺議〉，**學校檔案**，創刊號（1989 年）：38-40，轉引自侯俊芳編，《**檔案學論著目錄（1984-1993）**》，（北京市：檔案出版社，1986），818；李海英，〈蘇聯解體前後的莫斯科國家歷史檔案學院〉，**北京檔案**，3 期（1993 年）：41。

[174] 郁宗成，〈法國國立文獻學院〉，**檔案學參考**，1 期（1983 年）：36，轉引自中國人民大學檔案學院資料室編，《**檔案學論著目錄（1911-1983）**》，（北京市：檔案出版社，1986），572；〈法國的檔案教育〉，**檔案工作信息**，5 期（1984 年）：7-8，轉引自侯俊芳編，《**檔案學論著目錄（1984-1993）**》，（北京市：檔案出版社，1986），818；章振民，〈法國檔案學教學三十年〉，**學校檔案**，3 期（1990 年）：19-21，轉引自侯俊芳編，《**檔案學論著目錄（1984-1993）**》，（北京市：檔案出版社，1986），818。

[175] 外國檔案工作動態編輯部，〈意大利的檔案教育〉，**外國檔案工作動態**，5 期（1983 年）：14，轉引自中國人民大學檔案學院資料室編，《**檔案學論著目錄（1911-1983）**》，（北京市：檔案出版社，1986），572。

[176] 外國檔案工作動態編輯部，〈西德檔案工作者的培訓〉，**外國檔案工作動態**，5 期（1983 年）：12，轉引自中國人民大學檔案學院資料室編，《**檔案學論著目錄(1911-1983)**》，（北京市：檔案出版社，1986），572；編輯部，〈西德檔案教育〉，**檔案工作信息**，5 期（1984 年）：8-9。

[177] 呂永康，〈英國的檔案教育〉，**文獻工作研究**，6 期（1989 年）：53-55，轉引自侯俊芳編，《**檔案學論著目錄（1984-1993）**》，（北京市：檔案出版社，1986），818；楊友秀，〈檔案教育在英倫〉，**檔案工作**，6 期（1987 年）：39-40。

[178] 唐汝信，〈荷蘭的檔案教育〉，**天津檔案**，1 期（1990 年）：19-21，轉引自侯俊芳編，**檔案學論著目錄（1984-1993）**（北京市：檔案出版社，1986），818。

[179] 陳德平，〈匈牙利檔案中級培訓的新規定〉，**上海檔案工作**，5 期（1992）：51。

[180] 張關雄，〈西班牙和拉丁美洲國家的檔案教育工作〉，**檔案工作**，8 期（1992 年）：30-31。

[181] 張關雄，〈波蘭檔案幹部的培訓〉，**湖南檔案**，4 期（1991 年）：34-36。

[182] 朱國斌，〈瑞典工商檔案工作者培訓方案〉，**檔案**，2 期（1987 年）：36。

[183] 外國檔案工作動態編輯部，〈加拿大舉辦文件管理訓練班〉，**外國檔案工作動態**，1 期（1983 年）：14，轉引自中國人民大學檔案學院資料室編，《**檔案學論著目錄（1911-1983）**》，（北京市：檔案出版社，1986），572。

[184] 施泉平，〈美國檔案專業教育概況〉，**檔案管理**，6 期（1988 年）：37-38，轉引自侯俊芳編，《**檔案學論著目錄（1984-1993）**》，（北京市：檔案出版社，1986），818。

[185] 外國檔案工作動態編輯部，〈墨西哥城開辦檔案學校〉，**外國檔案工作動態**，4 期（1984 年）：16，轉引自侯俊芳編，《**檔案學論著目錄（1984-1993）**》，（北京市：檔案出版社，1986），819。

[186] 外國檔案工作動態編輯部，〈阿根廷的檔案教育〉，**外國檔案工作動態**，5 期（1984 年）：10，轉引自侯俊芳編，《**檔案學論著目錄（1984-1993）**》，（北京市：檔案出版社，1986），819。

[187] 張關雄，〈巴西檔案館與檔案教育工作〉，**湖南檔案**，6 期（1993 年）：36，轉引自侯俊芳編，《**檔案學論著目錄（1984-1993）**》，（北京市：檔案出版社，1986），819。

大學檔案學專業[188]、加拿大哥倫比亞大學檔案學專業[189]、「三代檔案學院」（法國檔案學院、維也納檔案學校、馬爾堡檔案學校）[190]、阿根廷科爾多瓦大學檔案學校[191]、巴黎國際檔案講習班[192]等。

外國檔案學教育研究除了覆蓋面變廣，也開始關注外國一般性的檔案學教育問題，比如檔案用於學校教育[193]、檔案素養教育[194]、檔案人員培訓的標準與準則[195]等。除此之外，在大量編譯外國檔案研究的同時，本土學者開始撰寫原生性的外國檔案學教育研究論文。李正福從世界檔案史的角度總結資本主義國家檔案專業教育的基本特點，該文將資本主義國家檔案學教育的基本特點概括為五個，即：檔案學教育的產生與發展，受到資本主義國家政權性質的制約；檔案學教育由單一向多種形式發展，而且出現了國際性檔案學教育的形勢；檔案學教育課程從早期比較單薄向與檔案事業的發展逐步相適應；檔案學科與圖書情報學科合科趨勢加強；檔案學教育與檔案教研有機地結合，促進了檔案學的發展。[196]但是，該文也難以跳出作者寫作年代與視野的框架，全文的部分觀點有著濃厚的政治意識形態。安小米撰文討論了美國保護技術工作者的培訓和教育，並對其進行反思。[197]

縱觀這一時期的檔案學教育研究，與上一時期相較，研究的面向更加細化，涉及的研究對象與研究範圍也比較廣泛。但是，上述的研究存在研究不夠深入、研究過程不嚴謹等問題，絕大多數的研究仍然是現象總結的思辨性研究，而運用嚴謹的研究方法展開的實證研究較少。

---

[188] 劉迅、徐娜，〈英國倫敦大學檔案學專業概述〉，**檔案學通訊**，5 期（1992 年）：63-64。

[189] 鄧松碘，〈加拿大哥倫比亞大學檔案專業介紹——北美唯一的一家檔案碩士研究生授予點〉，**四川檔案**，4 期（1990 年）：37-39。

[190] 高勇，〈外國檔案教育史上的三代檔案學院〉，**檔案文薈**，4 期（1991 年）：19。

[191] 張關雄，〈阿根廷科爾多瓦大學檔案學校〉，**檔案**，2 期（1991 年）：45。

[192] 韓玉梅，〈外國檔案教育——巴黎國際檔案講習班〉，**檔案學通訊**，8 期（1979 年）：49-51。

[193] 外國檔案工作動態編輯部，〈檔案用於學校教育〉，**外國檔案工作動態**，2 期（1987 年）：9-10，轉引自侯俊芳編，《檔案學論著目錄（1984-1993）》，（北京市：檔案出版社，1986），817。

[194] 檔案工作信息編輯部，〈英國向青少年進行重視檔案資料的教育〉，**檔案工作信息**，5 期（1984）：12，轉引自侯俊芳編，《檔案學論著目錄（1984-1993）》，（北京市：檔案出版社，1986），818。

[195] 麥可・庫克，〈培訓檔案工作者和文件管理人員的國際標準〉，**檔案學參考**，8 期（1984 年）：31-35，轉引自侯俊芳編，《檔案學論著目錄（1984-1993）》，（北京市：檔案出版社，1986），819。

[196] 李正福，〈從世界檔案史看資本主義國家檔案專業教育的基本特點〉，**湖南檔案**，5 期（1989 年）：36-38。

[197] 安小米，〈美國保護技術工作者的培訓和教育及其思考〉，**航空檔案**，2 期（1992）：22。

參、研究深化：學科目錄調整以來的檔案學教育研究（1998-至今）

1997 年之後，中國大陸教育部對高等院校專業進行調整，檔案學科由「檔案學」專業和「科技檔案」專業合並為「檔案學」專業。檔案學從原來歸屬於「歷史學」下的「歷史文獻學（含檔案學）」的二級學科，調整到「管理學」門類下，成為隸屬於「圖書館、情報與檔案管理」的二級學科。2012 年學科目錄再次調整之時，亦維持這種學科隸屬關係。另一方面，隨著檔案學辦學層次逐步從專科生、本科生、繼續教育的培養，走向本科生、碩士研究生、博士研究生以及專科生、繼續教育等多元化發展格局。碩士研究生、博士研究生數量的增加，一方面為檔案事業源源不斷提供高級管理、研究人才；另一方面也壯大檔案學研究的人口基數、推進了檔案學研究的進程，這當中就包含檔案學教育的研究，見表 2-7、2-8。檔案學教育的研究經歷了初始探索階段、研究細化階段，逐步進入了研究深化階段。

表 2-7 中國大陸檔案學教育碩士學位論文（1998 年以來）

論文題目	年分	作者	學位授予院校	學歷
中國檔案學專業人才培養模式研究	2015	馬晴	中國人民大學	博士
當代斯堪的納維亞國家檔案教育研究	2015	張也	黑龍江大學	碩士
歐美檔案高等教育的發展特色研究	2015	馮璐	黑龍江大學	碩士
中美檔案學碩士研究生教育比較研究	2014	陳燕	福建師範大學	碩士
檔案學碩士研究生課程設置研究	2014	鄧劼	東北師範大學	碩士
我國檔案學碩士研究生教育現狀的 SWOT 分析	2014	朱立濤	安徽大學	碩士
中外檔案學專業碩士研究生人才培養方案比較研究	2014	程熙	蘇州大學	碩士
圖書情報與檔案管理研究生人才需求與創新能力培養研究	2013	張玉香	湘潭大學	碩士
加拿大檔案高等教育研究	2013	吳海欣	天津師範大學	碩士
「面向職業」的美國檔案教育研究	2012	徐敏	南京大學	碩士
中美檔案學碩士研究生教育的比較研究	2012	陳麗靜	南京大學	碩士
中國高等院校檔案學網路教學資源的現狀和發展趨勢	2012	張佳	鄭州大學	碩士
中國檔案學碩士研究生課程設置現狀研究	2012	應瑛	遼寧大學	碩士
我國檔案學本科教育發展研究	2012	王佳	中山大學	碩士
美國檔案學教育分析及其啟示	2011	徐敏	南京大學	碩士
以人才市場為導向的檔案學專業高等教育改革研究	2011	朱曼麗	蘇州大學	碩士
網路環境下檔案檢索學科建設與發展初探	2010	康蠡	雲南大學	碩士
美國檔案學高等教育研究	2010	邵彥	南昌大學	碩士
檔案學專業畢業生就業形勢分析與對策研究——以蘇州大學檔案學專業本科生為例	2010	盛玉	蘇州大學	碩士
檔案館員職業素質培養策略研究	2010	楊志斌	黑龍江大學	碩士

論文題目	年分	作者	學位授予院校	學歷
中國與加拿大檔案高等教育比較研究	2009	王磊	南昌大學	碩士
論吳寶康對當代中國檔案事業的貢獻	2009	廖艷娟	廣西民族大學	碩士
近代中外檔案事業發展比較研究	2009	於懷明	黑龍江大學	碩士
從畢業生去向看檔案學專業高等教育改革發展研究——中國人民大學信息資源管理學院典型案例分析	2009	楊海昕	中國人民大學	碩士
我國檔案保護技術學可持續發展問題的思考	2009	秦佳心	中國人民大學	碩士
中美檔案保護教育比較研究	2008	吳樂情	中國人民大學	碩士
我國檔案學專業高等教育發展趨勢與策略研究	2008	谷文波	黑龍江大學	碩士
數字時代檔案學專業研究生教育研究	2008	單芳	上海大學	碩士
檔案專業人員繼續教育研究	2007	欽娟	四川大學	碩士
我國圖書館、情報與檔案管理學科教育研究	2007	賈安娜	中國科學技術信息研究所	碩士
從論文選題看檔案學專業碩士教育的發展	2006	張利	中國人民大學	碩士
我國檔案學碩士研究生教育發展研究	2006	辛全民	中山大學	碩士

表 2-8　中國大陸檔案學研究專著（1998 年以來）

書名	作者	年代	出版機構
大學生檔案普及教育	胡琦 著	2010	湖北科學技術出版社
邊疆地區檔案學高等教育教學改革理論與實踐	黃世喆、陳勇、麻新純等 著	2009	廣西人民出版社
檔案人才的培養與教育	劉紅 編著	2006	黑龍江教育出版社
新世紀檔案學專業高等教育教學改革研究	金波、丁華東等 著	2004	高等教育出版社

這一階段的檔案學教育研究主要集中在以下幾個方面：

一、外國檔案學教育研究

這一時期外國檔案學教育研究涉及的範圍比上一研究階段有所縮小，涉及：北美洲的美國和加拿大，歐洲的英國、法國、北歐（斯堪的納維亞地區），亞洲的日本、韓國等。雖然研究涉及的範圍有所縮小，但研究的數量卻有提升，並且關注的研究問題更為集中。

在涉及到上述國家或區域的檔案學教育研究中，學者們尤為關注美國的檔案學教育。這些研究涉及到美國檔案學教育的歷史與現狀、發展特點與趨勢、教育體系（碩士教育、在職教育）、課程設置以及案例分析，如：馬里蘭大學[198]、

---

[198] 肖永英，〈美國馬里蘭大學檔案碩士課程的更新與變革〉，**檔案與建設**，3 期（2000）：14-15。

密西根大學[199]、威斯康辛大學[200]、AERI[201]。吳樂情的〈中美檔案保護教育比較研究〉、邵彥的〈美國檔案學高等教育〉、徐敏的〈美國檔案學教育分析及其啟示〉、陳麗靜的〈中美檔案學碩士研究生教育的比較研究〉以及陳燕的〈中美檔案學碩士研究生教育比較研究〉等碩士論文則比較系統地討論了美國檔案學教育的發展歷史、總體概況、學生、教師、課程設置、培養方案等。這些研究多採用比較研究法，在對美國檔案學教育總結的基礎上，與中國大陸檔案學教育展開比較分析，以期得出可以改進中國大陸檔案學教育的建議與措施。[202]除此之外，馮璐的〈歐美檔案高等教育的發展特色研究〉、林明香的〈歐美檔案學對中國近代檔案學的影響研究〉、程熙的〈中外檔案學專業碩士研究生人才培養方案比較研究〉等碩士論文，亦有涉及美國檔案檔案學教育相關研究。[203]

除了美國之外，學者們對加拿大、法國、英國等國檔案學教育著墨較多，且多用比較研究法。值得注意的是，肖秋會的一系列文章致力於對蘇聯解體之後的俄羅斯檔案學教育進行研究，為學界了解俄羅斯檔案學教育留下了一扇窗戶，如〈當前俄羅斯檔案事業述評〉、〈俄羅斯國立人文大學歷史檔案學院的歷史與現狀〉、〈俄羅斯檔案事業中長期發展規劃研究〉[204]。

二、檔案學教育現狀反思與變革研究

為了了解檔案學教育的現狀，中國大陸學者們分別展開了多項調查研究，如徐擁軍、張斌的〈中國大陸檔案高等教育發展研究〉[205]、〈中國檔案高等教

---

[199] 朱江，〈嚴謹 實用 生動——密歇根大學的檔案教育與培訓〉，**檔案與建設**，4 期（2005）：18-19。

[200] 羅亞利、李宏明，〈國外檔案課程引入社會公平概念的實踐及啟示——以美國威斯康星大學檔案基礎課程為例〉，**檔案學研究**，5 期（2016）：110-13。

[201] 譚必勇、曹航，〈關於美國檔案教育與研究聯合會 AERI 的研究與分析〉，**浙江檔案**，3 期（2015）：15-18；周文泓、祁天驕、加小雙，〈構建檔案教育與研究的未來——美國檔案教育與研究協會 (AERI)2015 年度會議綜述〉，**浙江檔案**，2 期（2016）：18-20。

[202] 吳樂情，〈中美檔案保護教育比較研究〉，（碩士論文，中國人民大學，2009）；邵彥，〈美國檔案學高等教育〉，（碩士論文，南昌大學，2010）；徐敏，〈美國檔案學教育分析及其啟示〉，（碩士論文，南京大學，2011）；陳麗靜，〈中美檔案學碩士研究生教育的比較研究〉，（碩士論文，南京大學，2012）；陳燕，〈中美檔案學碩士研究生教育比較研究〉，（碩士論文，福建師範大學，2014）。

[203] 馮璐，〈歐美檔案高等教育的發展特色研究〉，（碩士論文，黑龍江大學，2015）；林明香，〈歐美檔案學對中國近代檔案學的影響研究〉，（碩士論文，廣西民族大學，2015）；程熙，〈中外檔案學專業碩士研究生人才培養方案比較研究〉，（碩士論文，蘇州大學，2014）。

[204] 肖秋會，〈當前俄羅斯檔案事業述評〉，**檔案學研究**，1 期（2008）：60-63；肖秋會，〈俄羅斯國立人文大學歷史檔案學院的歷史與現狀〉，**檔案學通訊**，3 期（2012）：77-81；肖秋會，〈俄羅斯檔案事業中長期發展規劃研究〉，**檔案學研究**，5 期（2014）：85-90。

[205] 徐擁軍、張斌，〈中國大陸檔案高等教育發展研究〉，（論文發表在 2011 年海峽兩岸檔案暨縮微學術交流會，北京市，2011 年 7 月 22-23 日），102-19。

育發展現狀調研與對策分析〉[206]，蔣冠與桑毓域的〈關於全國檔案學專業高等教育發展情況調查的統計與分析（上）〉[207]與〈關於全國檔案學專業高等教育發展情況調查的統計與分析（下）〉[208]、馮惠玲與周毅的〈關於「十一五」檔案學科發展的調查和「十二五」發展規劃的若干設想〉[209]以及中國檔案學會檔案學基礎理論學術委員會的〈檔案學專業高等教育發展情況調查報告〉[210]等，其中以中國檔案學會檔案學基礎理論學術委員會的報告最新與最全。該報告透過調查表的形式調查了中國大陸 34 所開設檔案學專業的大學有關系所，調查數據分析了檔案學專業的基本情況、師資隊伍建設情況、檔案學專業課程建設、科研與獲獎情況、檔案學專業招生與就業情況、檔案學專業人才培養模式等，並根據調查數據得出以下結論：中國大陸檔案學專業發展穩定，但增長速度緩慢；制約大學檔案學專業發展的最主要原因之一是師資力量缺乏；各大學檔案學專業教師科學研究水平有所提高，但是學術的國際影響力有待提升。近年來，企業成為檔案學專業畢業生的主要就業去向，但是企業對檔案學專業生的滿意度較低；大學系所需要進一步加強對檔案學專業學生的職業倫理、團隊精神、溝通能力、學習能力的培養。

三、各層級檔案學教育的專門研究

各層級檔案學教育的專門研究涉及到本科生、碩士研究生、博士研究生。其中關於碩士研究生教育的專門研究比較突出。辛全民探討了檔案學碩士研究生教育在檔案事業中的作用，分析了檔案事業對檔案學碩士研究生教育的促進作用以及檔案事業與檔案學碩士研究生教育之間的不協調之處。[211]唐思慧對中國大陸 2006 年之前獲得檔案學碩士學位授予權的 17 所院校進行統計，主要包

---

[206] 徐擁軍、張斌，〈中國檔案高等教育發展現狀調研與對策分析〉，**檔案學通訊**，5 期（2011 年 10 月）：80-88。

[207] 蔣冠、桑毓域，〈關於全國檔案學專業高等教育發展情況調查的統計與分析（上）〉，**檔案學通訊**，1 期（2010 年 1 月）：69-72。

[208] 蔣冠、桑毓域，〈關於全國檔案學專業高等教育發展情況調查的統計與分析（下）〉，**檔案學通訊**，2 期（2010 年 3 月）：70-73。

[209] 馮惠玲、周毅，〈關於「十一五」檔案學科發展的調查和「十二五」發展規劃的若干設想〉，**檔案學研究**，5 期（2010 年 10 月）：4-10。

[210] 中國檔案學會檔案學基礎理論學術委員會，〈檔案學專業高等教育發展情況調查報告〉，在《**創新：檔案與文化強國建設——2014 年全國檔案工作者年會優秀論文集**》，中國檔案學會編，（北京市：中國文史出版社，2014），215-32。

[211] 辛全民，〈談我國檔案事業與檔案學碩士研究生教育的發展〉，**檔案學研究**，4 期（2007 年 8 月）：27-30。

括檔案學碩士點名單及數量、碩士點地區分布、碩士研究方向、碩士入學參考書目及招生人數、培養方案等，研究發現：檔案學研究方向中除了檔案學基礎理論、檔案管理現代化以及檔案信息資源開發與利用處於主流地位以外，檔案保護技術、科技檔案管理、檔案文獻編纂等傳統研究方向趨於弱化，而電子政務這一新型的研究方向日益高漲。[212]此外，中國大陸的檔案學碩士教育區域分布不平衡，影響了區域檔案人才的培養。時隔 4 年之後，高俊寬與鄒桂香透過2009 年碩士研究生招生目錄，專門對長三角地區圖書館學情報學檔案學碩士研究生教育現況進行了調查研究。研究發現：長三角的檔案學碩士教育，占中國大陸總數的 26.9%；從研究方向上可以判定蘇州大學是長三角地區檔案學碩士研究生教育的中心，南京大學其次；各校在考試科目中重視管理層面的檔案學研究等。[213]

當前也多有針對檔案學教育發展的專門研究，如張壘（2011）透過 SWOT分析法，分析了中國大陸檔案學碩士研究生教育發展中的優勢、劣勢、機會、威脅，其研究結果表明當前中國大陸檔案學碩士研究生教育面臨的戰略類型是爭取型戰略，即 WO 戰略。[214]孟世恩、梁國營則從以人才培養模式的界定入手，從宏觀的角度對檔案學高等教育人才培養模式中培養目標的確定原則、課程體系的構建思想以及培養方案的實施等要素進行了理論探索。[215]在課程方面，黃新榮、吳建華分析了中國大陸檔案學研究生教育對研究方法不重視的情況，提出應加強檔案學碩士研究生的研究方法課程設想，如開設研究方法培訓班，建立檔案學研究方法課程體系，加強理論與實踐的結合等措施。[216]

第五節　臺灣檔案學教育研究回顧與進展

臺灣檔案學教育研究數量相對較少，主要集中在以下幾個方面：

---

[212] 唐思慧，〈檔案學碩士研究生教育現狀及發展趨勢〉，**檔案學通訊**，5 期（2006 年 9 月）：13-16。

[213] 高俊寬、鄒桂香，〈長三角地區圖書館學情報學檔案學碩士研究生教育現狀分析〉，**圖書館學刊**，12 期（2009 年 12 月）：39-43。

[214] 張壘，〈我國檔案學碩士研究生教育發展戰略研究〉，**檔案學通訊**，6 期（2011 年 11 月）：43-46。

[215] 孟世恩、梁國營，〈對檔案學高等教育人才培養模式的再思考〉，**檔案學研究**，3 期（2006 年 7 月）：22-25。

[216] 黃新榮、吳建華，〈加強檔案學研究生研究方法教育的思考〉，**檔案學通訊**，2 期（2012 年 3 月）：62-65。

壹、本土檔案學教育介紹與展望

在 1996 年之前，臺灣沒有系統開展檔案學教育的系所。檔案學教育主要透過各大學開設檔案課程或專業學會舉辦的培訓班的方式展開。張樹三幾度撰文介紹臺灣檔案管理教育之發現現況，並希冀臺灣檔案法頒發施行之後，能夠建立系統、專門的檔案學教育系所，且在中小學推廣檔案素養教育。[217]

1996 年，政大圖書資訊學研究所（後改為圖書資訊與檔案學研究所）成立，而後臺灣檔案法正式頒布施行，檔案管理局也相繼籌備成立。這一系列有助於推進檔案學教育的舉措也推進了檔案學教育的研究。2000 年，在中央研究院近代史研究所舉辦的「檔案管理與運用研討會」上，薛理桂與張中訓分別探討了臺灣設立檔案系所與檔案專業訓練，史料學、文獻學及檔案管理人才之培育。針對此時臺灣檔案學教育實為不足的現狀，薛理桂認為應優先發展檔案學教育大學部與碩士班，並打造由檔案學基礎課程、檔案學核心課程、檔案學相關學科課程、資訊組織相關課程、實習五個部分構成的檔案學課程體系。[218]張中訓則以東吳大學歷史學系「史料學與文獻學」碩士班為例來探討檔案管理人才的培育。[219]但是在檔案學教育實際的辦學過程中卻存在大學校院欠缺檔案專業系所、檔案專業師資、檔案館實習場所、與國外檔案單位交流等一系列的困境。[220]

貳、外國檔案學教育介紹與引進

臺灣非常重視對外國檔案學教育的介紹與引進，薛理桂曾先後對美國、加拿大、英國、西班牙等國的檔案學教育進行了介紹。[221]

---

[217] 張樹三，〈台灣地區檔案管理教育概況〉，**中國圖書館學會會報**，35 期（1983 年 12 月）：342-44；張樹三，〈台灣地區檔案教育之我見〉，（論文發表於 2000 年海峽兩岸檔案暨縮微學術交流會，臺北市，2000 年 10 月），115-21；張樹三，〈台灣地區『檔案管理』教育之發展〉，在《當代圖書館事業論集——慶祝王振鵠教授七秩榮慶論文集》，王振鵠教授七秩榮慶祝壽論文集編輯小組編，（臺北市：正中書局，1994），73-79。

[218] 薛理桂，〈我國大學設立檔案系所與檔案專業訓練之探討〉，（論文發表於檔案管理與運用研討會，臺北市，2000 年 7 月 13 日），47-56。

[219] 張中訓，〈史料學、文獻學與檔案管理人才之培育——以東吳大學歷史學系「史料學與文獻學」碩士班為例〉，（論文發表於檔案管理與運用研討會，臺北市，2000 年 7 月 13 日），57-65。

[220] 薛理桂，〈台灣地區檔案事業與檔案教育發展現況與前瞻〉，**圖書與資訊學刊**，59 期（2006 年）：16-24。

[221] 薛理桂，〈從國際檔案學教育發展現況反思我國檔案教育發展方向〉，**檔案季刊四卷**，3 期（2005 年

2001 年執行完成的國家科學委員會專題研究計畫——我國檔案學教育開設層級與課程之研究（計畫編號：NSC 89-2413-H-004-014）中，薛理桂專門就美國、英國、加拿大檔案學教育開設層級與課程展開專題調查研究。除此之外，葉淑慧的碩士學位論文專門就英國倫敦大學、加拿大英屬哥倫比亞大學、美國匹茲堡大學及威斯康辛大學麥迪遜分校檔案學教育發展的歷程及概況、學程目標、入學資格、畢業要求、課程、師資與學生概況、教學軟硬體設備、繼續教育等 8 個部分展開研究。[222]施佩瑩則著力介紹法國檔案學教育，尤其是法國檔案工作者的在職訓練。[223]

參、檔案繼續教育的研究

2001 年底，檔案管理局正式成立。自 2002 年之後，學界開始關注檔案繼續教育研究。如莊道明的〈我國檔案管理人員 e 化在職教育課程需求初探〉[224]、賴淑英的〈淺談檔案管理人員培養終身學習與資訊素養的重要性〉[225]。截至 2016 年 9 月，計有 3 篇學位論文探討檔案管理人員繼續教育相關議題，見表 2-9。

表 2-9　臺灣檔案學教育學位論文

論文題目	作者	年分	學位授予院校	論文層級
臺灣地區檔案素養評估指標之研究	高君琳	2008	政治大學	碩士
檔案管理人員繼續教育滿意度與需求之研究	陳秋瑾	2011	政治大學	碩士
檔案管理人員繼續教育現況、需求及態度之研究	呂淑枝	2014	新竹教育大學	碩士

9 月）：1-14；薛理桂，〈我國大學設立檔案系所與檔案專業訓練之探討〉，（論文發表於檔案管理與運用研討會，臺北市，2000 年 7 月 13 日），47-56；薛理桂，〈台灣地區檔案事業與檔案教育發展現況與前瞻〉，**圖書與資訊學刊**，59 期（2006 年）：16-24。

[222] 葉淑慧，〈檔案學碩士教育之比較研究：以五國九校為例〉，（碩士論文，國立政治大學，2002），5，檢索於 2016 年 2 月 26 日，http://ndltd.ncl.edu.tw/cgi-bin/gs32/gsweb.cgi?o=dnclcdr&s=id=%22090NCCU0448009%22.&searchmode=basic。

[223] 施佩瑩，〈法國檔案人員專業訓練概述〉，**檔案季刊六卷**，4 期（2007 年 12 月）：90-104，檢索於 2016 年 9 月 15 日，file:///Users/zhangyan/Desktop/090-104.pdf。

[224] 莊道明，〈我國檔案管理人員 e 化在職教育課程需求初探〉，**檔案季刊 4 卷**，3 期（2005 年 9 月）：15-29。

[225] 賴淑英，〈淺談檔案管理人員培養終身學習與資訊素養的重要性〉，**檔案與縮微**，89 期（2008 年 6 月）：1-16。

高君琳從檔案素養的角度出發,探討檔案素養評估指標。該研究建議要加強檔案管理人員的檔案素養培訓,並建議開設檔案素養相關課程,將檔案學教育融入學生課程中。[226]其中,呂淑枝從檔案管理人員繼續教育現況、需求、態度三個層面展開調查研究,研究發現:檔案管理局是繼續教育最適合辦理單位,其次為上級單位;1-3 天的平常上班時間及實體教學為最理想的課程規劃。而在檔案管理人員繼續教育態度方面:檔案管理人員繼續教育態度是正向的;檔案管理人員繼續教育態度在年齡、專業能力來源及機關層級上有顯著差異。[227]

第六節　海峽兩岸檔案學教育相關研究

為了彰顯海峽兩岸檔案學教育比較研究內容與現狀,故將前述中國大陸和臺灣有關海峽兩岸檔案學教育比較研究的部分抽出。

壹、中國大陸有關臺灣檔案學教育的研究

1987 年,臺灣宣布解除戒嚴,海峽兩岸的交流逐漸開展。1987 年,趙愛國和李健分別撰文介紹臺灣檔案學教育情況。趙愛國透過蒐集香港、臺灣書刊上有關臺灣檔案事業的材料,撰成〈當前臺灣檔案事業概述〉,指出臺灣截至到 1982 年為止,尚未有大專校院設立檔案專業,僅在部分大專校院圖書館學系設有檔案管理課程。[228]李健所介紹的臺灣檔案學教育[229]與趙愛國文章中的內容較為一致,由此也可推測出是時中國大陸對臺灣檔案學教育了解有限。1992 年,中國大陸檔案學、歷史學一行 9 名學者赴臺參加「海峽兩岸清史檔案學術討論會」。會後,中國人民大學檔案學院講師柏樺撰文〈臺灣歸來話檔案〉一文。該篇文章首次基於實地走訪,向中國大陸介紹了臺灣檔案學教育現況。[230]

---

[226] 高君琳,〈台灣地區檔案素養評估指標之研究〉,(碩士論文,國立政治大學,2008),檢索於 2016 年 9 月 13 日,http://thesis.lib.nccu.edu.tw/cgi-bin/gs32/gsweb.cgi/ccd=6J9Kwk/record?r1=1&h1=0。

[227] 呂淑枝,〈檔案管理人員繼續教育現況、需求及態度之研究〉,(碩士論文,新竹教育大學,2014),檢索於 2016 年 9 月 13 日,http://ndltd.ncl.edu.tw/cgi-bin/gs32/gsweb.cgi/ccd=mKfXwj/record?r1=1&h1=1。

[228] 趙愛國,〈當前臺灣檔案事業概述〉,檔案,1 期(1987 年):35-37。

[229] 李健,〈臺灣檔案管理學方面的情況〉,山西檔案,4 期(1987 年):46-48。

[230] 柏樺,〈臺灣歸來話檔案〉,北京檔案,1 期(1993 年):6-8。

中國大陸較為全面、系統介紹臺灣檔案學教育的文章，首推連念和翁勇青的〈臺灣地區檔案教育述評〉，該文較系統地介紹了臺灣近 60 年來檔案學教育情況，分別對檔案管理人員的在職教育培訓、檔案專業學校教育和檔案學教育教材論著及其特點進行了分析研究。[231]而後連念和翁勇青、周曉雯又分別介紹了臺灣檔案管理人員的培訓與發展。周曉雯係臺灣檔案管理局工作人員，對此介紹尤為詳細、具體。[232]此外，亦有孟廣均個案介紹〈嚴謹認真 注重細節 一切講求正規化——錄臺灣政治大學圖書資訊與檔案學研究所的一些教學規定〉，從教學規定入手介紹政大圖書資訊與檔案學研究所，認為該所體現出一流研究生教育機構的基本素養。[233]

貳、臺灣有關中國大陸檔案學教育的研究

　　廖龍波關於中國大陸檔案學教育的研究較早且系統，1996 年至 1998 年的三年間，其先後在《國立臺北商專學報》上發表了三篇文章：〈中共檔案管理人員培訓制度之研究〉（1996 年）[234]、〈中國人民大學檔案學院對中共檔案事業貢獻之探討〉（1998 年）[235]、〈中共初級檔案管理人員培訓制度之探討〉（1998年）[236]。而後，在上述文章的基礎之上，廖龍波發表《中共檔案管理人員培訓制度之探討》專書。[237]該書共 14 章，分別是：〈緒論〉、〈中共建國之前的檔案教育〉、〈中共建國後到文化大革命之前的檔案教育（1949-1966）〉、〈文革期間檔案教育的中斷及檔案事業的破壞〉、〈文革以後的檔案普通高等教育〉、〈文革以後檔案成人高等學歷教育〉、〈文革以後檔案成人高等非學歷教育〉、〈中共的檔案中等教育〉、〈檔案師資隊伍的建立〉、〈檔案專業職稱制度的建立〉、〈國家檔案局、中國檔案學會及檔案法〉、〈檔案出版事業〉、〈檔案工作

---

[231] 連念、翁勇青，〈台灣地區檔案教育述評〉，臺灣研究集刊，3 期（2007 年）：99-104。

[232] 連念、翁勇青，〈台灣地區檔案管理人員在職教育培訓述評〉，臺灣研究集刊，1 期（2010 年）：88-91；周曉雯，〈臺灣檔案管理人員的培訓與發展〉，檔案管理，6 期（2011 年）：26-30。

[233] 孟廣均，〈嚴謹認真 注重細節 一切講求正規化——錄臺灣政治大學圖書資訊與檔案學研究所的一些教學規定〉，圖書館論壇 28 卷，6 期（2008 年）：250-52。

[234] 廖龍波，〈中共檔案管理人員培訓制度之研究〉，國立臺北商專學報，47 期（1996 年 12 月）：141-69。

[235] 廖龍波，〈中國人民大學檔案學院對中共檔案事業貢獻之探討〉，國立臺北商專學報，50 期（1998 年 6 月）：347-77。

[236] 廖龍波，〈中共初級檔案管理人員培訓制度之探討〉，國立臺北商專學報，51 期（1998 年 12 月）：167-82。

[237] 廖龍波，《中共檔案管理人員培訓制度之探討》，（臺北市：六國，1998），347-77。

的國際交流〉、〈結論與建議〉。該書從多個角度總結了中國大陸檔案學教育的歷史與現狀，認為：鄧小平的「兩條腿走路」政策，有助於中共檔案學教育的發展等一系列的結論。[238]但《檔案與微縮》在 2000 年冬季版（59 期）中轉載的前中國大陸國家檔案局副局長劉國能〈檔案教育工作改革思考〉一文則反思到：1984 年前後，全國高等學校檔案專業一下子發展到 70-80 個，有的省有 3-4 個，可是沒有幾年，迅速瓦解。這樣的大起大落，給教育和檔案事業都帶來了不良的後果。[239]這也反映出基於文獻的總結與實際現狀之間的差異。

參、有關海峽兩岸檔案學教育之比較研究

專門針對海峽兩岸檔案學教育之比較研究較少，其中具有代表性的是朱玉芬的〈中國人民共和國[240]和臺灣地區檔案教育之比較〉以及葉淑慧的碩士論文〈檔案學碩士教育之比較研究：以五國九校為例〉。

朱玉芬從檔案學教育的發展、學校教育、在職培訓、課程內容、教材、師資培訓、學會等 7 個方面對海峽兩岸檔案學教育展開比較研究，透過比較研究提出本土發展檔案學教育的的建議：政府應重視並推動檔案學教育，加強學校教育和在職訓練，加強檔案相關課程等。[241]而葉淑慧則是從個案出發，選擇海峽兩岸乃至全球具有代表性的檔案學校展開比較研究，比較的層面涉及教育概況、學程目標、入學資格、畢業要求、課程、師資與學生概況、教學軟硬體設備、繼續教育等八個方面。[242]這兩份研究分別從宏觀與微觀對海峽兩岸檔案學教育進行比較教育，而中國大陸方面鮮有專門針對海峽兩岸檔案學教育專門的比較研究，進一步突顯上述兩份研究的價值。

綜合第二章文獻探討的部分不難發現，檔案學教育研究係全球檔案學研究中重要的一環。海峽兩岸檔案學教育研究視角多元，其中有關海峽兩岸檔案學教育之比較研究較少，多是從單一方面論述彼此的教育概況與發展進程，缺少

---

[238] 同上註。

[239] 劉國能，〈檔案教育工作改革思考〉，**檔案與微縮冬季版**，59 期（2000 年）：54-56。

[240] 該文誤將「中華人民共和國」寫作「中國人民共和國」。

[241] 朱玉芬，〈中國人民共和國和台灣地區檔案教育之比較〉，**檔案與微縮夏季版**，65 期（2002 年）：25-39。

[242] 葉淑慧，〈檔案學碩士教育之比較研究：以五國九校為例〉，（碩士論文，國立政治大學，2002），5，檢索於 2016 年 2 月 26 日，http://ndltd.ncl.edu.tw/cgi-bin/gs32/gsweb.cgi?o=dnclcdr&s=id=%22090NCCU 0448009%22.&searchmode=basic。

基於海峽兩岸檔案學教育之比較研究基礎之上的成因等脈絡性探討，此亦為本文寫作的動機之一。

第三章　研究方法與步驟

第一節　研究方法

本研究之進行，主要採用歷史法、比較研究法和訪談法。

壹、歷史法

歷史法是研究過去所發生的事實之方法，以科學的態度收集資料、進行檢驗和證實，並加以系統的整理和解釋，以重建過去，並將研究所得作為當代人的借鑑。[1]

歷史法的研究步驟可以分為以下六個步驟，即：形成研究問題與確定研究題目、搜集史料、考證史料、整理史料、理解與解釋史料、提出結論。[2]

本研究確定的研究題目為：1912 年至 1949 年之間，海峽兩岸檔案學教育的沿革為何？正規檔案學教育機構為何，其發展歷程、修業年限、課程、師資、學生等面向的狀況為何？1949 年之後，中國大陸檔案學教育的沿革可以劃分為幾個階段，各階段發展狀況為何？1945 年之後，臺灣檔案學教育的沿革可以劃分為幾個階段，各階段發展狀況為何？

透過搜集史料、考證史料、整理史料、理解與解釋史料，最後回答上述的研究題目。

---

[1] 顧力仁，〈歷史法及其在圖書館學研究上的應用〉，書府，18/19 期（1998 年 6 月）：48-62。

[2] 周文欽、周愚文，〈歷史研究〉，在《教育研究法的探討與應用》，師苑教育叢書 11，賈馥茗、楊深坑主編，（臺北市：師大書苑，1985），1-34。

貳、比較研究法

比較是認識事物的基礎，是人類認識、區別和確定事物異同關係的最常用的思維方法。

依據 George Z. F. Bereday 比較教育研究方法，比較教育研究可分為「區域研究」及「比較研究」兩個部分，而每個部分又分為兩個步驟，即先有「區域研究」，分「描述」（description）和「解釋」（interpretation）；後有「比較研究」，分為「並列」（juxtaposition）和「比較」（comparison）。[3]

一、描述

在這一階段，本研究將透過兩個面向來進行資料的蒐集與研究：一是對資料的研究；二是對所研究區域的學校進行訪問。

（一）資料的追蹤研究

本研究將廣泛閱讀相關資料，包括第一手資料、第二手資料及輔助資料。一手資料包括：研究者自身的田野筆記、研究對象相關檔案等。二手資料包括相關的期刊論文、專著、宣傳手冊、年鑑等統計資料等。而輔助資料是指與本研究非直接或顯著相關，卻有某種程度相關性的書籍、文章或其他印製的資料等。

（二）學校訪問

Bereday 提出在進行比較教育研究之前，研究者應該具備三要件：具備所研究之文化的語言知識；在研究地長期旅行或居住；檢視可能存在於蒐集而得之證據與研究者分析時的文化偏見。[4]有鑑於此，前往中國大陸檔案學教育濫觴——中國人民大學信息資源管理學院（原中國人民大學檔案學院）及其他一些具有代表性檔案學教育機構訪問顯得尤為重要。這種立意抽樣的方式，可以較為全面的了解中國大陸檔案學教育的現狀，並且具有代表性。

---

[3] 洪雯柔，《貝瑞岱比較教育研究方法之探析》（臺北市：揚智，2000），6-11。
[4] 同上註，59。

在時間的安排上，也避免在週末或非學校行事曆時間進行訪視，而是根據學校的行事曆安排展開深入的訪問，訪問的時間也採用當前通行的期限：六星期至三個月。本研究在 2016 年 4 月下旬至 5 月底，前往中國大陸中國人民大學信息資源管理學院及其他檔案學教育機構展開訪問。

二、解釋

「解釋」階段將依據中國大陸、臺灣蒐集而得的學校教育資料就其與社會的相關性（relevance）加以完全的檢驗，亦即分析形成海峽兩岸檔案學教育制度的因素，以求了解海峽兩岸檔案學教育形成因素。因為海峽兩岸的教育制度是其社會生活的反映，而社會生活又受歷史、政治、經濟、社會、文化、地理、哲學及其他因素的影響，故解釋各項因素時應綜合應用相關學科的知識。[5]

三、並列

本研究透過運用雙欄的連貫式列表來並列兩岸的資料，以尋求一致的概念與假設。並列階段是將海峽兩岸檔案學教育資料進行初步配置，以作為進行比較的預備工作。此一步驟的研究分為兩步驟：

（一）資料的系統化

所謂的資料系統化是將資料加以系統地、條理明晰地整理。透過採用文字式並列將海峽兩岸檔案學教育資料以橫列方式呈現。文字式並列對動態性資料及趨勢與變化的演變，能夠較為清楚呈現其演變脈絡[6]，比如表 3-1 所示：

表 3-1　文字式並列方式舉例

		正規教育機構	繼續教育
比較點 X1	中國大陸		
	臺灣		
比較點 X2	-	-	-

5　王梅玲，《英美圖書館與資訊科學碩士教育之比較研究》，（臺北市：漢美，1997），10。

6　洪雯柔，《貝瑞岱比較教育研究方法之探析》，（臺北市：揚智，2000），103。

（二）尋繹與建立比較點

根據對蒐集的資料系統化的整理、演繹，找出比較點（tertium comparationis）。

四、比較

「比較」係指對各國或各地區的資料詳細反覆地加以研究比較，藉以獲得明確地結論。

參、訪談法

訪談法既是一種研究方法，也是一種資料蒐集方式。本研究採用半結構化訪談法。所謂半結構訪談是指按照一個開放的訪談提綱而進行的非正式的訪談。該方法對訪談對象的條件、所要詢問的問題等只有一個粗略的基本要求，訪談者可以根據訪談時的實際情況靈活地做出必要的調整，至於提問的方式和順序、訪談對象回答的方式和訪談的時間、地點等沒有具體的要求，由訪談者根據情況靈活處理。

一、訪談對象

本研究將海峽兩岸檔案學人分成兩組：中國大陸組 4 人和臺灣組 4 人。訪談對象名單如表 3-2：

表 3-2　半結構訪談名單

組別	姓名	經歷
大陸組	馮惠玲	a）中國大陸首屆檔案學碩士研究生、博士研究生 b）國務院學科評議組圖書情報與檔案管理學科召集人 c）教育部檔案學科教學指導委員會主任 d）曾任中國人民大學常務副校長、檔案學院院長
	張斌	a）現任中國人民大學信息資源管理學院院長 b）教育部檔案學科教學指導委員會秘書長
	胡鴻傑	a）《檔案學通訊》雜誌社主編 b）中國人民大學信息資源管理學院教授 c）擅長檔案學教育與檔案學科研究

組別	姓名	經歷
臺灣組	周毅	a）曾任蘇州大學檔案與電子政務系主任 b）蘇州大學教務部部長
	胡歐蘭	a）政大圖書資訊與檔案學研究所創始人
	路守常	a）臺灣檔案訓練主力教師
	張樹三	
	陳士伯	a）前檔案管理局局長

根據分組的情況，將中國大陸組 4 人分別編號為 C-1、C-2、C-3、C-4，臺灣組 4 人分別編號為 T-1、T-2、T-3、T-4。各編號將會始終對應某一位受訪人，但為確保受訪人隱私，並不明確撰述出各編號與受訪人的對應關係。

二、訪談大綱

本研究將擬訂訪談大綱，主要問題如下：
1、檔案學教育發展中關鍵的事件或政策是什麼？
2、檔案學教育發展中重要的學人有哪些？發揮了何種作用？
3、檔案學教育的特點與問題？
4、檔案學教育推動過程中主要困難為何？如何克服？
5、未來展望？

三、訪談步驟及其他事項

在訪談開始之前，本研究向每一位受訪人發送電子郵件或郵寄紙本「訪談同意書」，在得到受訪人同意之後進一步與其溝通訪談的時間、地點等具體事項，並向受訪人寄送訪談大綱，以便於受訪人提前梳理好相關思路及資料。

在訪談過程中，經徵得受訪人同意的前提下採用錄音設備錄音。訪談結束後，將訪談錄音整理成逐字稿並寄送受訪人確認訪談逐字稿內容。

在研究中徵引訪談內容，本研究將會依據受訪人的意願採用具名或匿名的方式，以確保受訪人的隱私。

第二節　研究實施步驟

　　本研究主要分為兩個階段，第一階段主要採用歷史法；第二階段主要採用比較研究法。在第一階段和第二階段的研究中，輔助使用訪談法。第一階段採用歷史法梳理 1912 年至 1949 年檔案學教育沿革、1949 年之後的中國大陸檔案學教育沿革、1945 年之後的臺灣檔案學教育沿革。第二階段主要採用比較研究法。該階段的研究主要分為四個步驟，即描述、解釋、並列、比較，各步驟分述如下：

　　第一步驟——描述。該階段充分蒐集「檔案學教育起源與發展」、「各國檔案學教育發展」、「中國大陸檔案學教育」、「臺灣檔案學教育」相關的一手、二手及輔助資料，重點是「中國大陸檔案學教育」與「臺灣檔案學教育」的相關資料。蒐集的範圍包括：相關系所官方網站的資料、可申請查閱到的會議記錄、檔案、報告、回憶錄、期刊論文、專著、會議論文、宣傳手冊、報紙。選擇性訪談海峽兩岸檔案學教育發展過程中關鍵人物。此外，前往中國大陸中國人民大學信息資源管理學院、蘇州大學檔案與電子政務系等教育機構訪問，以進一步了解中國大陸檔案學教育實況。

　　第二步驟——解釋。該階段分別分析海峽兩岸檔案學教育的沿革與現狀因。

　　第三步驟——並列。該階段採用並列的方式對海峽兩岸檔案學教育資料展開系統梳理，預訂分析以下問題：1、海峽兩岸檔案學教育受到了 1949 年之前檔案學教育的影響情形；2、海峽兩岸的檔案學教育受到了歐美、蘇聯等外來檔案學教育的影響情形；3、海峽兩岸檔案學教育與檔案事業體系之辯證關係。

　　第四步驟——比較。針對前述問題提出結論，並且概括出海峽兩岸檔案學教育的特點（異同或優劣），指出當前教育存在的問題並提出海峽兩岸檔案學教育發展的建議。如圖 3-1 所示。

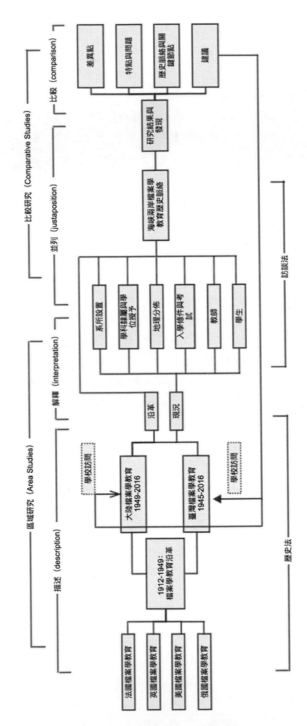

圖 3-1　本研究採用方法與架構

第四章　檔案學教育沿革（1912-1949）

　　1912 年至 1949 年間的檔案學教育是海峽兩岸檔案學教育的共同基礎，對 1949 年之後海峽兩岸檔案學教育發展之影響既深且鉅。這一階段的正規檔案學教育機構數量不多，主要有武昌文華圖書館專科學校、國立社會教育學院圖書博物館學系、江蘇學院行政管理系、崇實檔案學校等。除此之外，亦有中國檔案函授學校、四川職業檔案所、中華職業教育社文書補習班、國立中正大學行政管理專業、江西私立劍聲中學職業部高級文書科班，[1] 以及各省或地方的訓練團等講授檔案管理課程或開展檔案人員訓練。

　　以下將透過重點溯源武昌文華圖書館專科學校、江蘇學院行政管理系、國立社會教育學院圖書博物館學系、崇實檔案學校四校的發展歷程、修業年限、課程、師資、學生，來呈現這一時期檔案學教育的進展。

第一節　武昌文華圖書館學專科學校

　　文華圖書館學專科學校（Boone Library School），其前身為 1920 年創建於武昌文華大學（Boone University）的文華圖書科。1929 年文華圖書科獨立成為私立武昌文華圖書館學專科學校。[2] 1951 年 8 月改制為「公立武昌文華圖書館學專科學校」；1953 年 8 月，該校被合併進武漢大學，改為圖書館學專修科，於 1956 年升為圖書館學系。1984 年 10 月，該系升格為圖書情報學院；1999 年 4 月至 2000 年 12 月短暫變更為大眾傳播與知識信息管理學院。2001 年再度更名，即今日的武漢大學信息管理學院。[3]

1　鄭海濱，〈民國時期的江西省檔案教育〉，江西社會科學，2 期（2001 年）：70-72。

2　彭敏惠，《文華圖書館學專科學校的創建與發展》，（武漢市：武漢大學出版社，2015），1。

3　武漢大學信息管理學院校友名錄（1920 級-2010 級）編委會編，《武漢大學信息管理學院校友名錄（1920 級-2010 級）》，（武漢市：武漢大學信息管理學院，2010），1。

壹、發展歷程

文華圖專的檔案學教育，始於 1934 年設立的檔案管理特種教席。《文華圖書館學專科學校季刊》8 卷 1 期（1936 年）的《校聞》中〈試驗新的檔案管理〉報導：

> 本校自前年（1934 年）秋季起增設「中西文檔案管理」二課，對於是項研究，積極進行，不遺餘力。現除大量擴充設備外，並於本年二月起，將本校所有檔案施以科學管理，藉作教學上之試驗。辦理此項工作者為程長源君。程君乃本校畢業同學之一，曾任浙江蘭溪實驗縣政府管卷室主任科員，並以其兩年來所得之經驗，著為《縣政府檔案管理法》一書，版權已由上海商務印書館購去，不日即可出版。[4]

檔案管理特種教席的設置與發展，得到了政府的補助。《文華圖書館學專科學校季刊》6 卷 3 期（1934 年）《校聞》中〈本校迭得補助費〉與 7 卷 3、4 期合刊（1935 年）的《校聞》中〈二十四年度補助費復蒙核定〉分別報導：

> 教育部於補助私立大學及專門學校經費項下，本年度準給本校補助金五千元。[5]

> 全國私立專科以上學校二十四年度補助費，於本年七月間由教育部呈核公布。計本校核定之數為五八二二元……而上年度補助費所指定之用途（設置檔案研究之講座及書籍用品）所得成績亦復認為滿意也。[6]

1934、1935 兩年度，文華圖專共得 10,822 元補助金，為檔案學教育的開展奠定了一定的基礎。

文華檔案特種教席的設置、檔案管理課程的開設，不但得到了政府的認可，也得到了「中華教育文化基金會」的關注與認可。該會「係 1924 年成立，負責保管與支配美國第二次退還之庚子賠款餘額，用以促進中華教育與文化事業」。[7]《文華圖書館學專科學校季刊》8 卷 2 期（1936 年）的《校聞》中〈基金會派人來查並繼續補助本校〉報導：

4　編者，〈校聞〉，在《文華圖書館學專科學校季刊》（第七冊），中國圖書館學史料叢刊，武昌文華圖書館學專科學校編，（北京市：國家圖書館出版社，2009），427。

5　編者，〈校聞〉，在《文華圖書館學專科學校季刊》（第六冊），中國圖書館學史料叢刊，武昌文華圖書館學專科學校編，（北京市：國家圖書館出版社，2009），157。

6　編者，〈校聞〉，在《文華圖書館學專科學校季刊》（第七冊），中國圖書館學史料叢刊，武昌文華圖書館學專科學校編，（北京市：國家圖書館出版社，2009），258。

7　財團法人中華教育文化基金會，「關於基金會」，檢索於 2017 年 1 月 21 日，http://www.chinafound.org.tw/ec99/eshop1387/ShowGoods.asp?category_id=57&parent_id=0。

四月某日中華教育文化基金董事會派秘書林伯遵先生及特約視察員萬冊先先生來本校視察。由沈校長逐事加以說明。林氏對於本校檔案管之法特感興趣，於其他各事亦表示滿意。故本年該會董事會聚會，又復通過本校之補助費一萬五千元。[8]

1939 年秋季，文華圖專為適應戰時特定需求，將開辦的第五期講習班課程講授改以檔案管理為主，以圖書館學為輔。1940 年春、秋，文華圖專分別招收了兩期檔案管理訓練班。同年九月，呈請教育部設立檔案管理專科。文華圖專認為：

根據本校五、六年來試驗之結果，檔案管理內容並不簡單，如行政組織、公務管理，以及文書製作與處理等，必須循序研究，始能組成一完備之知識。故檔案管理再不能以圖書館學之附庸視之，而實有成科之必要。

為求不斷供應此項技術人才，並非短期開班或附帶於其他學科中研究所能為功，必須設科專門訓練以宏造就。[9]

在客觀環境上，當時的戰亂導致檔案管理人才的短缺，也促成政府亟需解決這一問題。沈祖榮（1883-1977）在〈私立武昌文華圖書館學專科學校近況〉中介紹：

教育部一再明令，陳部長（陳立夫）並面諭本校校長，以圖書與檔案人員之訓練極須擴充，以供應抗戰中所需專材之用。除三十年春季秋季各添招圖書科一班，三十一年春季招收檔案科一班外，並奉令於三十年度舉辦檔案人員短期訓練班，以應急需。[10]

由此可見，文華圖專檔案管理科的成立有兩股促進力量。其一是來自政府為解決戰時檔案管理人才的需求；其二來自檔案管理與圖書館學之學科差異，檔案學教育必須自成一科，才可著力於講授檔案管理之理論與實務。

1940 年 10 月，檔案管理專科班正式成立。1940 年春、秋招收的兩期檔案管理訓練班學員改入檔案管理專科。1947 年秋，檔案管理專科招收了最後一屆學生，前後共招收六屆。[11]文華圖專檔案管理專科的創辦，象徵著中國近代培養檔案專業人才的開始。

1941 年，文華圖專由教育部指定籌辦檔案管理短期職業訓練班，簡稱「短

---

8 編者，《校聞》，在《文華圖書館學專科學校季刊》（第七冊），中國圖書館學史料叢刊，武昌文華圖書館學專科學校編，（北京市：國家圖書館出版社，2009），568。

9 彭敏惠，《文華圖書館學專科學校的創建與發展》，（武漢市：武漢大學出版社，2015），141-42。

10 沈祖榮，〈私立武昌文華圖書館學專科學校近況〉，中華圖書館協會會報 16 卷，3、4 合刊（1942 年 2 月）：7-8。

11 彭敏惠，《文華圖書館學專科學校的創建與發展》，（武漢市：武漢大學出版社，2015），141-42。

訓班」。同年 12 月開辦計畫得到教育部批准。自 1942 年春季招生至 1945 年秋，前後共舉辦 7 期。1949 年之後，中國大陸新政權建立。文華圖專在中南軍政委員會人事局和中南教育部的指示下，於 1950 年 10 月至 1951 年 1 月辦理檔案資料管理訓練班一期。[12]而後，文華圖專的檔案學教育走入了歷史。

貳、修業年限

文華圖專檔案學教育的修業年限是不盡相同的，不同類別或學歷的檔案學教育修業年限不同，同一類別或學歷的檔案學教育亦會隨著當時社會情況與國家政策的調整而有所微調。文華圖專檔案依類別，大體可以分為「講習班」、「訓練班」（後併入專科班）、專科班、短期職業訓練班，見表 4-1。各類別的檔案學教育中，短期職業訓練班的修業年限最短，一般為 3 個月。1944 年春，文華圖專將短期職業訓練班的修業時間改為 4 個月。講習班的修業年限其次，時間為 1 年。檔案管理科的修業時間最長，為 2 年。

表 4-1　文華圖專檔案學教育一覽表

類別	具體名稱	入學時間	招收對象及要求	年限
講習班	第五期講習班	1939 年秋	高中畢業或具有高中畢業畢業之同等學力二十二歲以下學生	1 年
訓練班	第一期檔案管理訓練班	1940 年春	高中畢業生	-
	第二期檔案管理訓練班	1940 年秋	有過同類工作經驗者	
專科班 （共 6 屆）	檔案管理科	1940 年春	凡高級中學畢業或在大學修業者均可報考，但師範學校及職業學校肄業生，不得以同等學力報考	2 年
		1940 年秋		
		1942 年春		
		1944 年秋	1、凡高級中學畢業或在大學修業者均可報考；2、服務年限達 3 年的師範學校及職業學校肄業生，可以同等學力報考	
		1945 年秋		
		1947 年秋		
短期職業訓練班 （共 8 期）	檔案管理短期職業訓練班	1942 年春	1、各機關擇優保送現職檔案管理人員；2、面向社會招考；3、學歷要求在初中畢業或高中肄業水平	3 個月
		1942 年秋		
		1943 年春		
		1943 年秋		
		1944 年春	高中畢業生	4 個月
		1944 年秋		
		1945 年春		

---

[12] 同上註，144。

類別	具體名稱	入學時間	招收對象及要求	年限
	檔案資料管理訓練班	1950 年 10 月	中南軍政委員會各機關選送[13]	4 個月

資料來源：彭敏惠，《文華圖書館學專科學校的創建與發展》，（武漢市：武漢大學出版社，2015），136-44。

參、課程

文華圖專檔案管理課程始於 1934 年。在 1940 年檔案管理專科創辦之前，該課程不斷調整與變化，見表 4-2。1936 年，該課程增加了實習內容，並且於 1937 年初步系統化。[14]同年（1936），文華圖專講習班校友、有檔案實務工作經驗的程長源由浙江蘭溪縣政府檔案科員專任文華圖專檔案管理員。[15]

表 4-2　檔案管理課程 1934-1939 年間的變化

學年	課程名稱		部分學生修習時間
1934-1935	檔案管理法		第二學年上下學期
1935-1936	檔案行政學（Archives Administration）		第一或二學年上下學期
1936-1937	檔案行政學（Archives Administration）		第二學年上下學期
1937-1938	檔案經營法（Archives Economy）	西文檔案	第二學年上下學期
		中文檔案	第二學年下學期
	檔案管理		短訓班下學期
1938-1939	檔案管理		第二學年上下學期

資料來源：彭敏惠，《文華圖書館學專科學校的創建與發展》，（武漢市：武漢大學出版社，2015），160。

檔案管理課程持續系統化，到 1939 年「第五屆講習班」開辦時，已經形成了初步的檔案學教育課程體系。由表 4-3 可見，檔案管理的相關課程已經從單獨的一門課發展到多門，如：檔案編目法、檔案分類法、檔案管理（甲）、檔案管理（乙）、文書管理等。此外，還有其他配套課程，如圖書館學概論、實習、外文等。

---

[13] 錢德芳、程曉瑞，〈文華圖書館學專科學校開辦檔案教育始末〉，**圖書情報知識**，2 期（1984 年）：36-41。

[14] 彭敏惠，《文華圖書館學專科學校的創建與發展》，（武漢市：武漢大學出版社，2015），159-60。

[15] 編者，〈同門消息〉，在《文華圖書館學專科學校季刊》（第七冊），中國圖書館學史料叢刊，武昌文華圖書館學專科學校編，（北京市：國家圖書館出版社，2009），428。

表 4-3　第五期所修科目及學分情況

學年	學科	學分	學年	學科	學分
第一學期	檔案編目法	2	第二學期	圖書編目法（中文）	2
	檔案分類法	2		檔案分類法	2
	索引與檢字	1		檔案管理（甲）	2
	檔案管理（甲）	2		打字與習字	1
	打字與習字	1		實習	2
	實習	2		圖書館學概論	2
	圖書館學概論	3		檔案管理（乙）	2
	檔案管理	2		英文／德文（選修一門）	1
	英文／德文（選修一門）	1		文書管理	1
	軍事訓練			簿記與會計	1
	小組訓練			軍事訓練	
				小組訓練	

資料來源：周洪宇，《不朽的文華——從文華公書林到文華圖書館學專科學校》，（武漢市：華中師範大學出版社，2013），309。

　　檔案管理專科的成立，意味著文華圖專檔案管理課程體系正式構建完成。從第二屆檔案管理專科畢業生的學業成績通知單（見表 4-4）可知，檔案管理類課程已經發展到 9 門，即：西洋檔案學、中國檔案論、檔案經營法、檔案行政學、檔案編目法、檔案分類法、公文研究、公務管理、史料整理法。

　　配套的基礎課程有：檢字法、分類原理、編目原理、研究方法、立排序列法、打字；跨學科課程有：圖書館學概論、社會科學概論、博物館學、史地概論、圖書訂購法、中國目錄學、行政管理學、自然科學概論、政府組織概要等。通識課程主要有：國文、三民主義、英文、軍訓、音樂、體育等。在跨學科的課程中，以圖書館學、社會科學、行政管理學為主。

表 4-4　文華圖專學生成績通知單（第二屆檔案管理專科）

第一學期		第二學期		第三學期		第四學期	
課目	學分	課目	學分	課目	學分	課目	學分
西洋檔案學	2	檔案經營法	2	檔案經營法	2	檔案行政學	2
分類原理	2	中國檔案論	2	檔案行政學	2	檔案編目法	2
公文研究	2	西洋檔案學	2	中國檔案論	2	檔案經營法	2
檢字法	2	編目原理	2	檔案分類法	2	檔案分類法	加考
國文	2	分類原理	2	史料整理法	2	西洋檔案學	加考
三民主義		公務管理	2	實習	2	立排序列法	2
英文	2	國文		博物館學	2	政府組織概要	2
圖書館學概論	2	三民主義		史地概論	2	畢業論文	
軍訓		英文	2	圖書訂購法	2	實習	2

第一學期		第二學期		第三學期		第四學期	
音樂		社會科學概論	2	中國目錄學	2	博物館學	2
		研究方法	2	音樂		行政管理學	2
		軍訓		軍訓		自然科學概論	2
打字	1	音樂				音樂	
		打字	1	體育		軍訓	
						體育	

資料來源：案名：私立武昌文華圖書館學專科學校 28、30 年度畢業生案（檔號：A309000000E/0029/148.04-10/0001），全宗名：教育部（臺北市：檔案管理局）。

　　檔案管理課程不僅是圖書館學和檔案管理專業學生日常的選修課或必修課，亦是其畢業考試科目。從表 4-5 可見，1939 年圖書館學專科班的畢業考試中就設有由徐家麟和毛坤分別執教的檔案課程。為此學校在組建當年度考試委員會時，還專門聘請交通部研究檔案管理的專家王文山前來擔任考試委員會委員。[16]

表 4-5　文華圖專二十八年度專科班畢業考試時間表

	星期四 專二	星期五 專二	星期六 專二	星期一 專二	星期二 專二	星期三 專二
9：00 11：00	西文編目	檔案乙	目錄學	法文	圖書館行政	分類法
教員	沈	徐	徐	袁	汪	汪
2：00 4：00				檔案甲	中文編目	軍事訓練
教員				毛	毛	姜

資料來源：案名：私立武昌文華圖書館學專科學校 28、30 年度畢業生案（檔號：A309000000E/0029/148.04-10/0001），全宗名：教育部（臺北市：檔案管理局）。

表 4-6　文華圖專二十九年第五屆講習班畢業考試時間表

	星期四 訓一	星期五 訓一	星期六 訓一	星期一 訓一	星期二 訓一	星期三 訓一
9：00 11：00	檔案乙	英文	圖書館學概論	檔案甲	分類法	編目
教員	徐	沈	汪	毛	汪文	毛
2：00 4：00	文書管理	簿記與會計			打字	軍事訓練
教員	汪文	袁			駱	姜

資料來源：案名：私立武昌文華圖書館學專科學校 28、30 年度畢業生案（檔號：A309000000E/0029/148.04-10/0001），全宗名：教育部（臺北市：檔案管理局）。

---

[16] 案名：私立武昌文華圖書館學專科學校 28、30 年度畢業生案（檔號：A309000000E/0029/148.04-10/0001），全宗名：教育部（臺北市：檔案管理局）。

圖書館學專科班的畢業考試中，檔案管理課程只有 2 門；而第五屆講學班因為主要偏向檔案管理方向，故而其畢業考試中，檔案管理的課程占據了主導。考試的課程有：檔案乙、檔案甲、文書管理、簿記與會計，另需考覈的還有：英文、圖書館學概論、分類法、編目、打字、軍事訓練等，見表 4-6。

表 4-7　文華圖專三十年度第一學期檔案專科第一班畢業考試課目時間表

		星期一 二月九日	星期二 二月十日	星期三 二月十一日	星期四 二月十二日	附註
上午	8：00	檔案行政學	中國檔案通論	檔案經營法		
	8：50	毛	徐	毛		
	9：00	檔案行政學	中國檔案通論	檔案經營法		
	9：50	毛	徐	毛		
	10：00	檔案分類法		史料整理法	博物館學	
	10：50	汪		汪	徐	
	11：00	檔案分類法		史料整理法	博物館學	通考功課 ㈠檔案經營法 ㈡中國檔案通論 ㈢檔案分類法
	11：50	汪		汪	徐	
下午	1：00	日文	史地概論		中國目錄學	
	1：50	林	汪		毛	
	2：00	日文	史地概論		中國目錄學	
	2：50	林	汪		毛	
	3：00			圖書館行政		
	3：50			汪炳		
	4：00			圖書館行政		
	4：50			汪炳		

（製表日期：三十一年一月十五日）
資料來源：案名：私立武昌文華圖書館學專科學校 28、30 年度畢業生案（檔號：A309000000E/0029/148.04-10/0001），全宗名：教育部（臺北市：檔案管理局）。

　　檔案管理專科班成立之後，其畢業考試課目相較於之前的第五期講習班而言，其考試科目有所變化。考試課目有 10 門，分別為檔案行政學、檔案分類法、中國檔案通論、檔案經營法、史料整理法、日文、史地概論、博物館學、中國目錄學、圖書館行政。其中檔案經營法、中國檔案通論與檔案分類法三課目為通考科目。

表 4-8　文華圖專三十學年度第二學期圖書科檔案科畢業試驗課目表

	六月十五日		六月十六日		六月十七日		六月十八日		六月十九日		六月二十日	
	本十七	檔專二	本十七	檔專二	本十七	檔專二	本十七	檔專二	本十七	檔專二	本十七	檔專二
8：00 8：50			立排序列法	立排序列法	檔案經營法		西文編目法		中文編目法	檔案經營法	圖書館經營法	西洋檔案概論
9：00 9：50			立排序列法	立排序列法	檔案經營法		西文編目法		中文編目法	檔案經營法	圖書館經營法	西洋檔案概論
10：00 10：50	各式分類法	檔案編目法			檔案行政學			博物館學				
11：00 11：50	各式分類法	檔案編目法			檔案行政學			博物館學				
1：00 1：50											圖書館設計	
2：00 2：50	自然科學概論	自然科學概論	西洋目錄學	政府組織概要	公文研究		圖書分類法	行政管理學	圖書訂購法	檔案分類法	圖書館設計	
3：00 3：50	自然科學概論	自然科學概論	西洋目錄學	政府組織概要	公文研究		圖書分類法	行政管理學	圖書訂購法	檔案分類法	體育	體育
4：00 4：50											體育	體育

附註：本十七加考西文編目法、圖書分類法、圖書館經營法三課目；檔專二加考檔案經營法、檔案分類法、西洋檔案概論三課目

資料來源：案名：私立武昌文華圖書館學專科學校 28、30 年度畢業生案（檔號：A309000000E/0029/148.04-10/0001），全宗名：教育部（臺北市：檔案管理局）。

肆、師資

文華圖專檔案學教育師資主要有費錫恩、毛坤、徐家麟、汪應文、汪長炳、梁建洲等人。以下將分別介紹：

費錫恩（Grace D. Phillips，1880[17]- ？），《文華圖書館學專科學校季刊》6 卷 3 期（1934 年）的《校聞》中報導〈教員之來去〉報導費錫恩已經抵達文華圖專擔任教職，並詳細介紹其學經歷：

---

[17] A.J. Fretz, *A genealogical record of the descendants of Christian and Hans Meyer* (Harleysville, Pennsylvania: News Printing House, 1896), 176.

伊利諾瓦大學（University of Illinois[18]）圖書館學學士，芝加哥大學神學學士碩士，（一九一七－一一九二三），曾任麥梭芮大學職員（一九〇六－一九二三），堪城公共圖書館閱覽室及兒童圖書館管理員（一九一三－一九一六），威爾墨公立沙圖書館兒童部主任（一九二四），芝加哥神學圖書館主任（一九二五－一九三四）。[19]

　　從上述的報導中可以看出，費錫恩具伊利諾伊大學圖書館學學士學位，且有在多所圖書館實務工作的經驗。1934 年至 1936 年期間，費錫恩在文華圖專服務。[20]而後，費錫恩因病回國。[21]費錫恩講授的檔案管理課程主要是「西文檔案」。課程內容為美國機關、團體、企業實行的文書檔案管理辦法。[22]

　　毛坤（1899-1960），字良坤，號體六，四川宜賓人。圖書館學家、檔案學家。1920 年四川省立師範學校畢業，先後考入北京大學哲學系和華中大學文華圖書科學習，1928 年自文華圖專畢業後留校任教。1928 年至 1947 年，歷任助教、講師、副教授、教授、教務長等職。1947 年，文華圖專從重慶遷返武昌，毛坤因病未能隨之前往，隨後接受四川大學的邀請，擔任四川大學文學院教授兼任圖書館館長。[23]其教學和研究領域涉及編目法、分類法、檔案經營、檔案行政等多個領域。1934 年，開設中文檔案管理一課。1940 年，文華圖專設立檔案管理專科，其兼首任科主任，開創中國現代檔案管理之先河，被譽為中國「圖書館學巨擘，檔案學權威」。[24]曾開設「檔案經營法」、「檔案行政學」、「檔案編目法」等課程的講授，並編寫多部教材。[25]

　　徐家麟（1904-1975），曾用名徐行，湖北沙市人，1919 年 9 月至 1922 年 6 月就讀於武昌文華中學，1924 年 9 月至 1926 年 6 月就讀於文華圖專圖書館

---

[18] Grace D. Phillips，"The Boone Library School through the eyes of a newcomer"，在《文華圖書館學專科學校季刊》（第六冊），中國圖書館學史料叢刊，武昌文華圖書館學專科學校編，（北京市：國家圖書館出版社，2009），661。

[19] 編者，〈校閱〉，在《文華圖書館學專科學校季刊》（第六冊），中國圖書館學史料叢刊，武昌文華圖書館學專科學校編（北京市：國家圖書館出版社，2009），157-58。

[20] 彭敏惠，〈文華圖專師資力量探析和啟示〉，圖書情報知識，5 期（2015 年）：39-45。

[21] 彭敏惠，〈我國檔案管理教育初創時的難關與突破——以毛坤先生的《檔案經營法》為視角〉，圖書館論壇，已接受（2017 年）。

[22] 梁建洲，〈回頭看看私立武昌文華圖書館學專科學校檔案管理專業教育的貢獻〉，圖書情報知識，1 期（2007 年 1 月）：99-107。

[23] 程煥文，〈魂兮歸來——在紀念著名圖書館學家和檔案學家毛坤先生誕辰 110 週年暨圖書館學和檔案學史學術研討會上的發言〉，在《毛坤先生紀念文集——紀念著名圖書館學家和檔案學家毛坤先生誕辰 110 週年》，黨躍武、姚樂野主編，（成都市：四川大學出版社，2013），8-9。

[24] 毛坤，《檔案經營法》，（武漢市：武漢大學出版社，2013）。

[25] 毛相騫，〈毛坤先生年譜簡編〉，在《毛坤先生紀念文集——紀念著名圖書館學家和檔案學家毛坤先生誕辰 110 週年》，黨躍武、姚樂野主編，（成都市：四川大學出版社，2013），259。

學本科班。畢業後，進入中華教育改進社，任圖書館主任一年；後進入清華大學，任中文編目館員；隨後調入北京燕京大學圖書館，任中文編目組主任。1929年9月，返回母校文華圖專任職，歷任講師、副教授兼教務主任。1935年9月至1939年9月在美國留學、工作，獲哥倫比亞大學圖書館學碩士。1941年，國立社會教育學院在四川璧山縣成立後，任國立社會教育學院教授。1946年，文華圖專自重慶返回武昌，徐家麟未隨校返回武昌，而是跟國立社會教育學院遷至蘇州，繼續擔任教授。1950年3月，其轉任華中大學圖書館主任兼歷史系教授。1955年，徐家麟調入武漢大學，任武漢大學圖書館學專科主任、教授；1956年4月至1966年，擔任武漢大學圖書館學系主任。[26]係中國著名的圖書館學理論家，也是著名的圖書館學教育家，范並思稱徐家麟是中國理論圖書館學的先行者。[27]編有《目錄學講義》、《專科目錄學》、《中國古書處理》及《外國圖書館工作》等。[28]

徐家麟在美國留學之時，先在哈佛大學燕京學社任中文編目員，採用半工半讀的形式在哈佛大學修課。《文華圖書館學專科學校季刊》8卷1期（1936年）的〈同門消息〉中報導：

徐家麟君現肄業美國哈佛大學，並兼任該大學中日文圖書館參考部主任。[29]

《文華圖書館學專科學校季刊》8卷2期（1936年）的〈同門消息〉中又報導：

徐家麟君自去年由本校資送出國後即在美國哈佛大學研究。現已請的羅氏基金官費，此後當在美國檔案局工作而在哥倫比亞大學研究圖書館學。[30]

柯愈春的〈追求中國圖書館現代化的思想家徐家麟〉一文，引用了大量徐家麟的檔案。據該文所述：

1937年，徐家麟曾到哥倫比亞大學圖書館學院圖書館、美國國立圖書館、美國國立檔案館參觀。徐去美國國立檔案館參觀，事先沈祖榮寫信給該館，於是該館對外服務部主任海得引導徐參觀該館各個部門，又為徐寫介紹信到美國公檔處參觀。[31]

---

[26] 柯愈春，〈追求中國圖書館現代化的思想家徐家麟〉，圖書情報知識，4期（2009年7月）：5-16。

[27] 范並思，〈中國理論圖書館學的先行者徐家麟〉，在《圖書館學理論變革：觀念與思潮》，（北京市：北京圖書館出版社，2007），192-98。

[28] 張衍、衛瀟、周毅，〈蘇州大學圖書館學專業發展源流探析〉，新世紀圖書館，8期（2012年）：84-88。

[29] 編者，〈同門消息〉，在《文華圖書館學專科學校季刊》（第七冊），中國圖書館學史料叢刊，武昌文華圖書館學專科學校編，（北京市：國家圖書館出版社，2009），428。

[30] 同上註，570。

[31] 柯愈春，〈追求中國圖書館現代化的思想家徐家麟〉，圖書情報知識，4期（2009年7月）：5-16。

兩則消息有衝突，並未能證明徐家麟曾在美國國家檔案館工作過。但是可以顯示，無論是文華圖專亦或是徐家麟本人均對檔案管理非常關注，在美國期間，曾經到訪過美國國家檔案館。這些經歷，為徐家麟在文華圖專開設檔案管理課程奠定了基礎。

汪長炳（1904-1988），字文煥，湖北漢川人。1924 年 9 月至 1926 年 6 月就讀於文華圖專圖書館學本科班，畢業後至北京圖書館任參考部主任。1932 年赴美國哥倫比亞大學圖書館中文部工作，在半工半讀之餘，1934 年獲該校圖書館學碩士。1934 年 7 月，轉職美國國會圖書館工作並擔任東方部顧問。1935 年 5 月，汪長炳代表中華圖書館協會出席國際圖書館協會聯盟在西班牙馬德里舉行第二次國際圖書館大會，會後赴英國、法國、比利時和瑞典考察。1936 年回國後，返回文華圖專接任徐家麟的教務主任一職，並擔任教授。[32] 1941 年，汪長炳改任國立社會教育學院圖書博物館學系主任。1950 年，國立社會教育學院與江蘇省立教育學院、中國文學院（前無錫國學專修學校）合併為蘇南文化教育學院，圖書博物館學系停辦，汪長炳任該校圖書館館長。1952 年，汪長炳調任蘇州圖書館副館長；1955 年至 1987 年，歷任南京圖書館副館長、館長、榮譽館長等職。在文華圖專時期，汪長炳主要講授「分類法」課程。

汪應文（1908-1991），湖北漢陽人。1933 年 9 月至 1935 年 6 月在文華圖專圖書館學本科班就讀。1935 年 6 月，其以第一名的成績畢業留校並擔任、助教、講師、副教授、教授。1948 年，汪應文任《華中日報》總主筆兼總主編，但仍在文華圖專兼課到 1949 年。1949 年，汪應文離開武漢，任重慶國立女子師範學院史地系教授兼圖書館館長、西南人民圖書館圖書部主任。1951 年 8 月，西南師範學院圖博科成立，汪應文受聘為教授。1954 年，圖博科停辦，汪應文改任南充師範學院中文系教授，1956 年調任南充師範學院圖書館館長。文革後歷任四川省圖書館學會第一、二屆副理事長，第三屆學術顧問、南充圖書館學會顧問等職。[33]根據「私立武昌文華圖書館學專科學校 28、30 年度畢業生案」檔案顯示，汪應文在文華圖專期間，教授的檔案學課程主要有「文書管理」、「檔案分類法」、「史料整理法」等課程。[34]

---

[32] 嚴文郁，〈文華圖專的三位教務主任——悼念汪長炳、徐家麟、毛坤三位同學〉，**中國圖書館學會會報**，43 期（1988 年 12 月）：61-65；于川，〈追尋汪老的足跡——紀念汪長炳誕辰一百週年〉，在《**汪長炳研究文集**》，南京圖書館編，（南京市：南京大學出版社，2007），217-23。

[33] 尹吉星，〈汪應文圖書館學思想研究〉，（碩士論文，西南大學，2012），2-3。

[34] 案名：私立武昌文華圖書館學專科學校 28、30 年度畢業生案（檔號：A309000000E/0029/148.04-10/0001），全宗名：教育部（臺北市：檔案管理局）。

梁建洲（1919-2013），四川榮縣人，1940 年 9 月至 1942 年 7 月就讀文華圖專，係檔案管理專科第二屆畢業生。畢業後，留校任教至 1947 年 1 月，先後擔任助教、講師。1947 年 5 月至 1949 年 1 月，擔任南京國民政府國防部副官局檔案處檔案政策科科長等職。[35] 1945 年起，接替毛坤講授「檔案經營法」。[36]

除上述師資之外，仍有許多教師擔任過其他工作。如程長源曾負責文華圖專的檔案管理並將其提供給學生實習所用；黃彝仲、何德全、梁建洲等擔任過檔案管理短期職業訓練班的導師。[37]

伍、學生

文華圖專各類檔案學教育共招生 388 名，其中講習班 12 人、專科班 94 人、短期職業訓練班 282 人；畢業人數 318 名，其中講習班 12 人、專科班 46 人、短期職業訓練班 260 人，見表 4-9。

表 4-9 文華圖專檔案學教育學生人數一覽表

類別	具體名稱	入學時間	畢業時間	招收人數	畢業人數
講習班	第五期講習班	1939.10	1940.6	12	12
訓練班	第一期檔案管理訓練班	1940.3	-	9	-
	第二期檔案管理訓練班	1940.10	-	11	-
專科班	檔案管理科	1940.3	1942.2	9	6
		1940.10	1942.6	11	5
		1942.2	1944.1	15	8
		1944.9	1946.5	6	2
		1945.9	1947.6	13	4
		1947.9	1949.7	40	21

[35] 梁建洲，〈回頭看看私立武昌文華圖書館學專科學校檔案管理專業教育的貢獻〉，**圖書情報知識**，1 期（2007 年 1 月）：99-107。

[36] 梁建洲，〈毛坤先生編寫《檔案經營法》講義的背景〉，在《毛坤先生紀念文集——紀念著名圖書館學家和檔案學家毛坤先生誕辰 110 週年》，黨躍武、姚樂野主編，（成都市：四川大學出版社，2013），54-57。

[37] 梁建洲，〈回頭看看私立武昌文華圖書館學專科學校檔案管理專業教育的貢獻〉，**圖書情報知識**，1 期（2007 年 1 月）：99-107。

類別	具體名稱	入學時間	畢業時間	招收人數	畢業人數
短期職業訓練班	檔案管理短期職業訓練班	1942.3	1942.6	30	23
		1942.9	1942.11	41	40
		1943.2	1943.5	35	33
		1943.10	1944.1	27	21
		1944.3	1944.6	40	38
		1944.9	1944.12	38	35
		1945.3	1945.6	27	26
	檔案資料管理訓練班	1950.9	1951.1	44	44

資料來源：彭敏惠，《文華圖書館學專科學校的創建與發展》，（武漢市：武漢大學出版社，2015），186-88。

第二節　江蘇學院行政管理系[38]

　　江蘇學院全名江蘇省立江蘇學院，係由 1940 年成立的「蘇皖聯立臨時政治學院」發展而來。1941 年 8 月，蘇皖聯立臨時政治學院改為三年制蘇皖聯立技藝專科學校。1943 年 8 月，蘇皖聯立技藝專科學校改制為四年制江蘇省立江蘇學院。1945 年抗戰勝利，江蘇學院著手遷回江蘇。1949 年，該校解散。

壹、發展歷程與修業年限

　　江蘇學院的行政管理專業始於 1941 年 8 月。1941 年蘇皖聯立臨時政治學院（一年制）變更為三年制的蘇皖聯立技藝專科學校，該校設行政管理科。1943 年 8 月，蘇皖聯立技藝專科學校升格為四年制江蘇學院，行政管理科改為行政管理系。原蘇皖聯立臨時政治學院行政管理科的學生准許升入行政管理系就讀，但需延長修業半年（最後半年為院外實習期間）。[39]

　　行政管理專業的設置並非創辦者心血來潮之作。1940 年 3 月，蔣介石提出「行政三聯制」，即：「計畫」、「執行」、「考核」三聯制。[40]國防最高委員會旋即分別成立中央設計局、黨政工作考核委員會，積極推動行政三聯制。

---

[38] 張衍，〈江蘇學院檔案學教育溯源〉，檔案學研究，1 期（2016 年 2 月）：51-56。

[39] 教育年鑑編纂委員會編，《第二次中國教育年鑑》：（三）第五編，高等教育，（臺北市：文海出版社，1986），702。

[40] 吳定、張潤書、陳德禹，《行政學（上、下）》，（臺北市：國立空中大學，1989），474-76。

有鑒於此，1941 年蘇皖聯立臨時政治學院改制為蘇皖聯立技藝專業學校之時，學院創始人顧祝同（1893-1987）和代主任委員孔充商議設立行政管理科，「以迎接時代潮流，適應國家需要，培育實用之行政人才，借重科學管理之成效，進而作行政管理學術之深入而有系統之研究」。[41]

行政管理專業依據學生的志願分為：人事管理組、文書管理組、財務管理組、財物管理組、事務管理組、行政機構組，共計 6 組。這六組的劃分並非將學生在課程安排上予以區分，行政管理專業的學生仍然需要必修 6 組的課程，「只是各人依志願專精一組，搜集研究數據，作深入有系統研究，撰為專論。期能改進當前行政措施，以提高各機關之行政效率」[42]，進而適應抗戰的需要。

1943 年，教育部批准江蘇學院成立之後，孔充完成全校師生所囑使命，欣然歸來。不料所乘長途汽車在貴州獨山縣境，遭遇翻車事故，孔充頭部遭受重創，經過搶救治療痊癒，於同年 10 月底返回福建三元。[43]而後孔充離開了江蘇學院，行政管理系主任改由陳朝壁擔任。但同年，陳朝壁轉往廈門大學任教，抗戰勝利後擔任廈門大學法學系主任、教授、教務長。[44] 1945 年，日本戰敗，歸還臺灣，陳國琛教授隨陳儀前往接受臺灣，主持戰後臺灣文書改革事宜。張國鍵教授亦前往擔任臺灣行政長官公署人事室主任。[45]行政管理系另一主要教師高柳橋在抗戰勝利後，前往無錫江蘇省立教育學院任教授並兼教務長。[46]

一班頂梁柱師資被時代的潮流分散到全國各處，行政管理系的教學工作也難以為繼。1944 年 8 月之後，行政管理專業並未繼續招生。[47] 1946 年，夏書章仍在江蘇學院教授行政學、市政學等課程。1946 年，行政管理系第二屆學生畢業，同年該系停辦。至此，江蘇學院行政管理專業與檔案學教育正式走入歷史。

---

[41] 劉勝旗，〈行政管理系簡介〉，在《江蘇學院四十年》，江蘇學院四十年編輯小組編，（臺北市：江蘇省立江蘇學院旅臺校友會，1980），42。

[42] 同上註。

[43] 江蘇學院校友聯誼會編，《江蘇省立江蘇學院校史》，（不詳：江蘇學院校友聯誼會，2007），24。

[44] 廈門大學校史編委會編，《廈大校史資料》，第五輯，（廈門市：廈門大學出版社，1990），93。

[45] 劉國銘，《中國國民黨百年人物全書》，（北京市：團結出版社，2005），1224。

[46] 高中厚，〈進步教授高柳橋〉，見《泰州文史資料》，第三輯，泰州市政協文史資料研究委員會、泰州市地方誌編纂委員會辦公室編，（泰州市：泰州市政協文史資料研究委員會、泰州市地方誌編纂委員會辦公室，1987），22-24。

[47] 江蘇學院校友聯誼會編，《江蘇省立江蘇學院校史》，（不詳：江蘇學院校友聯誼會，2007），24。

貳、課程

　　行政管理專業檔案學相關課程主要由陳國琛、高柳橋、孔充講授。由於檔案文獻缺失，現已很難完整考證出詳細的課程設置。從 1946 年畢業生湯孝彬在蘇皖聯立技藝專科學校和江蘇學院註冊證中依稀可辨的課程有：三民主義、國文、英文、自然科學概論、政治學、中國近代史、中國革命史、社會學概論、中國通史、行政法、體育、中國政府、各國政府及政治、行政學、西洋通史、公文程序、哲學概論等[48]。但上述課程僅為其在學四年期間 8 個學期中三個學期的部分課程，並非完整課程列表。

　　據劉勝旗主筆的《行政管理系簡介》中寫道陳國琛教授文書管理課程：

　　當時福建省政府主持文書改革之陳國琛先生，講授文書管理，力陳舊時文書之弊害，鼓吹實時作文書改革。[49]

　　據王銘生《懷念孔大充老師》中寫道孔充教授公文作法：

　　孔老師專任行政管理科主任，親自教授公文作法，孔老師從政多年，經驗豐富，聞在委員長南昌行營任職時，曾從事研究公文的改革。我國古老的公文格式，等因奉此，陳腔濫調實在難作而無內容，高柳橋老師教課時，曾抄給我們一首打油詩以嘲諷：「科長科員同辦公，八時開始五時終。等因奉此篇篇有，鑒核施行處處同。理合備文施鄭重，相應函達與通融。一天忙煞惟書記，抄的云云兩眼蒙。」而孔老師則依發文的原因，列為八個格式，使初學公文的人，可以知道門徑，循序漸進。[50]

　　在講授理論知識之外，行政管理專業的檔案學教育亦十分重視理論與實際二者之聯繫。1944 年，江蘇學院為了搜集檔案規章還特地給當時檔案管理工作開展的較為優秀的內政部去電，索求相關規章制度，以期充實課程教學：

　　重慶內政部：查本院行政管理系舉辦已逾三載，惟該學科在國內尚屬首創，初無成規可循。茲為便於該系學生研究檔案管理起見，擬搜集各公務機關有關文卷管理各項規章暨各種辦法說明，藉供研討，素仰貴部檔案管理頗具成效，特電請察照，至祈惠賜全份為荷。福建三元江蘇省立江蘇學院子銑。[51]

48　江蘇學院校友聯誼會編，《江蘇省立江蘇學院校史》，（不詳：江蘇學院校友聯誼會，2007），140。

49　劉勝旗，〈行政管理系簡介〉，在《江蘇學院四十年》，江蘇學院四十年編輯小組編，（臺北市：江蘇省立江蘇學院旅臺校友會，1980），42。

50　王銘生，〈懷念孔大充老師〉，在《江蘇學院四十年》，江蘇學院四十年編輯小組編，（臺北市：江蘇省立江蘇學院旅臺校友會，1980），162-65。

51　中國第二歷史檔案館編，《民國時期文書工作和檔案工作資料選》，（北京市：檔案出版社，1987），685。

由此可見，行政管理專業開設的檔案管理的課程大致有公文程式、文書管理、公文作法，並積極搜集檔案管理規章以備研討。

參、師資

行政管理專業的教師配備與專業分組相匹配，各位教師皆有專長。主要的任教老師及其履歷分述如下：

孔充（1897？-？），字大充，江蘇興化人。[52]生於詩書傳承之家，幼年入私塾、小學，後入著名的江蘇省立第八中學（今江蘇省揚州中學），畢業後就讀河海工程專門學校（今河海大學），1924 年獲金陵大學文學學士，國學根底深厚。1929 年至 1935 年，先後在泰縣、淮陰、東海、南彙等縣任縣長，撰有《縣政府建設》一書。1936 年赴美留學，獲明尼蘇達大學（University of Minnesota）政治學碩士，後赴歐洲考察地方政府，1939 年回國。[53]

1940 年，孔充任蘇皖聯立政治學院代副院長，實際主持校務。與此同時還兼任總務處主任，總務處下設文書、庶務、出納三組。1942 年，任蘇皖聯立技藝專科學校校務委員會代副主任委員並擔任行政管理科主任。1943 年奔赴重慶遊說教育部將蘇皖聯立技藝專科學校升格為四年制大學，同年 8 月教育部批准江蘇學院成立。

陳朝璧（1905-1982），號大白，江蘇鹽城人。著名學者、法學工作者。1922年入上海中法學堂學習，後考入國立中央大學，一年後考取公費留學比利時魯汶大學（Katholieke Universiteit Leuven）法學研究院，獲法學博士學位。回國後從事法學教學。1942 年到廈門大學任教。曾任福建省法制委員會委員、廈門大學法律系主任、教授等。主要譯著《羅馬法原理》（1937）等。[54]

高柳橋（1900-1950），初名炳椿，後改名炳春，號亦秋，江蘇泰州人。1919年入私立明德中學，畢業考入杭州之江大學，後轉入南京金陵大學，1928 年畢業。在南京彙文女中任教一年後，復回金陵大學任中文系助教、政治系講師。1934 年赴美國明尼蘇達大學攻讀行政管理學，獲碩士學位。1936 年回國，任

---

[52] 顧頡剛，《蘇州史誌筆記》，（南京市：江蘇古籍出版社，1987），85。
[53] 王崇生、盧偉，〈《杏壇精英與桃李芬芳》選輯〉，在《江蘇省立江蘇學院校史》，江蘇學院校友聯誼會編（不詳：江蘇學院校友聯誼會，2007），50。
[54] 廈門大學圖書館，〈廈門記憶-廈門人物〉，檢索於 2015 年 5 月 1 日，http://was.xmlib.net:8081/xmtsgweb/xmrw-xl.jsp?channelid=75050&primarykeyvalue=SID%3D04B14D90E.000012D7.549B&primaryrecord=1。

金陵大學政治系教授。次年，抗日戰爭爆發，隨校西遷成都。1939 年轉徙江西，任國立中正大學文法學院教授，同時擔任政治系主任，並參加該校《政治周報》主編工作。1942 年任中國地方建設研究所副所長，主編《生教導報》。後出任中國地方行政研究所副所長，並在江蘇學院任教。1945 年抗日戰爭勝利之後，任江蘇省立教育學院教授兼教務長。1950 年，江蘇省立教育學院與國立社會教育合並為蘇南文教學院，改任研究部主任。1950 年去世。[55]

　　陳國琛（1894-？），別號寄安，安徽宿松縣人，自稱皖江寄安陳國琛。青年時代就讀於國立北京法政專門學校，1921 年考入國立北京法政大學經濟系研究科。畢業後，陳國琛投筆從戎，在多處軍隊擔任秘書工作。1934 年 10 月，陳國琛經馮玉祥介紹至宋哲元所在的察哈爾省政府任參議，至此他開始由部隊秘書工作轉向從事地方機關的文書檔案工作。[56] 1935 年，陳國琛到福建工作，初在福建省政府任參議，次年 8 月，福建省政府任命其為秘書處第一科科長，主管一府的文書檔案工作。1936 年至 1938 年三年期間，陳國琛主持福建省文書改革，改革內容涉及文書收發、文書處理和檔案管理三個方面。[57] 1938 年 10 月 15 日至 1939 年 1 月底，適逢福建省政府疏散永安，在此期間寫出《文書之簡化與管理》，該書 1946 年在臺灣出版[58]，後又經中國人民大學重新翻印（1958 年），乃檔案學經典著作。1943 年 8 月 29 日至 10 月 24 日，陳國琛前往江西省訓練團檔案管理人員訓練班講授檔案分類等課程，而後江西省開始推廣《全國縣市政府檔案分類法》，即陳國琛法。[59] 1945 年赴臺前，陳國琛曾在江蘇學院行政管理系任教，教授文書管理課程。赴臺後，任臺灣行政長官公署秘書處公報室（後改名為編輯室）主任並兼任秘書處文書科科長，主持戰後臺灣省文書改革事宜（1945 年 10 月至 1946 年 10 月）。主持臺灣省文書改革期間，陳國琛一方面推廣其在福建文書改革中的成果與經驗，另一方面還改良了政府公報，擴大了文書改革的範圍和影響。「二二八事件」之後，陳儀在臺失勢，於 1948 年被委任浙江省主席。陳國琛隨之前往浙江，被任命為浙江省政府參議兼秘書處第一科（文書科）科長，要求其主持浙江省文書改革。[60]

---

[55] 高中厚，〈進步教授高柳橋〉，在《泰州文史資料》（第三輯），泰州市政協文史資料研究委員會、泰州市地方誌編纂委員會辦公室編輯，（泰州市：泰州市政協文史資料研究委員會、泰州市地方誌編纂委員會辦公室，1987），22-24。

[56] 韓李敏，〈陳國琛與民國時期南方三省的文書改革（一）〉，浙江檔案，2 期（1989 年）：17。

[57] 同上註，17-18。

[58] 陳國琛，《文書改革之簡化與管理》，（臺北市：臺灣新生報社，1946）。

[59] 鄭海濱，〈民國時期江西檔案教育〉，檔案學通訊，3 期（2001 年）：53-55。

[60] 韓李敏，〈陳國琛與民國時期南方三省的文書改革（二）〉，浙江檔案，3 期（1989 年）：29-30。

張國鍵（1907-？），字用中，安徽宿縣人。1930 年 6 月畢業於國立北平大學法律系。[61]曾任福建省政府民政廳秘書、省政府人事室主任、省訓練團教育長、江蘇學院教授，福建省連江、南安兩縣縣長。抗戰勝利後，調任臺灣省行政長官公署人事室主任。1947 年 4 月至 1949 年 3 月 11 日派任臺灣省政府人事處處長。1954 年任考試院職位分類計畫委員會設計組組長。先後在中興大學、臺灣大學、政治大學、東吳大學等校任教。著有《商事法論》、《商事法概要》等。[62]

夏書章（1919-），著名行政管理專家、教育家，中國 MPA 之父。留學美國哈佛大學行政學院。回國後，1946 年至 1947 年在江蘇學院教授「行政學」、「市政學」一年。1947 年下半年以後，任教中山大學至今，曾任「行政管理學」教授、博士生導師，政法學院院長、政治學與行政學系系主任，現任政治與公共管理學院名譽院長，美國哈佛大學客座教授。

肆、學生

蘇皖聯立技藝專科學校行政管理科是中國教育史上第一個行政管理科。[63]行政管理專業招收的第一屆學生系由原蘇皖聯立臨時政治學院畢業後進入該科二年級學習的學生；其後，1941 年招生情況未知（尚未有文獻證明該年度招收行政管理專業學生）；1942 年招收 40 餘人（其他專業停招）；1943 年 8 月，因蘇皖聯立技藝專科學校改制為江蘇學院尚無定論，該校停招學生一次；1944年，該系停止招生。就現有史料分析，行政管理專業至少招收 2 屆學生。

據《江蘇學院四十年》報導，共有 2 屆畢業生：1944 年畢業 39 人，1946年畢業 39 人。[64] 1944 年 39 名畢業生名單如下：

邱啟明、劉勝旟、廖樹涵、束剛、陸受之、朱樹錦、姚世源、王益斌、孫景明、周浚哲、王育民、黃開端、鄭夢周、吳克訓、徐南壽、姚卓、顧錫璋、管鑰、周秉正、王銘生、姚習純、凌熙烺、孫宏干、陳發卷、任發軔、曹挾飛、

[61] 宋霖、劉思祥，《臺灣皖籍人物》，（合肥市：安徽省政協文史資料委員會、安徽省政協港澳臺僑和外事委員會、安徽省社會科學院人物研究所，2001），204-5。

[62] 劉國銘，《中國國民黨百年人物全書》，（北京市：團結出版社，2005），1224。

[63] 劉勝旟，〈行政管理系簡介〉，在《江蘇學院四十年》，江蘇學院四十年編輯小組編，（臺北市：江蘇省立江蘇學院旅臺校友會，1980），42。

[64] 江蘇學院四十年編輯小組，〈歷屆師長同學名錄〉，在《江蘇學院四十年》，江蘇學院四十年編輯小組編，（臺北市：江蘇省立江蘇學院旅臺校友會，1980），235-37。

李留章、唐道鈽、羅道正、周立之、徐壽頤、金萬青、徐仁道、顧祖貽、李學正、韋力田、余家禮、滕海波、曹桐。

1946 年 39 名畢業生名單如下：

于紹武、陸劍豪、鄭金榮、鈕鐘禮、倪思學、朱春生、張錫真、易慶雲、孫繁賓、湯孝彬、林坤煌、陶國鎔、朱嗣同、李德章、沙純、吳仲炳、趙潔如、張蘅蓀、董文染、胡琴棟、易希曾、沈品珍、陳嘉言、吳順松、孫玉書、陳啟明、高余義、宗震益、劉震東、王家勛、徐壽亞、王啟正、彭民和、宗綏、黃藩、楊丘明、葉兆燕、唐瀛蓀、戴園晨。

另據《江蘇省立江蘇學院校史》記載，1946 年畢業的學生還有 6 人，分別是：

宋忠國、莊楚、曹長鑫、鄭源銘、程燮、王毓麟。[65]

綜上，2 屆共有 84 名畢業生。

第三節　國立社會教育學院圖書博物館學系[66]

國立社會教育學院成立於 1941 年 8 月。1938 年 7 月，國民政府教育部提出設立培植社會教育人才專科學校。1939 年 4 月，教育部總字第 996 號令核准於 1940 年設立社會教育學院籌備處，目的是：「培養社會教育高級人才並訓練社會教育幹部人員」。1941 年 1 月，教育部以總字第 1399 號部令派陳禮江、吳俊升、錢雲楷、劉秀洪、邵鶴亭、高陽、楊菊潭、馬宗榮、王星舟九人組成籌備委員會，決議：「院址設首都，在抗戰期間，暫設重慶附近。」1941 年 8 月 25 日，國立社會教育學院開學，9 月 1 日上課。

抗戰勝利後，國立社會教育學院遷至蘇州拙政園辦學。1950 年，國立社會教育學院、江蘇省立教育學院和中國文學院合併為蘇南文化教育學院；1952 年，蘇南文化教育學院與東吳大學、江南大學部分院系合併為蘇南師範學院，同年改名為江蘇師範學院；1982 年，更名為蘇州大學。

---

[65] 江蘇學院校友聯誼會編，《江蘇省立江蘇學院校史》，（不詳：江蘇學院校友聯誼會，2007），117-19。
[66] 張衍、衛瀟、周毅，〈蘇州大學圖書館學專業發展源流探析〉，新世紀圖書館，8 期（2012 年 8 月）：84-88；張衍、程熙、吳品才，〈蘇州大學檔案學教育源流探析——順記周連寬教授和徐家麟教授在蘇州大學的檔案學教學〉，檔案學通訊，5 期（2013 年 9 月）：96-100。

壹、發展歷程與修業年限

國立社會教育學院創院之初設立圖書博物館學系,該系是中國最早設立的國立本科圖書館學專業,在中國近代圖書館學教育史上占有重要地位。其辦學宗旨在「訓練專才,加強社會服務事業的陣容,使學生從學校裡獲得基本的整理與鑒定圖籍和器物的方法─圖書館方法─應用到將來所從事的教導民眾的事業中」。[67]

國立社會教育學院圖書博物館學系在創建辦學的十年中,培養過許多圖書館專業人才。當時在中國高等教育院校中,博物館學尚屬首創,但該系側重於圖書館學。系主任為汪長炳。系內有教授 7 人、副教授 1 人、助教 3 人。教授博物館專業的為荊三林、紀聚賢、沈維鈞等。教授圖書館專業的有魯潤玖、楊家駱(1912-1991)、顧頡剛(1893-1980)、黃元福、岳良木、錢亞新、徐家麟等,除此之外還有嚴文郁、皮高品、熊毓文等。

1950 年,圖書博物館學系停辦。

國立社會教育學院圖書博物館學系修業年限為 4 年。

貳、課程

國立社會教育學院圖書博物館學系在圖書博物館學系的課程設置主要分為一般性課程、技術性課程、學術性課程、輔導性課程四大類。一般性課程包括:圖書館學通論、博物館學通論、圖書館行政與設計、圖書館史、博物館史、特種圖書館學、特種博物館學、教育博物館學;技術性課程包括:圖書編目學、分類學、資料整理法、圖書館經營法、圖書選擇與訂購、圖書館推廣、古蹟古物鑒別法、博物物品整理法、博物館經營法、標本採集與製作、博物館使用法、檔案經營法、打字;學術性課程包括:目錄學、各類名著介紹、版本學、參考書及參考工作、考古學、古物概論、金石學、美術史、史料研究、自然科學、工藝科學、閱覽調查與研究;輔導性課程包括:檢字索引法、問題研究方法、英法德日外國語,尚有選修科目十餘種。[68]

在眾多的課程中,有關檔案學的課程有──檔案經營法、資料整理法(1941 年)。

---

[67] 中華圖書館協會會報編輯部,〈國立社會教育學院圖書博物學系概況〉,**中華圖書館協會會報** 18 卷,1 期(1943 年):5-6。

[68] 同上註。

參、師資

在國立社會教育學院圖書博物館學系任教檔案學的教師主要有兩位，一位是徐家麟，另一位是周連寬。

徐家麟在文華圖專曾教授「英文檔案管理法」（1938 年 7 月至 1939 年 7 月）。[69]在文華圖專舉辦的檔案管理短期職業訓練班中，由徐家麟主講「資料管理」（每週 2 堂課，實習 2 週）。除了在文華圖專的授課經歷外，徐家麟在檔案學著作上亦有建樹，編寫了《西洋檔案通論》、《資料管理》等講義。[70]這也從另一個側面印證了國立社會教育學院開設「檔案經營法」和「資料整理法」的緣由。1941 年，國立社會教育學院圖書博物館學系位於四川璧山縣，即今天的重慶市璧山區；文華圖專位於重慶江北香國寺唐家橋附近的廖家花園（即今天的重慶市江北區華新街附近，相距約 50 公里左右）。[71]此時，徐家麟同時在文華圖專兼任。抗戰勝利後，徐家麟辭去文華圖專的教職，隨國立社會教育學院遷至蘇州，繼續在該校任職。

周連寬（1905-1998），原名周梓賢，曾用名周釗，筆名苦竹齋主、蠹公、寬予，廣東潮州人。1930 年畢業於華中大學文華圖書科，1932 年 8 月任國民政府內政部圖書館主任。在其任職期間因創設「文書檔案連鎖法」而成為國民政府「行政效率運動」中的改革中堅。周連寬在總結其工作經驗的基礎上撰寫和發表了我國檔案學發展歷史上具有劃時代意義的兩本學術專著：《縣政府文書處理法》和《縣政府文書處理法》（國民黨軍事委員會武昌行營第五處印行，1935 年），[72]奠定了他在中國檔案學史上的重要地位。

1945 年抗戰勝利後，周連寬出任上海市立圖書館館長一職，於「丙戌之秋（1946 年），承國立社會教育學院之邀，赴蘇講學」。[73]至此，周連寬也加入了國立社會教育學院圖書博物館學系教授檔案學課程的行列，直到 1948 年 12 月。

---

69 邵金耀，〈檔案教育起源探究〉，**檔案學通訊**，1 期（2006 年）：71-74。
70 同上註。
71 彭敏惠，《**文華圖書館學專科學校的創建與發展**》，（武漢市：武漢大學出版社，2015），87。
72 程煥文，〈周連寬先生生平事跡與學術貢獻——《周連寬教授論文集》前言〉，**圖書情報知識**，1 期（2008 年）：105-10。
73 苦竹齋主（周連寬），〈書林談屑（續）〉，**上海市立圖書館館刊**，4 期（1948）：11-17。

肆、學生

國立社會教育學院圖書博物館學系在辦學的十年間，培養了約 200 名畢業生（見表 4-10）。在戰亂紛飛的年代，圖書博物館學系學生的就業一直比較好。「一來當時培養的圖書館學專業人員較少，而高等學校和學術研究單位的圖書館學專業人才的需求比較大；二來系主任汪長炳和當時任教的老師在圖書館界具有一定的知名度且積極為學生聯絡就業，所以除少數轉專業的學生外，基本上可以找到一份適合的工作」。[74]

國立社會教育學院圖書博物館學系接受過檔案管理課程教育的學生人數，如表 4-10：

表 4-10　國立社會教育學院圖書博物館學系歷年學生人數統計表

學年度	男	女	共計
1945	6	13	19
1946	10	18	28
1947	7	6	13
1948	11	10	21
1949	3	12	15
1950	7	18	25
1951	15	10	25
1952	19	7	26
1953	36	5	41
共計	134	79	213

註：1.1951 屆以前學生數根據《國立社會教育學院概況》一書所載人數統計；2.1952 屆學生數根據 1948 年秋新生入學名單統計；3.1953 屆學生數根據 1949 年 9 月 9 日《蘇南日報》所登我院錄取新生名單及轉學生名單統計。因入學準確數已無檔可查，故誤差較大；4.歷年學生轉學、休學人數未統計在內。

第四節　崇實檔案學校

壹、發展歷程與修業年限

1946 年 3 月，殷鐘麒在重慶創辦私立崇實檔案函授學校，因「中國文書檔

---

[74] 顧華，〈對話錄〉，在《崢嶸歲月》（第三集）——國立社會教育學院建院五十週年紀念，蘇州大學社會教育學院北京上海南京蘇州校友會編，（蘇州市：北京上海南京蘇州校友會，1992），218。

案有其特殊環境，不同習慣，及歷史之演變，今以實際經驗創造之法則，著為講義，用期坐言起行，學得致用，故命名『崇實』之本旨」。[75] 1947 年，學校更名為「私立崇實檔案學校」。[76]該校設有函授部、面授部、出版部，函授部編發講義，用通訊的方式教學。[77]面授部需每班 10 人以上方開班[78]，但面授部至學校關閉未正式開班。[79]函授部分文書處理科、檔案管理科，每一科又分為初級班與高級班。高級班須高中以上學校及本校初級班畢業或具同等學力者方可報考；初級班須初中以上學校畢業或具有同等學力者。初級班主要培養文書檔案佐理之人員，高級班主要培養文書檔案幹部。[80]每期三個月。

1948 年 12 月停辦。[81]

貳、課程

私立崇實檔案學校的函授課程依據科別和班別的不同而有所調整。初級班的課程一般為 4 門，高級班的課程一般為 7 門。

文書處理科初級班的課程為：（1）文書處理概論、（2）檔案管理概論、（3）公文程式、（4）仟字法；檔案管理科初級班的課程為：（1）檔案管理概論、（2）文書處理概論、（3）公文程式、（4）檢字法，見表 4-11。文書處理科高級班的課程為：（1）文書處理緒論、（2）文書處理行政、（3）文書處理原則、（4）文書處理程序及方法（內分總收發文、司科收發文、呈閱、交辦、擬稿、校判、繕校、監印及機密文件各項處理之理論與實際）、（5）公文檢查、（6）公文簡化問題、（7）檔案管理概論；檔案管理科高級班的課程為：（1）檔案管理緒論、（2）檔案管理行政、（3）文書檔案連鎖辦法之實施、（4）檔案管理程序及方法（內分點收、登記、分類、編目、編卷、裝訂、排列、典藏、出納各

---

75 中國第二歷史檔案館，〈私立崇實檔案函授學生招生簡章緣起〉，在《民國時期文書工作和檔案工作資料選編》，中國檔案史資料叢書之三，（北京市：檔案出版社，1987），666。

76 四川地方誌編纂委員會編纂，《四川省誌‧檔案誌‧僑務誌》，（成都市：四川科學技術出版社，2000），105。

77 殷鐘麒，《國民黨時期檔案管理述要》，（北京市：國家檔案局，1959），110。

78 中國第二歷史檔案館，〈私立崇實檔案函授學生招生簡章緣起〉，在《民國時期文書工作和檔案工作資料選編》，中國檔案史資料叢書之三，（北京市：檔案出版社，1987），667。

79 殷鐘麒，《國民黨時期檔案管理述要》，（北京市：國家檔案局，1959），110。

80 中國第二歷史檔案館，〈私立崇實檔案函授學生招生簡章緣起〉，在《民國時期文書工作和檔案工作資料選編》，中國檔案史資料叢書之三，（北京市：檔案出版社，1987），667。

81 殷鐘麒，《國民黨時期檔案管理述要》，（北京市：國家檔案局，1959），110。

項處理之理論與實際）、（5）整理舊卷、（6）公文檢查、（7）文書處理概論[82]，見表 4-11。

　　函授不同於面授，每科講義寄到後，學員按照學校編訂之分週學習進度表指示學習，及應作課題，應答問題；遇有疑難問題，透過詳細填寫習題用紙寄回學校請求解答，經批閱改正，評定等級發還。考試 70 分以上為及格。[83]

表 4-11　私立崇實檔案學校課程設置

科別	班別	課程設置
文書處理科	初級班	（1）文書處理概論、（2）檔案管理概論、（3）公文程式、（4）仟字法
	高級班	（1）文書處理緒論、（2）文書處理行政、（3）文書處理原則、（4）文書處理程序及方法（內分總收發文、司科收發文、呈閱、交辦、擬稿、校判、繕校、監印及機密文件各項處理之理論與實際）、（5）公文檢查、（6）公文簡化問題、（7）檔案管理概論
檔案管理科	初級班	（1）檔案管理概論、（2）文書處理概論、（3）公文程式、（4）檢字法
	高級班	（1）檔案管理緒論、（2）檔案管理行政、（3）文書檔案連鎖辦法之實施、（4）檔案管理程序及方法（內分點收、登記、分類、編目、編卷、裝訂、排列、典藏、出納各項處理之理論與實際）、（5）整理舊卷、（6）公文檢查、（7）文書處理概論

資料來源：中國第二歷史檔案館，〈私立崇實檔案函授學生招生簡章緣起〉，在《民國時期文書工作和檔案工作資料選編》，中國檔案史資料叢書之三，（北京市：檔案出版社，1987），668。

參、師資

　　崇實檔案學校聘有文書檔案管理經驗豐富、領導文書改革運動的行政院秘書長甘乃光擔任名譽董事長，有檔案管理著述的傅振倫擔任校董，見表 4-12。

表 4-12　私立崇實檔案函授學校校董會

類別	姓名	現任職務
名譽董事長	甘乃光	現任行政院秘書長
董事長	高顯鑑	現任修平學院董事長
校董	胡秋原	現任國民參議員、國大代表
	李樸生	現任廣州市地政局長、國大代表
	傅振倫	現任私立東北中正大學教授兼圖書館館長
	席薪齋	現任四川糧食儲運局局長

---

[82] 中國第二歷史檔案館，〈私立崇實檔案函授學生招生簡章緣起〉，在《民國時期文書工作和檔案工作資料選編》，中國檔案史資料叢書之三（北京市：檔案出版社，1987），668。

[83] 同上註，667。

類別	姓名	現任職務
	袁承祐	現任糧食部參事
	胡次威	現任內政部次長
	富伯平	現任行政院參事

資料來源：中國第二歷史檔案館，〈私立崇實檔案函授學生招生簡章緣起〉，在《民國時期文書工作和檔案工作資料選編》，中國檔案史資料叢書之三，（北京市：檔案出版社，1987），669。

在任課教師方面，有殷鐘麒、鐘舒余、何晉琮、苗作斌、劉澤統、張星泉，共6人，見表4-13。每一位專任教師均有文書檔案管理的實務經驗。這點與文華圖專的師資結構非常的不一樣，也突顯出崇實檔案學校「崇實」的旨趣。

表 4-13　私立崇實檔案函授學校專業教師一覽

類別	姓名	現任職務
校長	殷鐘麒	主持檔案十載，經歷九大機關案卷，歷任檔案講師、指導員、主任、薦任股長等職。文書檔案著述二十餘種。
教師	鐘舒余	教育部前檔案主持人
	何晉琮	中央設計局檔案主持人
	苗作斌	財政部花紗布管理局檔案主持人
助教	劉澤統	四川省永川縣政府檔案主持人
	張星泉	四川省財政廳檔案主持人

資料來源：中國第二歷史檔案館，〈私立崇實檔案函授學生招生簡章緣起〉，在《民國時期文書工作和檔案工作資料選編》，中國檔案史資料叢書之三，（北京市：檔案出版社，1987），669。

肆、學生

崇實檔案學校招生「不拘年齡，不分性別，均可入學」。[84]因面授部未正式開班過，故所招學生均為函授生。據殷鐘麒《國民黨時期檔案管理述要》稱：

從一九四六年三月開辦起，至一九四八年十二月停辦時止，歷時兩年又九個月，共計招生二九四人。[85]

故，崇實檔案學校共計招生294人，畢業人數未知。學生年齡在16-61歲，男女皆有。[86]

---

[84] 中國第二歷史檔案館，〈私立崇實檔案函授學生招生簡章緣起〉，在《民國時期文書工作和檔案工作資料選編》，中國檔案史資料叢書之三，（北京市：檔案出版社，1987），667。

[85] 殷鐘麒，《國民黨時期檔案管理述要》，（北京市：國家檔案局，1959），110。

[86] 四川地方誌編纂委員會編纂，《四川省誌・檔案誌・僑務誌》，（成都市：四川科學技術出版社，2000），105。

第五章 海峽兩岸檔案學教育發展
（1945-2016）

　　本章主要探討海峽兩岸檔案學教育發展，分別從「沿革」與「現況」兩個方面展開論述。中國大陸檔案學教育沿革的時間範圍為 1949 年至 2016 年，臺灣檔案學教育沿革的時間範圍從臺灣光復的 1945 年至 2016 年，時間的劃分上稍有不同。海峽兩岸檔案學教育現況分別從系所設置、學科隸屬與學位授予、地理分布、入學方式與考試、學生、教師等六個方面展開。

第一節　中國大陸檔案學教育沿革（1949-2016）

　　徐擁軍、張斌將中國大陸檔案高等教育劃分為 5 個階段：初創時期（1949年之前）、重新創建時期（1949 年至 1966 年）、停滯時期（1967 年至 1977 年）、發展時期（1978 年至 1997 年）、變革時期（1998 年至今）。[1]這種劃分為當前學術界對中國大陸檔案學教育時期劃分的一種主流意見，如馬晴的博士論文《中國檔案學專業人才培養模式研究》在回溯中國大陸檔案學高等教育專業歷史時，持相同觀點。[2]本節將 1949 年以來的中國大陸檔案學教育發展的歷史階段分為如下幾個時期：

壹、檔案學教育重構、調整與發展（1949-1966）

　　1949 年，中華人民共和國成立之後，中國大陸開始著手重建檔案學教育體

---

[1] 徐擁軍、張斌，〈中國大陸檔案高等教育發展研究〉，（論文發表在 2011 年海峽兩岸檔案暨縮微學術交流會，北京市，2011 年 7 月 22-23 日），102-19。

[2] 馬晴，〈中國檔案學專業人才培養模式研究〉，（博士論文，中國人民大學，2015），47-51。

系。這一時期，檔案學正規教育主要集中在中國人民大學。同一時期，其他的檔案學教育還有 1950 年 10 月中南軍政委員會和湖北省人民政府委託文華圖專開辦檔案資料管理訓練班、1951 年北京大學圖書館學專科為培養檔案人員開設了檔案資料專修班[3]、1958 年天津市河北區幹部大學（現名河北區職工大學）開辦的檔案系[4]以及復旦大學、上海第一師範學院率先在正規大學開設檔案專業課程，聘請上海市人民委員會辦公廳副主任、檔案管理處處長林德明擔任歷史系檔案學課程的講授等。[5]除了在大學開展的正規檔案學教育與檔案課程之外，中國大陸從中央到地方分別舉行了各種類型的檔案幹部培訓班，如：1964 年，內蒙古自治區為培養蒙族檔案專業幹部、加強邊境和牧區的檔案工作，在內蒙古大學歷史系舉辦了用蒙語授課的檔案訓練班。在此之前，他們還舉辦了十幾期檔案幹部訓練班。[6]

下面將重點介紹這一時期中國人民大學檔案學教育。

一、中國人民大學檔案學教育

中國人民大學可以追溯到 1937 年誕生的陝北公學，以及後來的華北聯合大學和華北大學。1949 年 12 月 16 日，中國大陸中央人民政府政務院第十一次政務會議根據中共中央政治局的建議，通過了《關於成立中國人民大學的決定》。1950 年 10 月 3 日，以華北大學為基礎合並組建的中國人民大學舉行開學典禮，成為中國大陸創辦的第一所新型正規大學。[7]

（一）發展歷程

1952 年 4 月，中共中央辦公廳、組織部和宣傳部委託中國人民大學籌辦檔案專修班，當年 11 月 15 日檔案專修班正式開學，這是中華人民共和國創辦檔案高等教育的開端。1953 年 7 月，中國人民大學檔案專修班擴大為檔案專修

3　吳寶康、鄒家煒、董儉、周雪恆編，《中華人民共和國檔案工作紀實》，（西寧市：青海人民出版社，1983），9。

4　王景高、馮伯群、李向罡編，《當代中國檔案事業實錄》，（北京市：檔案出版社，1993），180。

5　上海檔案誌編纂委員會，《上海檔案誌》，（上海市：上海社會科學院出版社，1999），檢索於 2017 年 2 月 4 日，http://www.shtong.gov.cn/node2/node2245/node4511/node54552/index.html。

6　吳寶康、鄒家煒、董儉、周雪恆編，《中華人民共和國檔案工作紀實》，（西寧市：青海人民出版社，1983），71。

7　中國人民大學，〈大學簡介〉，中國人民大學網站，最後更新於 2015 年 12 月 31 日，檢索於 2017 年 2 月 4 日，http://www.ruc.edu.cn/intro。

科。1955 年 4 月，根據國務院和高等教育部的決定，在中國人民大學檔案專修科的基礎上創辦歷史檔案系，同年 9 月開始招收四年制本科生。[8] 同時繼續招收專修學生。[9] 1956 年 5 月 22 日，中國人民大學歷史檔案系改名為檔案系。[10] 1957 年 4 月，中國人民大學檔案系又更名為歷史檔案系。[11] 1958 年 9 月，中國人民大學歷史檔案系開辦兩年制技術檔案專修科，培養技術檔案幹部。[12]

這一時期，中國人民大學檔案學教育主要集中 3 個學歷 4 個類別，即專修科、本科和研究生班三個學歷，四個類別分別是檔案專修科、技術檔案專修科、本科和研究生班，見表 5-1。

表 5-1　中國人民大學檔案專業教育概況（1952-1966）

科別	修業時間	入學人數	小計	畢業人數	小計
檔案專修科	1952.11-1953.7	103	711	103	709
	1953.9-1954.7	99		99	
	1954.9-1955.7	112		112	
	1955.9-1957.1	147		145	
	1960.9-1961.7	96		96	
	1961.9-1962.7	50		50	
	1962.9-1963.7	50		50	
	1963.9-1964.7	54		54	
技術檔案專修科	1958.9-1960.7	26	289	26	289
	1959.9-1960.7	72		72	
	1961.9-1962.7	51		51	
	1962.9-1963.7	97		97	
	1963.9-1964.7	43		43	
本科	1955.9-1959.7	51	701	51	697
	1956.9-1960.7	117		116	
	1957.9-1961.7	91		90	
	1958.9-1962.7	122		121	
	1959.9-1963.7	95		94	
	1960.9-1964.7	70		70	
	1961.9-1968.9	38		38	
	1962.9-1968.9	20		20	

8　徐擁軍、張斌，〈中國大陸檔案高等教育發展研究〉，（論文發表在 2011 年海峽兩岸檔案暨縮微學術交流會，北京市，2011 年 7 月 22-23 日），102-19。
9　王景高、馮伯群、李向罡編，《當代中國檔案事業實錄》，（北京市：檔案出版社，1993），179。
10　中國人民大學校史研究叢書編委會編，《中國人民大學紀事（1937-2007）[上卷]》，（北京市：中國人民大學出版社，2007），143。
11　同上註，150。
12　王景高、馮伯群、李向罡編，《當代中國檔案事業實錄》，（北京市：檔案出版社，1993），180。

科別	修業時間	入學人數	小計	畢業人數	小計
	1963.9-1968.12	24		24	
	1964.9-1968.12	33		33	
	1965.9-1970.7	40		40	
研究生班	1952.1[13]-1954.1	9	56	9	56
	1953.9-1955.7	27		27	
	1956.9-1958.7	20		20	
合計	-	-	1,757	-	1,751

資料來源：中國人民大學檔案學院，《中國人民大學檔案學院校友錄（1952-1987）》，（北京市：中國人民大學檔案學院，1987），36-129。

（二）修業年限

中國人民大學檔案學教育的修業年限因科別的不同而不同。1952 至 1966 年間，檔案專修科共招收 8 屆學生，招生年分分別是 1952、1953、1954、1955、1960、1961、1962、1963，修業年限為一年。但第四屆（1955.9-1957.1）修業年限為 1.5 年。[14]技術檔案專修科的初始的修業年限為 2 年，但是自第二屆起，修業年限便調整成 1 年。本科班的修業年限為 4 年，從 1955 年自 1960 年入學的本科生均為 4 年制。1961 年，中國人民大學歷史檔案系本科專業學制調整為 5 年。[15]但隨後，因中國大陸進入「文化大革命」時期，社會動盪不安，中國人民大學被裁撤等一系列因素，1961 年起至 1965 年入學的本科專業的修業年限起伏不定。1961 至 1964 年入學的本科生，均於 1968 年畢業，其修業年限分別為 7 年、6 年、4.5 年、3.5 年。只有 1965 年 9 月入學的這一屆學生按照 5 年修業的要求，於 1970 年 7 月畢業。

1952 至 1966 年間，中國人民大學共招收 3 屆檔案學研究生班，分別為 1952 年底、1953 年 9 月、1956 年 9 月，修業年限為 2 年。

---

[13] 此處時間有誤，應為 1952 年底，而非 1952 年 1 月。可參見：中國人民大學信息資源管理學院，《中國人民大學信息資源管理學院簡史(1952-2012)》，（北京市：中國人民大學信息資源管理學院，2012），10；程桂芬，《一個老檔案工作者的回憶》，（北京市：中國檔案出版社，1999），13。

[14] 中國人民大學檔案學院，《中國人民大學檔案學院校友錄（1952-1987）》，（北京市：中國人民大學檔案學院，1987），52-58。

[15] 中國人民大學校史研究叢書編委會編，《中國人民大學紀事（1937-2007）[上卷]》，（北京市：中國人民大學出版社，2007），175。

（三）課程

　　1952 年 11 月，中國人民大學檔案專修班開學之處，課程由蘇聯專家謝列
茲聶夫講授，採用的均為蘇聯莫斯科歷史檔案學院的課程，共有六門。分別是：
蘇聯檔案工作理論與實踐、蘇聯檔案史、蘇聯文書處理工作、蘇聯文獻公布學、
蘇聯檔案保護技術學、蘇聯科技檔案。[16]

　　從檔案專修班到檔案專修科開始，中國教員就開始遵循「求真務實，洋為
中用」的原則，探索和構建中國化檔案學理論體系和課程體系。[17] 1955 年 4
月，中國人民大學歷史檔案系成立後，在近三年的時間內，獨立開發出的專業
課已發展到七門，即：檔案工作理論與實踐、文書處理學、中國國家機關史、
中國檔案史、檔案保護技術學、檔案文獻公布學、蘇聯檔案史等。[18] 1959 年，
檔案學課程體系擴展到九門專業基礎課和專業課，即：檔案學概論、公文檔案
學、技術檔案學、影片照片錄音檔案管理、檔案保管技術學、檔案公布學、
中國檔案史、世界檔案史、文書學等。並出版了一批內部教材，如《檔案管理
學》、《檔案保管技術學》、《文書學講義》、《中國檔案史講義》、《技術檔案管
理學》等。[19]

（四）師資

　　中國人民大學在創辦檔案專修班時沒有專業師資。第一位前來任教的乃蘇
聯專家謝列茲聶夫。謝列茲聶夫自 1952 年 11 月開始在人大任教，1955 年 6 月
回國。其後，中國人民大學培養出一支以本土學者為主的專任教師隊伍。1952
至 1966 年間共有 121 人次學者擔任中國人民大學檔案專業教職員工，見表 5-
2。除 14 人離職時間不詳之外，另有 38 人在 1966 年（含 1966 年）以前從中
國人民大學離職。據此推斷，1966 年之前，至少有 69 人長期在中國人民大學
檔案專業任職。

---

[16] 中國人民大學信息資源管理學院，《中國人民大學信息資源管理學院簡史（1952-2012）》，（北京市：
中國人民大學信息資源管理學院，2012），13。
[17] 同上註。
[18] 同上註。
[19] 同上註，14。

表 5-2　中國人民大學教職員表（1952-1966）

入職年分	教職員	曾任教職員（離職時間）
1952	吳寶康、韋慶遠、韓玉梅、王淑琴	田奇（1953）、遲華（1973）、韓毅（1953）、李鳳樓（1957）、田鳳起（1955）、王明哲（1955）、張佩玉（1952）、姜紹珍（1960）、呂洪宇（1952）、蘇秀雲（1952）
1953	陳兆祿、于彤	張惠仁（1953）
1954	馮明、馮樂耘、潘嘉、劉鳳志、嚴學勇	程桂芬（1959）、何其燔（1954）、陳煥章（1959）、李毅（1974）、劉峰（1954）、張萱成（1954）、徐增明（1993）、馬馨（1974）、何蘇仲（1955）、程素珊（1980）、石靖（1954）
1955	金美英、潘賢英、薛美珍、趙踐	施淑賢（1964）、何錦珊（1955）、周傳蓉（1955）、白吉庵（1955）、呂殿樓（1974）、王秉學（1974）、王德元（1955）、李進修（1974）、張明（1963）
1956	吳奇衍、周解	陳彩珍（1974）、李子輝（1956）
1957	丁永奎、段善芳、陸晉蘐、張我德、劉正業、曹潤芳、張濱、范濯蓮	趙德芳（1963）、劉慧（1963）
1958	劉文源、沈永年、李鳳英、蔡國柱	李友青（1974）、劉玉芳（1958）、陳詒璽（1958）、吳以文（1961）、杜襟南（1961）
1959	松世勤、劉光祿、和寶榮、周雪恆、張恩慶、胡讓	鞠德源（1970）、王景高（1961）、閻瑞英（1963）
1960	黃坤坊、趙惠豐、王傳宇、曹喜琛、胡惠秋、鄧紹興、翁童、朱蘭芳、鄒家煒、李鴻健、董儉、高鵬雲	陳明顯（1974）、李蘭馥（1960）、鄭守躍（1962）、傅瑞娟（1966）、陳志能（1963）、趙琴（1974）、王君彩（1970）、饒友基（1975）、梅岱（1974）、張瑩瑩（1960）
1961	陳智為	宗生（1964）-
1962	馬驥	-
1963	韓寶華	陳錫章（1970）
1964	王德俊、黃武	-
1965	-	-
1966	-	-
不詳	-	段翠仙、郭志箴、王道宏、徐若增、孫敏、王淑英、張真、張寬、向曉、梁淑瑩、戴澧、馬貴裕、徐炳輝、黎恆

資料來源：中國人民大學檔案學院，《中國人民大學檔案學院校友錄（1952-1987）》，（北京市：中國人民大學檔案學院，1987），196-200。

（五）學生

　　1952 至 1966 年間，中國人民大學檔案專修科招收 8 屆學生，共 711 人，畢業 709 人，2 人肄業。技術檔案專修科招收 5 屆學生，共 289 人，畢業 289

人。本科招收 11 屆學生，共 701 人，697 人畢業，肄業 4 人。研究生班招收 3 屆學生，共 56 人，畢業 56 人，見表 5-1。

貳、檔案學教育動盪、拆解與停滯（1967-1977）

1966 年 5 月，「文化大革命」開始，中國人民大學歷史檔案系師生的正常教學工作被打斷，本學年招收新生的工作被迫停止。[20] 1970 年 10 月，北京市革命委員會通知中國人民大學停辦。[21] 1973 年 10 月 10 日，中共北京市委、市革委通知，撤銷中共中國人民大學領導小組和中國人民大學革命委員會。軍宣隊全部撤離學校。中國人民大學正式宣告結束。[22] 1974 年 5 月，中國人民大學歷史檔案系停辦。檔案專業的教師被迫改行，教學儀器、設備、圖書、資料等被分散。[23]

這一時期檔案正規教育處於停滯發展狀態。僅部分地區舉辦檔案培訓班，如《上海檔案誌》報導：1975 年 12 月 3 日，上海市革委會機關業餘大學開辦文書檔案班，採取「學員上大學、辦大學、管大學」的辦學方針。[24]

參、檔案學教育再起、震盪與調整（1978-1997 年）

文化大革命結束之後，1978 年中國人民大學復校，歷史檔案系同時恢復並改名檔案系，於當年開始招收本科生。

1979 年到 1997 年間，中國人民大學二分校（1979 年，後改名為北京聯合大學）、合肥聯合大學（1981 年）、吉林市聯合大學（1981 年）、南開大學分校（1981 年，後併入天津師範大學）、四川大學（1981 年）、遼寧大學（1981 年）、復旦大學分校（1982 年，後併入上海大學）、杭州大學（1981 年，後併入浙江大學）、蘇州大學（1983 年）、安徽大學（1983 年）、河北大學（1983 年）、雲

---

[20] 王景高、馮伯群、李向罡編，《當代中國檔案事業實錄》，（北京市：檔案出版社，1993），181。

[21] 中國人民大學校史研究叢書編委會編，《中國人民大學紀事（1937-2007）[上卷]》，（北京市：中國人民大學出版社，2007），240。

[22] 同上註，246。

[23] 王景高、馮伯群、李向罡編，《當代中國檔案事業實錄》，（北京市：檔案出版社，1993），181。

[24] 上海檔案誌編纂委員會，《上海檔案誌》，（上海市：上海社會科學院出版社，1999），檢索於 2017 年 2 月 4 日，http://www.shtong.gov.cn/node2/node2245/node4511/node54552/index.html。

南大學（1984 年）、武漢大學（1984 年）、黑龍江大學（1984 年）、鄭州航空工業管理學院（1985 年）、西北大學（1985 年）、江西大學（1986 年，後併入南昌大學）、南京大學（1986 年）、中國人民解放軍空軍政治學院（1986 年，後併入南京政治學院上海分院）、中山大學（1986 年）、吉林大學（1986 年）、鄭州大學（1987 年）、湖北大學（1993 年）、山東省委黨校（1993 年）、湘潭大學（1993 年）、廣西民族學院（1995 年，後改為廣西民族大學）等多所大學先後創辦了本科學歷的檔案專業教育。改變了過去中國人民大學獨家開設檔案高等教育的局面，見表 5-3。

1979 年 9 月，中國人民大學檔案系首次招收研究生 4 名（中外政治制度專業）。[25] 1982 年，該系首次招收檔案學碩士研究生 2 名，學制三年。[26]馮惠玲、丁志民成為中國大陸首批檔案學碩士學位獲得者。[27] 1997 年之前，招收檔案學碩士的學校還有中山大學（1993 年）和蘇州大學（1994 年）。

1993 年，中國大陸的國務院學位委員會批准中國人民大學歷史文獻學（含檔案學）博士學位點授予權[28]，又先後批准曹喜琛、王傳宇為歷史文獻學（含檔案學）博士生指導教授。[29] 1997 年培養出中國大陸第一批檔案學博士。馮惠玲、夏宏圖成為中國大陸培養的第一批檔案學博士。

這一時期，檔案專業教育的學歷除了本科、碩士、博士之外，大量的學校亦開設檔案專科教育，學制三年。如鄭州航空工業管理專科學校（現鄭州航空工業管理學院）在 1979 年設立了中國大陸第一個專門培養科技檔案管理人員的技術檔案系，見表 5-3。

[25] 中國人民大學信息資源管理學院，《中國人民大學信息資源管理學院簡史（1952-2012）》，（北京市：中國人民大學信息資源管理學院，2012），66。

[26] 同上註 69。

[27] 同上註，144。

[28] 中國人民大學校史研究叢書編委會編，《中國人民大學紀事（1937-2007）[上卷]》，（北京市：中國人民大學出版社，2007），489。

[29] 中國人民大學信息資源管理學院，《中國人民大學信息資源管理學院簡史（1952-2012）》，（北京市：中國人民大學信息資源管理學院，2012），81-82。

表 5-3　1978-1997 年中國大陸檔案專業高等教育學校舉要

院校系所	年分	學歷				
		專科	本科	雙學位	碩士	博士
中國人民大學檔案系（檔案學院）[30]	1978	1984	1978	-	1979/1982	1994
中國人民大學二分校（北京聯合大學應用文理學院）[31]	1979		1979	-	-	-
鄭州航空工業管理學校技術檔案系（鄭州航空工業管理學院科技檔案管理系）[32]	1979	1979	1985			
天津新華職工大學[33]	1979	1979	-			
南京金陵職業大學文法系[34]	1980	1980				
天津市河北業餘大學（天津河北區職工大學）[35]	1980	1980				
內蒙古大學[36]	1981	1981				
合肥聯合大學[37]	1981	-	1981			
北京宣武區紅旗業餘大學檔案系[38]	1981	1981				
吉林市聯合大學[39]	1981	-	1981			
南開大學分校檔案系（天津師範大學）[40]	1981	-	1981			
四川大學歷史系[41]	1981	-	1981			
遼寧大學歷史系[42]	1981	-	1981			
復旦大學分校（上海大學檔案學系）[43]	1981	1981	1982			
杭州大學	1982	-	1982			
中國人民大學函授學院	1982	1982	-	-	-	-

---

[30] 北京市地方誌編纂委員會編著，《北京誌‧檔案卷‧檔案誌》，（北京市：北京出版社，2003），354-55。

[31] 同上註，355-56。

[32] 河南省地方史誌編纂委員會編纂，《河南省誌‧檔案誌》，第 89 篇，（鄭州市：河南人民出版社，1994），131。

[33] 天津市地方誌編修委員會編著，《天津通誌‧檔案誌》，（天津市：天津社會科學院出版社，1999），362-63。

[34] 江蘇省地方誌編纂委員會編，《江蘇省誌‧檔案誌》，（南京市：江蘇古籍出版社，1996），282-83。

[35] 天津市地方誌編修委員會編著，《天津通誌‧檔案誌》，（天津市：天津社會科學院出版社，1999），360-62。

[36] 吳寶康、鄒家煒、董儉、周雪恆編，《中華人民共和國檔案工作紀實》，（西寧市：青海人民出版社，1983），132。

[37] 安徽省地方誌編纂委員會編，《安徽省誌‧檔案誌》，（北京市：方誌出版社，1998），136。

[38] 北京市地方誌編纂委員會編著，《北京誌‧檔案卷‧檔案誌》，（北京市：北京出版社，2003），356。

[39] 吳寶康、鄒家煒、董儉、周雪恆編，《中華人民共和國檔案工作紀實》，（西寧市：青海人民出版社，1983），132。

[40] 天津市地方誌編修委員會編著，《天津通誌‧檔案誌》，（天津市：天津社會科學院出版社，1999），348-52。

[41] 吳寶康、鄒家煒、董儉、周雪恆編，《中華人民共和國檔案工作紀實》，（西寧市：青海人民出版社，1983），132。

[42] 同上註。

[43] 同上註。

院校系所	年分	學歷				
		專科	本科	雙學位	碩士	博士
山東大學[44]	1982	1982	1989	-	-	-
蘇州大學歷史系[45]	1983	-	1983	-	1994	-
河北大學歷史系[46]	1983	1985	1983	-	-	-
安徽大學[47]	1983	1985	1983	-	-	-
貴州人民大學[48]	1983	1983	-	-	-	-
陝西師範大學大學夜校[49]	1983	1983	-	-	-	-
江漢大學中文秘書系	1983	1983	-	-	-	-
武漢大學圖書館學系（圖書情報學院）[50]	1984	-	1984	-	-	-
雲南大學歷史系（雲南大學檔案系）[51]	1984	1987	1984	-	-	-
南京能源學院[52]	1984	1984	-	-	-	-
黑龍江大學歷史系[53]	1984	-	1984	-	-	-
貴陽金築大學文法系[54]	1984	1984	-	-	-	-
西藏民族學院歷史系[55]	1985	1985	-	-	-	-
西北大學[56]	1985	-	1985	-	-	-
中央廣播電視大學[57]	1985	1985	-	-	-	-
廣州大學[58]	1985	1985	-	-	-	-
江西大學（南昌大學）[59]	1985	1985	1986	-	-	-
南京大學圖書情報系[60]	1986	-	1986	1986	-	-

44 山東省地方史誌編纂委員會編，《山東省誌・檔案誌（1991-2005）》，（濟南市：山東人民出版社，2014），216-17。

45 江蘇省地方誌編纂委員會編，《江蘇省誌・檔案誌》，（南京市：江蘇古籍出版社，1996），283-85。

46 河北省地方誌編纂委員會編，《河北省誌・檔案誌》，第85卷，（石家莊市：河北人民出版社，1994），251。

47 安徽省地方誌編纂委員會編，《安徽省誌・檔案誌》，（北京市：方誌出版社，1998），136。

48 貴州省地方誌編纂委員會編，《貴州省誌・檔案誌》，（貴陽市：貴州人民出版社，2002），271。

49 陝西省地方誌編纂委員會編，《陝西省誌・檔案誌》，第56卷，（西安市：陝西人民出版社，1991），244-46。

50 石山主編，《湖北省檔案誌：1949-2000》，（武漢市：湖北人民出版社，2011），89-90。

51 雲南省檔案局（館）編，《雲南省誌・檔案誌》，卷79，（昆明市：雲南人民出版社，2000），248-49。

52 江蘇省地方誌編纂委員會編，《江蘇省誌・檔案誌》，（南京市：江蘇古籍出版社，1996），286。

53 黑龍江省地方誌編纂委員會編，《黑龍江省誌・檔案誌》，第54卷，（哈爾濱市：黑龍江人民出版社，1996），389-90。

54 貴州省地方誌編纂委員會編，《貴州省誌・檔案誌》，（貴陽市：貴州人民出版社，2002），271。

55 陝西省地方誌編纂委員會編，《陝西省誌・檔案誌》，第56卷，（西安市：陝西人民出版社，1991），246-48。

56 同上註，244。

57 中國人民大學校史研究叢書編委會編，《中國人民大學紀事（1937-2007）[上卷]》，（北京市：中國人民大學出版社，2007），328。

58 廣東省地方史誌編纂委員會編，《廣東省誌・檔案誌》，（廣州市：廣東人民出版社，2004），281。

59 江西省檔案誌編纂委員會編，《江西省・檔案誌》，（合肥市：黃山書社，1998），154。

60 江蘇省地方誌編纂委員會編，《江蘇省誌・檔案誌》，（南京市：江蘇古籍出版社，1996），285-86。

院校系所	年分	學歷				
		專科	本科	雙學位	碩士	博士
中國人民解放軍空軍政治學院[61]	1986	-	1986	-	-	-
中山大學歷史系（信息管理系）[62]	1986	-	1986	-	1993	-
吉林大學	1986	-	1986	-	-	-
福建師範大學[63]	1986	1986	-	-	-	-
鄭州大學歷史系[64]	1987	-	1987	-	-	-
揚州師範學院夜大[65]	1987	1987	-	-	-	-
重慶工業管理學院企管系[66]	1987	1987	-	-	-	-
昆明師專夜大[67]	1987	1987	-	-	-	-
廣州師範學院[68]	1988	1988	-	-	-	-
湖北大學[69]	1988	1988	1993	-	-	-
貴州大學[70]	1992	1992	-	-	-	-
貴州師範大學[71]	1992	1992	-	-	-	-
山東省委黨校[72]	1993	1993	1993	-	-	-
湘潭大學	1993	-	1993	-	-	-
重慶社會大學[73]	1993	1993	-	-	-	-
廣西民族學院	1995	-	1995	-	-	-

　　除了高等教育之外，中等專業學校和職業高中體系中的檔案專業也發展迅速，見表 5-4。在各地舉辦檔案中專班或檔案職業班，如北京、天津、南京、西安、石家莊、哈爾濱、揚州、鄭州、常州、合肥、蚌埠、黃岡、濰坊、安慶、焦作、開封、秦皇島等地。這些中專學校迅速增加，但也迅速停辦了，如：山東省濰坊市檔案局於 1994 年委託濰坊第一職業中專培養文秘檔案專業學生。

---

[61] 王景高、馮伯群、李向罡編，《當代中國檔案事業實錄》，（北京市：檔案出版社，1993），186。

[62] 廣東省地方史誌編纂委員會編，《廣東省誌‧檔案誌》，（廣州市：廣東人民出版社，2004），279-81。

[63] 福建省地方誌編纂委員會編，《福建省誌‧檔案誌》，（北京市：方誌出版社，1997），92-93。

[64] 河南省地方史誌編纂委員會編纂，《河南省誌‧檔案誌》，第 89 篇，（鄭州市：河南人民出版社，1994），131-32。

[65] 江蘇省地方誌編纂委員會編，《江蘇省誌‧檔案誌》，（南京市：江蘇古籍出版社，1996），286-87。

[66] 重慶市檔案局編纂，《重慶市誌‧檔案誌（1986-2005）》，（重慶市：西南師範大學出版社，2008），301。

[67] 雲南省檔案局（館）編，《雲南省誌‧檔案誌》，卷 79，（昆明市：雲南人民出版社，2000），252-。

[68] 廣東省地方史誌編纂委員會編，《廣東省誌‧檔案誌》，（廣州市：廣東人民出版社，2004），284。

[69] 石山主編，《湖北省檔案誌：1949-2000》，（武漢市：湖北人民出版社，2011），89-90。

[70] 貴州省地方誌編纂委員會編，《貴州省誌‧檔案誌》，（貴陽市：貴州人民出版社，2002），272。

[71] 同上註。

[72] 山東省地方史誌編纂委員會編，《山東省誌‧檔案誌（1991-2005）》，（濟南市：山東人民出版社，2014），217。

[73] 重慶市檔案局編纂，《重慶市誌‧檔案誌（1986-2005）》，（重慶市：西南師範大學出版社，2008），302。

1996 年，該專業停止招生，且山東省各市（地）在當地中等學校開辦的檔案專業教學班也先後停辦。[74]

表 5-4 1978-1997 年中國大陸中等專業、職業高中開設檔案專業學校舉要

校名	招生時間	專業
天津紅橋區職工中等專業學校[75]	1981	文書檔案專業
天津紅橋區文書檔案職業高級中學[76]	1983	檔案專業
天津和平區職工中等專業學校[77]	1983	文書與檔案專業
石家莊市第二十八中學[78]	1983	文秘檔案
北京市第 129 中學（北京市文秘檔案職業學校）[79]	1983	文書檔案
河北省經濟管理幹部學院[80]	1983	檔案中專班
西安市第十二中學[81]	1984	檔案專業
北京西城區西四中學[82]	1984	文秘檔案
北京海淀區西苑中學[83]	1984	檔案管理
北京崇文區第 116 中學[84]	1984	檔案專業
北京豐臺區雲崗第二中學[85]	1984	檔案專業
北京豐臺區東高地中學[86]	1984	檔案專業
長春檔案職業學校（原長春市第四職業高中）[87]	1985	檔案專業
西安市第二十八中學[88]	1985	文書檔案職業班
哈爾濱市第一女子高級職業中學[89]	1985	文秘檔案班

---

[74] 山東省地方史誌編纂委員會編，《山東省誌・檔案誌（1991-2005）》，（濟南市：山東人民出版社，2014），217。

[75] 天津市地方誌編修委員會編著，《天津通誌・檔案誌》，（天津市：天津社會科學院出版社，1999），364-66。

[76] 同上註，352-55。

[77] 同上註，363-64。

[78] 河北省地方誌編纂委員會編，《河北省誌・檔案誌》，第 85 卷，（石家莊市：河北人民出版社，1994），255。

[79] 北京市地方誌編纂委員會編著，《北京誌・檔案卷・檔案誌》，（北京市：北京出版社，2003），358。

[80] 河北省地方誌編纂委員會編，《河北省重慶市誌・檔案誌》，第 85 卷，（石家莊市：河北人民出版社，1994），251-52。

[81] 陝西省地方誌編纂委員會編，《陝西省誌・檔案誌》，第 56 卷，（西安市：陝西人民出版社，1991），251-52。

[82] 北京市地方誌編纂委員會編著，《北京誌・檔案卷・檔案誌》，（北京市：北京出版社，2003），358。

[83] 同上註。

[84] 同上註。

[85] 同上註。

[86] 同上註。

[87] 吉林省檔案學教育處，〈長春檔案職業學校成立〉，**檔案工作**，7 期（1985 年）：24。

[88] 陝西省地方誌編纂委員會編，《陝西省誌・檔案誌》，第 56 卷，（西安市：陝西人民出版社，1991），252-53。

[89] 黑龍江省地方誌編纂委員會編，《黑龍江省誌・檔案誌》，第 54 卷，（哈爾濱市：黑龍江人民出版社，1996），391-92。

校名	招生時間	專業
揚州城區高中職業班[90]	1985	檔案職業班
鄭州市第三職業中等學校[91]	1985	檔案專業
南京三十六中學[92]	1985	檔案班
常州輕工業學校[93]	1986	檔案專業
秦皇島職業中學[94]	1986	文秘檔案
開封市第二職業中專[95]	1986	檔案專業
焦作市第十二中學[96]	1986	檔案專業
湖北函授大學[97]	1987	檔案中專班
沙市職業教育中心[98]	1988	檔案專業
合肥經濟管理學校[99]	1990	檔案專業
蚌埠職業教育中心[100]	1990-1993	檔案專業
安慶求實中學[101]	1990-1993	文書檔案班
黃岡地區財貿中專學校[102]	1991	檔案中專委培班
濰坊第一職業中專[103]	1994	文秘檔案專業

為了解決檔案管理人才和幹部嚴重不足的困境，滿足當下檔案事業發展的需求，各地在學校教育、專業教育之外，紛紛舉辦培訓班等非學歷教育。以陝西省為例，1979 年至 1987 年間，該省先後舉辦了 13 期省級層面的檔案業務幹部訓練班。時間在一個月至一年之間。在開設課程類別上有文書檔案、科技檔案分開辦學，有的綜合辦理。學習課程有文書學、文書檔案管理學、科技檔案管理學、檔案史料編纂學、檔案保護技術學等五門。針對不同對象，課程重

90　江蘇省地方誌編纂委員會編，《江蘇省誌‧檔案誌》，（南京市：江蘇古籍出版社，1996），291。

91　河南省地方史誌編纂委員會編纂，《河南省誌‧檔案誌》，第 89 篇，（鄭州市：河南人民出版社，1994），132。

92　江蘇省地方誌編纂委員會編，《江蘇省誌‧檔案誌》，（南京市：江蘇古籍出版社，1996），282-83。

93　同上註，290-91。

94　河北省地方誌編纂委員會編，《河北省重慶市誌‧檔案誌》，第 85 卷，（石家莊市：河北人民出版社，1994），255。

95　河南省地方史誌編纂委員會編纂，《河南省誌‧檔案誌》，第 89 篇，（鄭州市：河南人民出版社，1994），132。

96　同上註。

97　石山主編，《湖北省檔案誌：1949-2000》，（武漢市：湖北人民出版社，2011），91。

98　同上註。

99　安徽省地方誌編纂委員會編，《安徽省誌‧檔案誌》，（北京市：方誌出版社，1998），137-38。

100　同上註，138。

101　同上註。

102　石山主編，《湖北省檔案誌：1949-2000》，（武漢市：湖北人民出版社，2011），91。

103　山東省地方史誌編纂委員會編，《山東省誌‧檔案誌（1991-2005）》，（濟南市：山東人民出版社，2014），217。

點亦有所區別，見表 5-5。[104] 1985 年《檔案工作》第七期的社論報導：「各地舉辦了大量的短期培訓班，培訓幹部二十多萬人次」。[105]

表 5-5　陝西省檔案局和陝西省檔案學會舉辦的檔案業務幹部訓練班情況統計表

期次	年月日	學員人數	學期期限	類別	說明
1	1979.4.15	80	三個月	文書檔案	陝西省檔案局主辦
2	1980.6.3	114	兩個月	文書檔案	陝西省檔案局主辦
3	1980.6.3	286	一個月	文書檔案	陝西省檔案局主辦
4	1980.7.23	100	一個月	科技檔案	陝西省檔案局主辦
5	1981.7.26	200	一個月	科技檔案	陝西省檔案局主辦
6	1982.9.1	120	四個月	文書檔案	陝西省檔案局主辦
7	1984.4.16	58	三個月	科技檔案	陝西省檔案局主辦
8	1984.9.1	183	三個月	文書檔案	陝西省檔案局主辦
9	1985.4.21	50	一個月	文書檔案	陝西省檔案局主辦
10	1985.5.5	149	一個月	科技檔案	陝西省檔案學會主辦
11	1986.7.28	125	一個月	文書、科技檔案	陝西省檔案學會主辦
12	1986.10.3	165	一年	文書、科技檔案	陝西省檔案局與西北大學聯辦
13	1987.6.29	207	一個月	文書、科技檔案	陝西省檔案學會主辦

資料來源：陝西省地方誌編纂委員會編，《陝西省誌·檔案誌》，第 56 卷，（西安市：陝西人民出版社，1991），243。

　　到 1989 年底，中國大陸共有 33 所普通高校和 15 所成人高校設立了檔案學專業（檔案學院、檔案系、檔案專修科或檔案班），27 所中等專業學校和 31 所職業高中設立了檔案專業或檔案班，12 個省、自治區、直轄市的檔案局建立了檔案幹部培訓機構或基地。[106]

　　面對檔案專業迅速發展的局勢，以及順應中國大陸教育體制改革的步伐，中國大陸的國家教育委員會、國家檔案局於 1985 年 6 月 16 日至 21 日在四川省成都市召開全國檔案學教育改革座談會，提出「在保證品質的基礎上積極穩步地發展檔案學教育，合理調整檔案學教育結構」。[107]至 1996 年，中國大陸有 24 所高校開辦檔案學專業。[108]相較於 1989 年的數據，有所回落。

---

[104] 陝西省地方誌編纂委員會編，《陝西省誌·檔案誌》，第 56 卷，（西安市：陝西人民出版社，1991），243。

[105] 檔案工作編輯部，〈積極發展檔案教育事業〉，檔案工作，7 期（1985 年）：1。

[106] 王景高、馮伯群、李向罡編，《當代中國檔案事業實錄》，（北京市：檔案出版社，1993），190。

[107] 姚峰，〈全國檔案學教育改革座談會在成都召開〉，檔案工作，7 期（1985 年）：4-5。

[108] 徐擁軍、張斌，〈中國大陸檔案高等教育發展研究〉，（論文發表在 2011 年海峽兩岸檔案暨縮微學術交流會，北京市，2011 年 7 月 22-23 日），102-19。

肆、檔案學教育變革與平穩發展（1998年至今）

　　1998年，教育部對高等院校學科專業進行調整，檔案學科由「檔案學」專業和「科技檔案」專業兩個本科專業歸並為一個「檔案學」本科專業。檔案學歸屬的學科門類也相應地被調整，由原來隸屬於「歷史學」下的「歷史文獻學（含檔案學）」的二級學科，調整到「管理學」類下，成為隸屬於「圖書館、情報與檔案管理」的二級學科。這次專業調整順應了國際檔案學高等教育發展的大趨勢，也適應了檔案事業建設對高學歷檔案專業人才培養的要求。在此形勢下，各高校紛紛對檔案學專業教學計畫進行了修訂。新修訂的檔案學專業教學計畫，既貫徹教育部頒布的《關於普通高等學校修訂本科專業教學計畫原則意見》精神，也體現各高校自己的特色。與此同時，各高校進一步研究探索檔案學專業教育自身的深化改革，積極推動培養學歷、課程內容、教學方式等方面的結構性調整，明確專業定位和培養方向，提高辦學品質和效益，適應檔案事業現代化建設的需要。2003年，中國人民大學「檔案學院」更名為「信息資源管理學院」，朝著將檔案學、情報學、圖書館學教育整合為信息資源管理學科教育的方向發展。2007年，中國人民大學的檔案學專業被教育部審核批准為國家重點學科。到2009年，中國人民大學、蘇州大學和廣西民族大學等3所高校的檔案學專業被列入國家特色專業。這一階段的中國大陸檔案學教育現狀，將在第二節中詳細論述。

第二節　中國大陸檔案學教育現況

　　本節將從系所設置、學科隸屬與學位授予、地理分布、入學方式與考試、學生、教師等六個方面展開論述。

壹、系所設置

　　截至到2016年底，中國大陸現有37所高等學校或研究機構招收檔案學專業的學生，其中本科院校33所，最早開設檔案學本科教育的是中國人民大學（1955年），最新增設檔案學本科專業的是內蒙古自治區呼和浩特民族學院管理系與韓山師範學院歷史文化學院檔案學系（2013年）；共有27所學校開展檔

案學碩士研究生教育；有6所學校招收檔案學博士研究生，分別是中國人民大學信息資源管理學院（1994年）、武漢大學信息管理學院（2000年）、南京大學信息管理學院（2005年）、雲南大學歷史與檔案學院（2007年）、吉林大學管理學院信息管理系（2011年）、南京政治學院上海分院信息管理系（軍事院校，2010年），見表5-6。本科、碩士、博士學歷的院校系所數量之比為：33：27：6。

表 5-6　中國大陸檔案專業教育院校系所一覽表

| 省份 | 院校系所名稱 | 學歷／招生時間 | | |
		本科	碩士	博士
安徽	安徽大學管理學院檔案學系	1983	2002	-
北京	中國人民大學信息資源管理學院	1955	1982	1994
	北京聯合大學應用文理學院檔案學專業	1979	-	-
福建	福建師範大學社會發展學院檔案學系	1986	2007	-
廣東	中山大學資訊管理學院	1986	1993	-
	韓山師範學院歷史文化學院檔案學系	2013	-	-
廣西	廣西民族大學管理學院信息資源管理系	1995	2001	-
貴州	貴州師範學院歷史與社會學院檔案學專業	2012	-	-
河北	河北大學管理學院檔案學系	1983	2007	-
湖北	華中師範大學信息管理學院	-	*	-
	武漢大學信息管理學院	1984	1998	2000
	湖北大學歷史文化學院檔案系	1993	2006	-
黑龍江	黑龍江大學信息管理學院	1984	2004	-
河南	鄭州大學信息管理學院	1987	2007	-
	鄭州航空工業管理學院信息科學學院	1985	2014	-
湖南	湘潭大學公共管理學院檔案學專業	1993	1997	-
吉林	吉林大學管理學院信息管理系	1986	2000	2007
江蘇	南京大學信息管理學院	1986	1999	2005
	南京理工大學經濟管理學院信息管理系	-	2008	-
	蘇州大學社會學院檔案與電子政務系	1983	1994	-
	揚州大學社會發展學院檔案學專業	2000	-	-
	鹽城師範學院公共管理學院檔案學系	1998	-	-
江西	南昌大學人文學院歷史系檔案學專業	1993	2007	-
遼寧	遼寧大學歷史學院檔案學系	1981	2003	-
	遼寧科技學院管理學院檔案學專業	2005	-	-
內蒙古	呼和浩特民族學院管理系檔案學專業	2013	-	-
四川	四川大學公共管理學院秘書檔案系	1981	2001	-
山東	山東大學歷史文化學院文秘檔案學系	1989	2004	-
上海	上海大學圖書情報檔案系	1982	2003	-
	南京政治學院上海分院信息管理系	-	*	2010

省份	院校系所名稱	學歷／招生時間		
		本科	碩士	博士
上海	上海師範大學人文與傳播學院信息管理系	*	-	-
山西	山西大學經濟與管理學院	-	*	-
陝西	西北大學公共管理學院公共信息資源管理系	1985	2013	-
天津	南開大學商學院信息資源管理系	2001	2003	-
	天津師範大學管理學院檔案系	1981	-	-
西藏	西藏民族大學管理學院檔案學專業	2001	-	-
雲南	雲南大學歷史與檔案學院檔案與信息管理系	1984	1999	2007

註：*表示該系所有招生，但是起始招生的年分未知；-表示該系所並未開展該學歷的教育。

　　從表5-6中可以看出，中國大陸目前共有5所學校擁有從本科到碩士、博士完整的檔案學專業教育培養體系，分別是：中國人民大學信息資源管理學院、武漢大學信息管理學院、南京大學信息管理學院、雲南大學歷史與檔案學院、吉林大學管理學院信息管理系；共有18所學校只開展檔案學本科與碩士教育；另有10所學校只開展檔案學本科教育；3所學校只開展檔案學碩士教育。

　　值得注意的是，部分擁有「圖書館、情報與檔案管理」一級學科碩士點的院校系所，並未設置檔案學二級學科碩士點。除此之外，部分大學在非檔案學專業中招收檔案學相關方向的碩士研究生，如福州大學在情報學專業中招收檔案管理研究方向的碩士研究生，天津師範大學在情報學專業中招收檔案學研究方向的碩士研究生，中國科學技術信息研究所在圖書館學專業中招收檔案學方向的碩士研究生。西南大學在非圖書館、情報與檔案管理學科之外的歷史學門中招收歷史文獻學（明清文書研究）的碩士研究生。

　　在上述的學術型碩士學位之外，部分院校在圖書情報專業碩士學位中亦招收部分檔案學相關研究方向的碩士研究生。河北大學管理學院檔案學系在圖書情報專業碩士下招收政府信息管理與服務、檔案信息管理與服務兩個研究方向的專業碩士；湘潭大學公共管理學院在圖書情報專業碩士下招收檔案管理與檔案信息化、文秘與公文處理兩個研究方向的專業碩士；南京大學信息管理學院、上海大學圖書情報檔案系與天津師範大學管理學院則是在圖書情報專業碩士下招收檔案管理研究方向的專業碩士；雲南大學歷史與檔案學院檔案與信息管理系在圖書情報專業碩士下招收檔案事業與檔案管理研究方向的專業碩士，見表5-7。

表 5-7　中國大陸圖書情報專業碩士學位招收檔案學相關研究方向院校系所一覽表

省份	院校系所名稱	研究方向
河北	河北大學管理學院檔案學系	政府信息管理與服務
		檔案信息管理與服務
湖南	湘潭大學公共管理學院檔案學專業	檔案管理與檔案信息化
		文秘與公文處理
江蘇	南京大學信息管理學院	檔案管理
上海	上海大學圖書情報檔案系	檔案管理
天津	天津師範大學管理學院檔案系	檔案管理
雲南	雲南大學歷史與檔案學院檔案與信息管理系	檔案事業與檔案管理

　　部分學校的檔案學專業面臨著調整和關閉。在本科層面，新疆財經大學公共經濟與管理學院曾在 2010 年招收過一屆檔案學本科生（共 30 人），而後就沒有繼續招收檔案學本科生；[109]青海師範大學人文學院的檔案學專業也暫停了招生。在碩士生層面，上海交通大學雖然擁有檔案學碩士學位授予權，但是目前已經暫停了檔案學碩士研究生招生，改為招收「公共信息管理」方向的碩士研究生。[110]浙江大學的檔案學專業源自 1982 年創辦的杭州大學檔案學本科。目前，其本科專業轉型成「信息資源管理」專業，檔案學專業停止招生；碩士教育層面的「檔案學」專業亦停止招生，改為招收「公共信息資源管理」碩士研究生。[111] 2015 年，中南大學信息安全與大數據研究院在圖書情報與檔案管理專業中招收檔案學研究方向的碩士研究生。[112] 2016 年業已停止招生。

貳、學科隸屬與學位授予

　　根據中國大陸教育部印發的《學位授予和人才培養學科目錄（2011 年）》顯示，中國大陸的學科層級分為：學科門類、一級學科、二級學科。中國

---

[109] 王麗，〈新疆檔案學專業人才培養的實踐探索——以新疆財經大學為例〉，**檔案學通訊**，6 期（2014年）：74-77。

[110] 張衍、王梅玲，〈中國大陸檔案學碩士教育制度之研究〉，**圖資與檔案學刊** 8 卷，1 期（2016 年）：61-90。

[111] 浙江大學研究生院，〈浙江大學 2017 年碩士研究生招生目錄（全日制）〉，浙江大學研究生院招生網，最後更新於 2016 年 9 月 24 日，檢索於 2017 年 2 月 15 日，http://grs.zju.edu.cn/attachments/2016-10/01-1476692694-109288.pdf。

[112] 張衍、王梅玲，〈中國大陸檔案學碩士教育制度之研究〉，**圖資與檔案學刊** 8 卷，1 期（2016 年）：61-90。

大陸將學科劃分為 12 大門類，分設為：哲學、經濟學、法學、教育學、文學、歷史學、理學、工學、農學、醫學、管理學、藝術學。其中一級學科 110 個。[113]

　　「管理學」門類下共有 5 個一級學科，分別為管理科學與工程（Management Science and Engineering，代碼 1201）、工商管理（Business Administration，代碼 1201）、農林經濟管理（Economics and Management of Agriculture and Forestry，代碼 1203）、公共管理（Public Administration，代碼 1204）、圖書情報與檔案管理（LIS & Archives Management，代碼 1205）。檔案學隸屬於「圖書情報與檔案管理類」下的二級學科。[114]

　　上述條例規定了學位授予的學科門類與一級學科，即「圖書情報與檔案管理」一級學科隸屬於管理學門類。而其下屬的二級學科由各學位授予權單位根據學科目的自主設置，亦可以設置專業目錄外二級學科，但原則上在一級學科下不可增設超過 2 個專業目錄外二級學科。現行研究生階段的二級學科有：圖書館學、情報學、檔案學、信息資源管理、信息分析、出版管理等，見圖 5-1。

　　由此可見，檔案學是一門獨立的學科。與其相關學科有：圖書館學、信息資源管理、情報學、信息分析、出版管理。除此以外，檔案學與哲學、思維科學、系統科學、資訊科學、控制科學、管理科學、歷史學、秘書學、文書學以及某些自然科學亦有較強的聯繫。這是因為檔案學是一門實踐性很強的綜合性科學，其研究對象具有廣泛的社會性，涉及到社會生活的諸多領域。[115]

　　因檔案學屬於管理學門類，故檔案學本科、碩士、博士均授予管理學學位，即管理學學士、管理學碩士、管理學博士。

---

[113] 國務院學位委員會第六屆學科評議組，《學位授予和人才培養一級學科簡介》，（北京市：高等教育出版社，2013）。

[114] 同上註，376-418。

[115] 王英瑋，《檔案學概論》，馮惠玲、張輯哲編，第二版（北京市：中國人民大學出版社，2006），191-234。

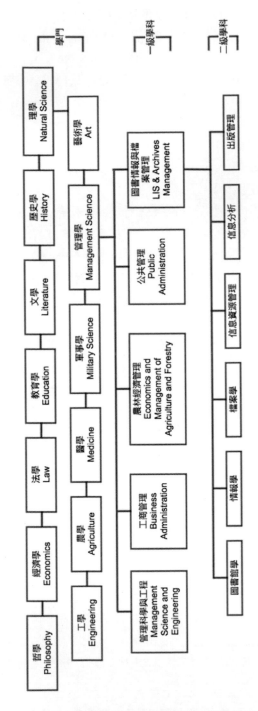

圖 5-1　中國大陸圖書情報與檔案管理一級學科結構圖

參、地理分布

專業教育的地理分布，是衡量教育體系科學性和發展性的重要指標之一。[116]中國大陸可以劃分為七大經濟區，即東北（遼寧、吉林、黑龍江）、西北（陝西、甘肅、青海、寧夏、新疆）、華北（北京、天津、河北、內蒙古、山西）、華東（山東、上海、江蘇、浙江、江西、福建、安徽）、華中（河南、湖北、湖南）、華南（廣東、廣西、海南）、西南（四川、貴州、雲南、西藏、重慶）。

表 5-8　中國大陸檔案學教育系所地理分布

經濟區	各省市檔案學學校數量／小計		本科	碩士	博士
東北	遼寧（2所）	4所	2	1	0
	吉林（1所）		1	1	1
	黑龍江（1所）		1	1	0
西北	陝西（1所）	1所	1	1	0
	甘肅（0所）		0	0	0
	青海（0所）		0	0	0
	寧夏（0所）		0	0	0
	新疆（0所）		0	0	0
華北	北京（2所）	7所	2	1	1
	天津（2所）		2	1	0
	河北（1所）		1	1	0
	內蒙古（1所）		1	1	0
	山西（1所）		0	1	0
華東	山東（1所）	11所	1	1	0
	上海（2所）		2	1	0
	江蘇（5所）		4	4	2
	浙江（0所）		0	0	0
	安徽（1所）		1	1	0
	江西（1所）		1	1	0
	福建（1所）		1	1	0
華中	河南（2所）	6所	2	2	0
	湖北（3所）		2	3	1
	湖南（1所）		1	1	0
華南	廣東（2所）	3所	2	1	0
	廣西（1所）		1	1	0
	海南（0所）		0	0	0

---

[116] 王梅玲，《英美與亞太地區圖書資訊學教育》，（臺北市：文華，2005），288。

經濟區	各省市檔案學學校數量／小計		本科	碩士	博士
西南	四川（1所）	4所	1	1	0
	貴州（1所）		1	0	0
	雲南（1所）		1	1	1
	西藏（1所）		1	0	0
	重慶（0所）		0	0	0

據表 5-8 可知，中國大陸檔案學招生系所分布如下：東北 4 所、西北 1 所、華北 7 所、華東 12 所、華中 6 所、華南 3 所、西南 4 所。其中，華東的檔案學專業招生系所最多（12 所），而西北最少（1 所），區域分布失衡。從省份來看，31 個省份共計 37 所招生系所，每個省份平均 1.19 所。

從本科學歷來看，共有 33 所學校招生。東北 4 所、西北 1 所、華北 6 所、華東 10 所、華中 5 所、華南 3 所、西南 4 所。其中，華東招收檔案學本科專業的學校最多，有 10 所。西北最少，僅有一所。從省份來看，31 個省份共計 33 所招生系所，每個省份平均 1.06 所。各省份中，江蘇省檔案學本科招生系所位列第一，有 4 所；遼寧、北京、天津、上海、河南、湖北和廣東其次，各有 2 所，其餘省份各有 1 所。其中甘肅、青海、寧夏、新疆、山西、浙江、海南、重慶沒有檔案學本科招生系所。

從碩士研究生學歷來看，共有 27 所學校招生。東北 3 所、西北 1 所、華北 4 所、華東 9 所、華中 6 所、華南 2 所、西南 2 所。其中，華東招收檔案學碩士研究生的學校最多，有 9 所。西北最少，僅有一所。從省份來看，31 個省份共計 27 所招生系所，每個省份平均 0.87 所。各省份中江蘇省位列第一，有 4 所；湖北省其次，有 3 所；河南第三，有 2 所，其餘省份各有 1 所。內蒙古、新疆、寧夏、甘肅、海南、西藏、重慶、青海、貴州、浙江均沒有檔案學碩士研究生招生系所。

從博士研究生學歷來看，共有 6 所學校招生。東北 1 所、華北 1 所、華東 2 所、華中 1 所、西南 1 所。其中，西北和華南沒有檔案學博士研究生招生系所。從省份來看，31 個省份共計 6 所招生系所，每個省份平均 0.19 所。

在上述院校系所中，有兩所學校比較特別——解放軍南京政治學院和西藏民族學院。解放軍南京政治學院雖劃分為江蘇省，但是其專業開設在解放軍南京政治學院上海分院，地處上海市，究其原因乃南京政治學院上海分院之前身為空軍政治學院，1999 年 5 月並入南京政治學院。西藏民族大學隸屬於西藏自治區，但是整個學校建設在陝西省咸陽市。

肆、入學方式與考試

一、檔案學本科的入學方式與考試

中國大陸檔案學本科的入學方式主要有兩種：普通高考（普通高等學校招生全國統一考試，簡稱高考）和自主招生考試。中國大陸 31 個省、市的高中畢業生和具有同等學力的考生透過高考，取得普通高等學校（大學）的入學資格。考試的試題由中國大陸教育部考試中心或試行自主命題的省級考試院命題。

另外一種方式是自主招生考試，又稱自主選撥。即擁有自主招生權的大學在高考結束之後，安排自主招生考試，考試一般分為筆試和面試。考生可以透過學校推薦或自薦的方式，申請參加自主招生考試。透過自主招生考試的考生可以獲得該高校在高考最低錄取分數基礎之上降分錄取的機會。自主招生考試是高考的一種補充形式。[117]

考生達到各學校的最低錄取分數後，將根據填報的專業志願或調劑進入「檔案學」本科專業進行學習。

二、檔案學研究生的入學方式與考試

中國大陸檔案學研究生入學的管道主要有兩種：一是甄試，二是考試。各校甄試的要求不一，但是大致流程卻比較一致，即首先遞交甄試申請材料，招生系所根據材料審查的結果公布入圍名單，而後透過招生系所組織的筆試、口試之後即可以被錄取。除了甄試之外，學生也可以透過全國統一研究生入學考試的管道申請入學。只要達到填報系所的最低錄取分數即可以參加招生系所組織的複試（含口試、第二次筆試），綜合考試和複試成績合格者，即予以錄取。

（一）檔案學碩士研究生的入學條件與考試

透過「中國研究生招生信息網」[118]逐個檢索各校碩士研究生招生資訊，再逐個檢索各招生系所官方發布的招生簡章，綜整上述網站資訊，予以內容分析

---

[117] 劉進，〈歷史與嬗變：中國高校自主招生 10 年〉，**現代大學教育**，1 期（2011 年）：69-76。

[118] 全國高等學校學生信息諮詢與就業指導中心，〈2017 年碩士專業目錄查詢〉，中國研究生招生信息網，檢索於 2017 年 2 月 17 日，http://yz.chsi.com.cn/zsml/zyfx_search.jsp。

可知：全國統一的檔案學入學考試主要考察四門科目——政治、外語、兩門業務課。其中政治、外語由全國統一命題，外語考試的科目在英語、俄語、日語、法語等多種語言中擇一；兩門業務課由招生系所自主命題。相關資訊彙整如表 5-9。

　　從中國大陸檔案學碩士研究生招生的專業名稱來看，27 所招生系所中 22 所系所均採用「檔案學」名稱進行招生，但亦有 5 所系所採用「圖書情報與檔案管理」專業大類的名稱。這 5 所學校分別是：蘇州大學、解放軍南京政治學院、安徽大學、湘潭大學、中山大學。

　　從中國大陸檔案學碩士研究生招生的研究方向來看，除 7 所不區分研究方向的系所外，20 所招生系所共有 59 個研究方向，每個系所平均約 3 個研究方向；其中，但凡採用「圖書情報與檔案管理」專業大類進行招生的系所，其研究方向都只有「檔案學」一種；而以「檔案學」名稱進行招生系所往往研究方向比較多元。比如武漢大學檔案學招生的研究方向有 7 種，分別是：檔案學理論與應用、政府信息資源管理、電子文件管理、檔案管理、檔案保護、電子政務原理與應用、知識管理與數字檔案；南京大學檔案學招生的研究方向有 6 種，分別是：檔案學基礎理論、檔案信息開發與利用、檔案信息化建設研究、電子文件管理研究、企業檔案管理研究、數字檔案信息資源管理；而以「圖書情報與檔案管理」專業大類招生的中山大學和蘇州大學等，其研究方向只有「檔案學」。

表 5-9　2017 年中國大陸檔案學碩士研究生招生考試要求

招生單位	專業名稱	研究方向	政治	外語	業務課一	業務課二
中國人民大學	檔案學	檔案學	思想政治理論	英語一	信息檢索	信息管理基礎
		檔案保護技術學				
南開大學	檔案學	檔案學基礎理論和檔案管理現代化	思想政治理論	英語一	信息資源管理	檔案學綜合（檔案學概論、檔案管理學）
		電子政務				
河北大學	檔案學	檔案信息與歷史文化	思想政治理論	英語一	信息管理學	檔案學基礎
		政府信息資源開發與傳播				
		企業檔案管理與知識服務		日語		
		檔案安全與信息技術				

招生單位	專業名稱	研究方向	政治	外語	業務課一	業務課二
山西大學	檔案學	不區分研究方向	思想政治理論	英語一	信息管理概論	管理信息系統
遼寧大學	檔案學	不區分研究方向	思想政治理論	英語一 俄語 日語	圖書館學、檔案學基礎理論	檔案管理學
吉林大學	檔案學	檔案學理論與應用 電子檔案管理	思想政治理論	英語一 俄語 日語	信息管理	信息檢索與處理
黑龍江大學	檔案學	不區分研究方向	思想政治理論	英語一 俄語 日語	信息管理概論	信息檢索
上海大學	檔案學	檔案信息化 檔案信息資源開發與利用 檔案學基礎理論與發展	思想政治理論	英語一 日語	檔案學概論	檔案管理學
南京大學	檔案學	檔案學基礎理論 檔案信息開發與利用 檔案信息化建設研究 電子文件管理研究 企業檔案管理研究 數字檔案信息資源管理	思想政治理論	英語一 俄語 日語	文獻信息管理基礎	檔案管理理論與方法
蘇州大學	圖書情報與檔案管理	檔案學	思想政治理論	英語一	信息檢索	檔案管理理論與方法
南京理工大學	檔案學	檔案數字資源管理	思想政治理論	英語一	數學三	信息管理基礎
解放軍南京政治學院	圖書情報與檔案管理	不區分研究方向	思想政治理論	英語一	數學三 計算機基礎	信息管理學概論
安徽大學	圖書情報與檔案管理	檔案學	思想政治理論	英語一	管理學	信息資源管理
福建師範大學	檔案學	檔案學基礎理論與文獻保護 檔案信息資源管理與開發利用	思想政治理論	英語一 日語	檔案學基礎	檔案信息管理基礎

招生單位	專業名稱	研究方向	政治	外語	業務課一	業務課二
南昌大學	檔案學	檔案文獻編纂學與利用 檔案學理論與實踐 電子文件管理研究 檔案信息化建設研究	思想政治理論	英語一	檔案學概論	檔案文獻編纂學
山東大學	檔案學	檔案學基礎理論 檔案信息資源管理與開發 中外檔案歷史與文化研究 企業檔案組織與管理 文秘與電子文件管理 數字檔案與數字檔案館	思想政治理論	英語一 俄語 日語 法語（外）	文書學	檔案管理學
鄭州大學	檔案學	檔案學理論與信息化管理 檔案信息資源開發與利用	思想政治理論	英語一	圖書情報與檔案管理基礎	檔案管理學
鄭州航空工業管理學院	檔案學	檔案管理理論與應用 電子文件管理	思想政治理論	英語一	圖書館、情報與檔案管理基礎	企業檔案管理學
武漢大學	檔案學	檔案學理論與應用 政府信息資源管理 電子文件管理 檔案管理 檔案保護 電子政務原理與應用 知識管理與數字檔案	思想政治理論	英語一 俄語 法語	文獻信息管理（含信息管理學基礎、檔案管理）	檔案學綜合（含檔案學基礎、文書學、電子文件）
華中師範大學	檔案學	不區分研究方向	思想政治理論	英語一	信息管理學基礎	圖書情報與檔案管理方法

招生單位	專業名稱	研究方向	政治	外語	業務課一	業務課二
湖北大學	檔案學	不區分研究方向	思想政治理論	英語一	檔案學基礎	檔案管理學
湘潭大學	圖書情報與檔案管理	檔案學	思想政治理論	英語一	信息資源管理基礎	檔案管理理論
中山大學	圖書情報與檔案管理	檔案學	思想政治理論	英語一	信息管理基礎	信息資源組織
廣西民族大學	檔案學	檔案學理論與實踐 計算機與檔案管理 信息資源管理 文秘管理	思想政治理論	英語一	圖書館學、檔案學綜合	信息管理基礎
四川大學	檔案學	檔案管理理論與方法 現代文件管理 電子文件與電子政務 企業文件與檔案管理	思想政治理論	英語一	信息管理基礎	信息資源管理方法與技術
雲南大學	檔案學	檔案學理論與實踐 民族檔案學 檔案保護技術學 文件學	思想政治理論	英語一	管理學基礎	信息資源管理
西北大學	檔案學	不區分研究方向	思想政治理論	英語一 俄語 日語	管理學（含公共管理）	信息資源管理

　　碩士招生的研究方向主要集中在 13 個領域，即通論、檔案保護技術、文件學、電子政務、企業檔案管理與知識服務、民族檔案學、檔案學基礎理論、信息資源管理、歷史檔案學、檔案信息化、檔案編纂學、文秘與檔案、檔案館管理。其中檔案學基礎理論研究頻率最高，高達 13 次；通論性研究其次，頻率 12。而民族檔案學、檔案編纂學則比較冷門。部分研究方向並非屬於單一的領域，如電子文件與電子政務，既屬於文件學領域，也屬於電子政務領域；如檔案學基礎理論與文獻保護，既屬於檔案學基礎理論領域，也屬於檔案保護技術領域；與此類似的還有文秘與電子文件管理等，見表 5-10。

表 5-10　中國大陸檔案學碩士研究生招生研究方向

領域	內容／頻率	頻率小計	合計
通論	不區分研究方向（7次）、檔案學（5次）	12	66
檔案保護技術	檔案保護技術學（2次）、檔案保護（1次）	3	
文件學	文件學（1次）、電子文件管理（研究）（4次）、電子文件與電子政務（1次）、現代文件管理（1次）	7	
電子政務	電子政務（1次）、電子政務原理與應用（1次）	2	
企業檔案管理與知識服務	企業檔案管理研究（1次）、企業檔案組織與管理（1次）、企業文件與檔案管理（1次）、企業檔案管理與知識服務（1次）、知識管理與數字檔案（1次）	5	
民族檔案學	民族檔案學（1次）	1	
檔案學基礎理論	檔案學理論與實踐（3次）、檔案學理論與應用（2次）、檔案學基礎理論（2次）、檔案管理理論與應用（1次）、檔案學理論與信息化管理（1次）、檔案學基礎理論與文獻保護（1次）、檔案學基礎理論與發展（1次）、檔案學基礎理論和檔案管理現代化（1次）、檔案管理理論與方法（1次）	13	
信息資源管理	信息資源管理（1次）、檔案信息資源開發與利用（2次）、政府信息資源管理（1次）、政府信息資源開發與傳播（1次）、檔案信息開發與利用（1次）、數字檔案信息資源管理（1次）、檔案數字資源管理（1次）、檔案信息資源管理與開發利用（1次）、檔案信息資源管理與開發（1次）	10	
歷史檔案學	檔案信息與歷史文化（1次）、中外檔案歷史與文化研究（1次）	2	
檔案信息化	檔案信息化（1次）、檔案信息化建設研究（2次）、檔案安全與信息技術（1次）、計算機與檔案管理（1次）	5	
檔案編纂學	檔案文獻編纂學與利用（1次）	1	
文秘與檔案	文秘管理（1次）、文秘與電子文件管理（1次）	2	
檔案館管理	檔案管理（1次）、電子檔案管理（1次）、數字檔案與數字檔案館（1次）	3	

　　從中國大陸檔案學碩士研究生考試的科目來看，其考試科目一共4科，分別是政治、外語、業務課一、業務課二。考試採用全國統一考試的方式，其中政治科目的「思想政治理論」與外語科目的考題由國家統一命題，而業務課一和業務課二則由各招生系所自主命題，而後由國家統一安排報名、考試、閱卷、公布成績，並根據當年考生成績與最低錄取人數劃分。值得注意的是有10所系所提供多元的考試方式，其中10所系所提供多元的外語考試科目，考生可以選考英語、俄語、日語、法語等，以英語居多；有1所系所提供多元的業務

課考試科目，即解放軍南京政治學院的考生可以在「數學三」與「計算機基礎」兩門科目中任選一門。

進一步調查中國大陸檔案學碩士研究生考試的業務課，共計 59 個次別的科目，根據內容可以分成 7 個領域，分別是：檔案學、管理學、信息管理／信息資源管理、圖書情報與檔案管理、計算機科學（computer science）、數學以及專門領域。其中頻率最高的是信息管理／信息資源管理領域，共計 17 次；其次是檔案學領域，共計 16 次、圖書情報與檔案管理領域 7 次。除此之外，數學、計算機科學也是檔案學碩士研究生入學考試的範圍之一。在專門領域中，最常考的科目是信息檢索（與處理）（4 次），其他的還有文書學、企業檔案管理學、信息資源組織、檔案文獻編纂學等。

表 5-11　中國大陸檔案學碩士研究生入學考試業務課

領域	內容／頻率	頻率小計	合計
檔案學	檔案學基礎（3 次）、檔案學綜合（2 次）、檔案管理理論（1 次）、檔案管理學（5 次）、檔案學概論（2 次）、檔案信息管理基礎（1 次）、檔案管理理論與方法（2 次）	16	55
管理學	管理學（2 次）、管理學基礎（1 次）	3	
信息管理／信息資源管理	信息管理基礎（5 次）、信息管理學（1 次）、信息管理（1 次）、信息資源管理（4 次）、信息資源管理基礎（1 次）、信息管理學概論（2 次）、信息管理概論（1 次）、信息管理學基礎（1 次）、信息資源管理方法與技術（1 次）	17	
圖書情報與檔案管理	文獻信息管理基礎（1 次）、文獻信息管理（1 次）、圖書情報與檔案管理方法（1 次）、圖書館學、檔案學基礎理論（1 次）、圖書館學、檔案學綜合（1 次）、圖書情報與檔案管理基礎（1 次）、圖書館、情報與檔案管理基礎（1 次）	7	
計算機科學	計算機基礎（1 次）、管理信息系統（1 次）	2	
數學	數學（2 次）	2	
專門領域	文書學（1 次）、信息檢索（3 次）、信息檢索與處理（1 次）、企業檔案管理學（1 次）、信息資源組織（1 次）、檔案文獻編纂學（1 次）	8	

（二）檔案學博士研究生的入學方式與考試

2017 年，中國大陸檔案學博士研究生的招生有 6 所：中國人民大學、武漢大學、南京大學、雲南大學、吉林大學以及解放軍南京政治學院。其中解放軍南京政治學院屬於軍事院校。

中國人民大學、武漢大學、雲南大學以「檔案學」名稱招收博士研究生。南京大學、吉林大學、解放軍南京政治學院則在「圖書情報與檔案管理」下招收檔案學研究方向的博士研究生。6 所大學共有 20 名博士生導師招收檔案學博士研究生，其中中國人民大學 8 名、武漢大學 2 名、南京大學 2 名、吉林大學 2 名、雲南大學 3 名、解放軍南京政治學院 3 名，見表 5-12。

表 5-12　2017 年中國大陸檔案學博士研究生招生考試要求

院校系所	專業名稱	研究方向	招生導師	考試科目		
中國人民大學[119] 信息資源管理學院	檔案學	檔案學基礎理論 電子文件管理	馮惠玲	英語	信息管理理論	檔案學理論與方法
		管理的維度與境界 檔案學基礎理論	胡鴻傑			
		現代檔案管理理論與方法研究 企業檔案管理實踐創新與發展研究	王英瑋			
		檔案學基礎理論	張斌			
		文獻保護理論與實踐 可移動文化遺產保護	張美芳			
		文獻保護技術理論與實踐 數據恢復與數字保存	唐躍進			
		檔案學基礎理論 企業檔案與知識管理	徐擁軍			
		檔案學基礎理論 外國檔案學	黃霄羽			
武漢大學[120] 信息管理學院	檔案學	檔案學原理與方法 數字檔案與現代技術	周耀林	英語 俄語 日語 法語 德語 （擇一）	信息技術與檔案事業	檔案、社會與文化
		檔案管理原理與方法 數字檔案資源管理	肖秋會			

---

[119] 中國人民大學研究生院，〈中國人民大學 2017 年招收攻讀博士學位研究生簡章〉，中國人民大學研究生招生網，最後更新於 2016 年 10 月 8 日，檢索於 2017 年 2 月 17 日，http://pgs.ruc.edu.cn/articleWeb?article.id=2260&category.id=8。

[120] 武漢大學研究生院，〈武漢大學 2017 年招收攻讀博士學位研究生簡章〉，武漢大學研究生院網，最後更新於 2016 年 11 月 17 日，檢索於 2017 年 2 月 17 日，http://gs.whu.edu.cn/index.php/index-view-aid-8327.html。

院校系所	專業名稱	研究方向	招生導師	考試科目		
南京大學[121] 信息管理學院	圖書情報與 檔案管理	企業檔案管理 檔案信息化建設	吳建華	英語 日語 （擇一）	信息管理 理論與方 法	檔案工作 理論與實 踐
		政府信息資源管理	李剛			
吉林大學[122] 管理學院	圖書情報與 檔案管理	檔案管理	王萍	英語 俄語 日語 （擇一）	信息資源 管理	信息組織
			鄧君			
雲南大學[123] 歷史與檔案學院	檔案學	民族歷史檔案整理與 研究	華林	英語	檔案學綜 合	西南少數 民族歷史 檔案管理 學
		檔案信息開發利用	陳子丹			檔案文獻 編纂學
		檔案文獻與歷史研究	張昌山			檔案文獻 學
解放軍南京政治學 院[124]	圖書情報與 檔案管理	軍隊檔案管理	薛匡勇 彭明遠 楊安蓮	英語	信息管理 學原理	信息組織 與檢索

　　從中國大陸檔案學博士研究生招生的研究方向來看，6 所大學共有 27 個研究方向。上述的研究方向可以劃分為檔案學基礎理論、電子文件與電子檔案、企業檔案與知識管理、檔案信息資源管理、檔案保護技術學、歷史檔案學、專門檔案學等，見表 5-13。

---

[121] 南京大學研究生院，〈南京大學 2017 年博士研究生招生簡章〉，南京大學研究生招生網，檢索於 2017 年 2 月 17 日，http://219.219.114.101/gts2017/zsmlgl/zsjz_bs.aspx。

[122] 吉林大學招生辦公室，〈吉林大學 2017 年招收攻讀博士學位研究生招生簡章〉，吉林大學招生網，最後更新於 2016 年 11 月 22 日，檢索於 2017 年 2 月 17 日，http://zsb.jlu.edu.cn/cont/1145.html。

[123] 雲南大學研究生院，〈雲南大學 2017 年博士研究生招生簡章〉，雲南大學研究生院網站，最後更新於 2016 年 10 月 25 日，檢索於 2017 年 2 月 17 日，http://www.grs.ynu.edu.cn/docs/2016-11/20161129143147871223.htm。

[124] 解放軍南京政治學院研究生招生辦公室，「南京政治學院 2017 年攻讀碩士學位研究生招生簡章」，最後更新於 2016 年 9 月 22 日，檢索於 2017 年 2 月 17 日，http://mp.weixin.qq.com/s?__biz=MzA4MzU4NTQzNw==&mid=2650625766&idx=1&sn=e4974b76b66525f1b29aa5a5a6e41be0&mpshare=1&scene=23&srcid=0217ktxPMyy4ZWonyFJuLyER%23rd。

表 5-13　中國大陸檔案學博士研究生招生研究方向

領域	內容／頻率	頻率小計	頻率合計
檔案學基礎理論	檔案學基礎理論（5 次）、檔案學原理與方法（1 次）、現代檔案管理理論與方法研究（1 次）、檔案管理原理與方法（1 次）	8	27
電子文件與電子檔案	電子文件管理（1 次）、數字檔案與現代技術（1 次）	2	
企業檔案與知識管理	企業檔案管理實踐創新與發展研究（1 次）、企業檔案與知識管理（1 次）、企業檔案管理（1 次）	3	
檔案信息資源管理	政府信息資源管理（1 次）、檔案信息化建設（1 次）、檔案管理（1 次）、數字檔案資源管理（1 次）、檔案信息的開發與利用（1 次）	5	
檔案保護技術學	文獻保護理論與實踐（1 次）、可移動文化遺產保護（1 次）、文獻保護技術理論與實踐（1 次）、數據恢復與數字保存（1 次）	4	
歷史檔案學	民族歷史檔案整理與開發（1 次）、檔案文獻與歷史研究（1 次）	2	
專門檔案學	外國檔案學（1 次）、軍隊檔案管理（1 次）	2	
其他	管理的維度與境界（1 次）	1	

　　中國大陸檔案學博士研究生考試的業務課，共計 14 種不同類型的科目，根據內容可以分成 4 個領域，分別是：信息管理理論與方式、信息組織、檔案學理論與方法、歷史檔案學。其中信息管理理論與方式、檔案學理論與方法、歷史檔案學均為 4 頻率，信息組織有 2 頻率。各校較為關注博士研究生的基礎理論與方法的掌握情況。南京大學、吉林大學、解放軍政治學院等院校均是在圖書情報與檔案管理一級博士點下招收檔案學相關研究方向的學生，更加側重學生對信息管理理論與方法掌握程度的考覈，見表 5-14。

表 5-14　中國大陸檔案學博士研究生入學考試業務課

領域	內容／頻率	頻率小計	頻率合計
信息管理理論與方法	信息管理理論（1 次）、信息管理理論與方法（1 次）、信息管理原理（1 次）、信息資源管理（1 次）	4	14
信息組織	信息組織（1 次）、信息組織與檢索（1 次）	2	
檔案學理論與方法	檔案學理論與方法（1 次）、檔案工作理論與實踐（1 次）、檔案技術與檔案事業（1 次）、檔案學綜合（1 次）	4	
歷史檔案學	檔案、社會與文化（1 次），西南少數民族歷史檔案管理學（1 次）、檔案文獻編纂學（1 次）、檔案文獻學（1 次）	4	

伍、學生

根據中國檔案學會檔案學基礎理論學術委員會 2013 年的調查顯示，2009
年至 2013 年中國大陸檔案學專業大學部學生分別為 1,171 人、1,330 人、1,271
人、1,413 人、1,260 人；碩士研究生在學人數分別為 264 人、266 人、233 人、
238 人、230 人，而同期的博士研究生同期在學人數分別為：14 人、13 人、15
人、15 人、16 人，請見表 5-15。2009 年至 2013 年本科生、碩士研究生、博士
研究生同期在學年平均人數的比例約為：5.24：1：0.06。

表 5-15　中國大陸 2009 至 2013 年度檔案學在校學生人數

	2009 年	2010 年	2011 年	2012 年	2013 年
本科	1,171	1,330	1,271	1,413	1,260
碩士班	264	266	233	238	230
博士班	14	13	15	15	16

資料來源：中國檔案學會檔案學基礎理論學術委員會，〈檔案學專業高等教育發展情況調查報告〉，在
《創新：檔案與文化強國建設——2014 年全國檔案工作者年會優秀論文集》，中國檔案學會
編（北京市：中國文史出版社，2014），215-32。

與此同時，中國大陸檔案學專業學生的就業率一直居高不下。據統計，2009
年至 2013 年間，檔案學專業本科生就業率分別為：89%、96%、93%、95%、
83%；碩士研究生就業率為 99%、99%、99%、99%、98%。而同期博士研究生
更無就業問題，幾乎 100%。[125]

陸、教師

根據中國檔案學會檔案學基礎理論學術委員會 2013 年的調查顯示：截至
2013 年 11 月，中國大陸高校檔案學專業教師共 301 人，平均每所高校約 9 人。
其中，男性教師 155 名、女性教師 146 名；在 45 歲以上、30 歲至 45 歲（含）、
30 歲（含）以下三個年齡階段的教師人數分別為 154 人、132 人、15 人。301
名教師中，擁有正高級職稱（教授）教師 89 人、副高級職稱（副教授）教師

---

[125] 中國檔案學會檔案學基礎理論學術委員會，〈檔案學專業高等教育發展情況調查報告〉，在《創新：
檔案與文化強國建設——2014 年檔案事業發展研究報告集》，（北京市：中國文史出版社，2014），
215-32。

122 人、中級及其以下（助理教授）教師 90 人。擁有博士學學歷的教師 167 人、碩士學歷的教師 86 人、本科學歷教師 48 人，參見表 5-16、表 5-17。

表 5-16　中國大陸檔案學專業教師職稱情況

正高級職稱教師			副高級職稱教師			中級及其以下教師		
人數	占教師總數比例	平均年齡	人數	占教師總數比例	平均年齡	人數	占教師總數比例	平均年齡
89 人	29.6%	50.9 歲	122 人	40.5%	43.2 歲	90 人	29.9%	36.1 歲

資料來源：中國檔案學會檔案學基礎理論學術委員會，〈檔案學專業高等教育發展情況調查報告〉，在《創新：檔案與文化強國建設──2014 年全國檔案工作者年會優秀論文集》，中國檔案學會編（北京市：中國文史出版社，2014），215-32。

表 5-17　中國大陸檔案學專業教師學歷情況

博士學歷教師			碩士學歷教師			本科學歷教師		
人數	占教師總數比例	平均年齡	人數	占教師總數比例	平均年齡	人數	占教師總數比例	平均年齡
167 人	55.5%	29.9 歲	86 人	28.6%	44.7 歲	48 人	16.0%	52.4 歲

資料來源：中國檔案學會檔案學基礎理論學術委員會，〈檔案學專業高等教育發展情況調查報告〉，在《創新：檔案與文化強國建設──2014 年全國檔案工作者年會優秀論文集》，中國檔案學會編（北京市：中國文史出版社，2014），215-32。

第三節　臺灣檔案學教育沿革（1945-2016）

　　1945 年二次世界大戰結束，日本戰敗。而根據《開羅宣言》，臺灣光復。國民政府於 1945 年 8 月 29 日委任陳儀作為臺灣省行政長官公署（簡稱長官公署）行政長官進行相關接收與管理事宜。

　　根據臺灣檔案學教育發展脈絡，可將其分成 3 個階段：萌芽階段（1945 年至 1957 年）、發展階段（1958 年至 1995 年）、提速階段（1996 年至今）。

壹、萌芽期的檔案學教育（1945-1957 年）

　　陳國琛在《文書改革在臺灣》中痛陳中國文書檔案制度的種種弊端：

　　中國……一般通行的文件，照例是層級轉遞或層級推卸責任。……其中令人最奇怪的，許多公務員，至今還認為辦公事就是辦公文，只要他的公文辦完，

也就算是政府公事辦好。所以儘管中央對於分層負責問題，嗓子嚷破，他們依然是我行我素，不聞不知。[126]

這種文書檔案制度所產生的「推諉習氣，像颱風也似的，四面八方，漸向新光復的臺灣，包圍襲擊……不但政治進度，異常疲緩，而且把初入祖國仕途的臺灣同胞，更弄得拍案驚奇，莫名其妙」。[127]且在檔案管理制度上採行分散管理，致使各單位自行其是，不論人員、制度等，皆造成極大混亂。[128]

長官公署行政長官陳儀在對公務員的訓話中多次提及此事，並認為：「文書要簡化，並要將本署公報充實起來，使它能夠達到簡化公文的目的。」；「凡內地一切不好的習慣，大家千萬不可隨便搬到臺灣來。」[129]為了解決臺灣文書檔案管理面臨的諸多問題，陳儀敦請時任長官公署公報室（後改為編輯室）主任陳國琛（曾任江蘇學院行政管理系教授）重新研擬改革方法，改革臺灣的文書管理制度。

陳國琛結合其在福建改革文書檔案管理制度的經驗，輔以臺灣面臨的實際情況，著手文書檔案管理制度改革。而改革的第一件事情就是培訓相關的人才。1946 年 5 月 27 日，長官公署通電並通知臺灣各縣市政府秘書或主管文書科長、長官公署各直附屬機關所有收發和管卷人員以及長官公署文書科工作人員前來臺北受訓，第一批前來報導受訓計 89 人[130]，見表 5-18。為便於更多文書檔案管理人員受訓，陳國琛採用「瓜代」之法，輪訓各縣市及長官公署文書檔案管理人員。此次培訓共受訓 153 人。[131]

表 5-18　臺灣省行政長官公署文書講習會第一批受訓人員

類別	人數
臺灣省十七縣市科祕人員	陳鶴齡等 25 人
長官公署各處會室收發及管卷人員	張錫祐等 23 人
長官公署各附屬機關	江澄清等 17 人
長官公署文書科	24 人
合計	89 人

資料來源：陳國琛，《文書改革在臺灣》，再版（臺北市：盧斐，1947），28。

---

[126] 陳國琛，《文書改革在臺灣》，再版（臺北市：盧斐，1947），4。
[127] 同上註。
[128] 吳宇凡，〈陳國琛與戰後初期臺灣文書改革〉，**檔案學通訊**，3 期（2015 年 5 月）：99-104。
[129] 陳國琛，《文書改革在臺灣》，再版（臺北市：盧斐，1947），2。
[130] 同上註，28。
[131] 陳國琛，《文書改革在臺灣》之自序，再版（臺北市：盧斐，1947），2。

負責此次文書講習會的講師有兩人，一為主任講師陳國琛，二為從長官公署人事室借調的專員助教王惔藩。王惔藩與陳國琛一起工作多年，曾任福建省政府管卷股分類組主任，[132]且有十五年以上的工作經驗[133]。彼時，陳國琛任福建省政府秘書處第一科科長(1936 年 8 月至 1937 年 9 月、1937 年 11 月至 1938 年 11 月)。[134]因而，陳國琛親切的稱王惔藩為「老伙計」。[135]整個講習會，陳國琛負責「文書行政」與「應用技術」的講授，王惔藩負責「檔案分類表解」和「自習研討」兩個部分。[136]

課程有：改革文書行政（2 小時）、改革收發及檔案管理制度（2 小時）、檔案初步整理法（1 小時）、統一文書處理通則（2 小時）、自習研討（11 小時）、統一收發處理程序（4 小時）、統一文稿處理程序（4 小時）、統一檔案處理程序（4 小時）、統一文書檢查方法（2 小時）、檔案分類表解（10 小時）、文書用具及用紙管理（2 小時）、公報編行（2 小時）、文書與政令（2 小時）、政令宣導（1 小時）、文書與政治（1 小時）、統一公報改良準則（2 小時）、統一區鄉文書管理（2 小時），外加行政長官及秘書處長講話之訓導各一小時，整個講習會共計 7 天，56 小時[137]，見表 5-19。

表 5-19 臺灣省行政長官公署文書講習會課程表

		星期四	星期五	星期六	星期日	星期一	星期二	星期三
上午	8：00 8：50	長官講話	統一文書處理通則	統一收發處理程序	統一文稿處理程序	統一檔案處理程序	統一文書檢查方法	文書用具及用紙管理
	9：00 9：50	秘書處長講話						
	10：00 10：50	改革文書行政	檔案分類表解	檔案分類表解	檔案分類表解	檔案分類表解	檔案分類表解	公報編行
	11：00 11：50		自習研討	自習研討	自習研討	自習研討	自習研討	
下午	2：00 2：50	改革收發及檔案管理制度	統一收發處理程序	統一文稿處理程序	統一檔案處理程序	統一公報改良準則	統一區鄉文書管理	文書與政令
	3：00 3：50							

---

[132] 陳國琛，《文書改革在臺灣》，再版（臺北市：盧斐，1947），25。
[133] 同上註，31。
[134] 福建省地方誌編纂委員會編，《福建省誌・檔案誌》，（北京市：方誌出版社，1997），140。
[135] 陳國琛，《文書改革在臺灣》，再版（臺北市：盧斐，1947），30。
[136] 同上註，31。
[137] 同上註，31-32。

		星期四	星期五	星期六	星期日	星期一	星期二	星期三
下午	4：00 4：50	檔案初步整理方法	檔案分類表解	檔案分類表解	檔案分類表解	檔案分類表解	檔案分類表解	政令宣導
	5：00 5：50	自習研討	自習研討	自習研討	自習研討	自習研討	自習研討	文書與政治

資料來源：陳國琛，《文書改革在臺灣》，再版（臺北市：盧斐，1947），31-32。

上述課程自 6 月 6 日開始，至 6 月 12 日結束。6 月 16 日至 8 月底開始對長官公署集中起來的文書檔案進行實習、整理與現場教學。其中，部分第一批報到人員在 7 月 2 日、3 日，先後返回原縣市展開文書檔案管理與改革[138]，

陳國琛主持的長官公署文書講習會與文書檔案制度改革，無疑是成功的。陳國琛在《文書改革在臺灣》之第三章〈拿事實來領導全省文書整理〉中寫到：

我們這次竭一百五十三人之力，也雖然在短期內，把各單位的舊卷，一共整理了十二萬六千多件，新卷一共處理了七萬九千多件。但方法是否都對？而成績又究竟如何？倘無事實證明，總未免有點像賣狗皮膏藥的自我宣傳，令人難於置信。所以我們又在八月二十三日將本署各單位，一一排定時間，然後通知他們屆時指派高級人員，前來文書科管卷室親自檢調抽查，試驗快慢。依照當時規定，是每一來賓，准調六卷，內用事由和新編統一收發文號各兩卷，同時把全部將近二十萬文號的新舊卷號登記簿，一起分類陳列出來，聽憑來賓各用調卷證，自由記錄調閱。所有「交證」及「交卷」時間，每次也都是請他們各自推定一人擔任計時員。計自八月二十六日起，至三十日止，一共抽查了一百八十五卷，需時四百四十九分又二十八秒。還好，不坍臺，平均每卷檢出的成績，是二分又二十六秒。這比較我們從前在福建省政府平均每卷三分鐘檢出底成績，還進步了三十四秒。[139]

可見透過文書講習會之後，臺灣的文書檔案管理為之一新，文書檔案運轉效率得到改善，其平均處理時效比陳國琛改革之後的福建省還高。

為了將長官文書講習會的培訓經驗傳播到全省，統一全省的文書檔案管理制度，長官公署在 1946 年 9 月 20 日發行的《臺灣省行政長官公署公報》中公布《臺灣省行政長官公署訓令》（致申巧署祕（一）字第二五四七四號，中華民國三十五年九月十八日），要求：

各縣市政府應在本年十月十五日以前各須召集所屬區鄉主管文書人員開文書管理講習會，會期至少三日，實習期至少十日；由主任秘書，或前經參加

---

[138] 同上註。
[139] 同上註，42-43。

本署文書管理講習會之較高級人員擔任主任講師，以利推行。[140]

除了通令各縣市開展「文書講習會」之外，長官公署還將秘書處的文書檔案管理向「所有省屬機關或駐省各機關暨各公司、學校工廠、礦場之主管文書人員」[141]開放，以便上述文書管理人員至長官公署秘書處學習文書檔案管理制度。

這是現行可考最早的關於臺灣檔案學教育的記錄。此一階段，臺灣檔案學教育主要以在職培訓為主，尚未有正規檔案學教育。

貳、發展期的檔案學教育（1958-1995 年）

1958 年，倪寶坤在臺灣省立師範大學（原臺灣省立師範學院，1955 年升格為大學，1967 年改制為國立，以下簡稱臺灣師範大學）社會教育學系圖書館組開設「檔案管理」課程，首開臺灣正規教育中設檔案課程之先河。當時，臺灣省立師範大學社會教育學系圖書館組第一屆學生（1955 年入學）即修該門課程。[142]

此一時期，臺灣檔案學教育從授課的主體來區分可以分為三種，一為學校開設的檔案課程，在大學部教育、專科教育、推廣教育中均有開設，並有較大幅度成長；二為相關專業學會開設的檔案培訓班；三為政府主導的公務人員訓練機構——臺灣省訓練團（1994 年更名為：臺灣省政府訓練團）等開設的檔案管理培訓或課程。

在大學部教育中，除了臺灣師範大學之外，亦有淡江大學（原淡江文理學院）、臺灣大學、輔仁大學等校先後開設檔案管理課程。臺灣師範大學的檔案管理課程在社會教育學系圖書館組期間（1955 年至 1997 年）檔案管理課程一開始作為圖書館組學生必修課程，全年 4 學分。而後改為選修課程。[143]之後，臺灣師範大學社會教育學系圖書館組的檔案管理課程學分降為兩學分。張樹

---

[140] 臺灣省行政長官公署秘書處編輯室，〈臺灣省行政長官公署訓令〉，《臺灣省行政長官公署公報》，秋：70 期（1946 年 9 月）：1113-14，檢索於 2017 年 2 月 19 日，http://twinfo.ncl.edu.tw/tiqry/hypage.cgi?HYPAGE=search/merge_pdf.hpg&sysid=E10A9684&jid=34240081&type=g&vol=35092002&page=%E9%A0%811113-1114%2B1126-1127。

[141] 同上註。

[142] 張樹三，〈台灣地區『檔案管理』教育之發展〉，在《當代圖書館事業論集：慶祝王振鵠教授七秩榮慶論文集》，王振鵠教授七秩榮慶祝壽論文集編輯小組編，（臺北市：正中書局，1994），73-79。

[143] 吳美美，〈國立臺灣師範大學圖書資訊學教育〉，在圖書資訊學教育，蔡明月主編（臺北市：五南，2013），64。

三在 1994 年發表的〈臺灣地區「檔案管理」教育之發展〉一文中的調查顯示，是時，臺灣師範大學社會教育學系圖書館組的檔案管理選修課已經停開四年。[144]但淡江大學、輔仁大學、臺灣大學等仍開設檔案管理或檔案學選修課程，見表 5-20。

表 5-20　1958 年至 1992 年間臺灣檔案管理課程開設學校舉要

	1958 年至 1970 年	1971 年至 1981 年	1982 年-1992 年
臺灣師範大學社會教育學系圖書館組	檔案管理	檔案管理	檔案管理（1989 年停開）
淡江大學教育資料科學系	檔案管理	檔案管理	檔案管理
輔仁大學圖書館學系(日)（夜）	中（英）文檔案管理	中英文檔案管理	檔案管理
臺灣大學圖書館學系	檔案學	檔案學	檔案學
世界新聞專科學校圖書資料科（日）（夜）	檔案管理	檔案管理	檔案管理
逢甲大學企管系	-	商業檔案管理	停開
臺北商業專科學校商業文書科	-	中（英）文檔案管理	檔案管理
致理商業專科學校商業文書科	-	中（英）文檔案管理	檔案管理
銘傳商業專科學校商業文書科（日）（夜）	-	中（英）文檔案管理	檔案學
淡水工商管理專科學校文書科	-	檔案管理	停開
崇佑企業管理專科學校商業文書事務科	-	中（英）文檔案管理	停開
實踐家政專科學校商業文書科	-	檔案管理	檔案管理

資料來源：張樹三，〈臺灣地區『檔案管理』教育之發展〉，在《當代圖書館事業論集：慶祝王振鵠教授七秩榮慶論文集》，王振鵠教授七秩榮慶祝壽論文集編輯小組編，（臺北市：正中書局，1994），73-79。

在專科教育中，世界新聞專科學校（1991 年更名為世界新聞傳播學院，1997 年改制為世新大學）、臺北商業專科學校、致理商業專科學校等校開設有檔案管理相關課程。1971 年至 1981 年間，全臺灣的商業專科學校的文書管理科都開設了文書檔案課程。[145] 1982 年之後，隨著大批專科學校商業文書科、文書

---

[144] 張樹三，〈台灣地區『檔案管理』教育之發展〉，在《當代圖書館事業論集：慶祝王振鵠教授七秩榮慶論文集》，王振鵠教授七秩榮慶祝壽論文集編輯小組編，（臺北市：正中書局，1994），73-79。

[145] 張樹三，〈台灣地區檔案教育之我見〉，在《海峽兩岸檔案暨微縮學術交流會論文集》，中華檔案暨資

事務科的停辦或停招，檔案管理課程也停止開設。除此之外，在短期補習性質的推廣教育中，如淡江大學商學院每學期均開設檔案管理課程，採大班學分制，每期上課 9 小時。銘傳商業專科學校也在秘書班內開課，每期亦為 9 小時。[146]

相關專業學會開設的檔案培訓班中，以中華檔案暨資訊微縮管理學會最為顯著。該會成立於 1978 年，初為中華民國資料處理縮影學會，希冀透過引進現代化縮微科技設備，致力推動檔案縮微制度。1984 年，該會更名為「中華民國資訊縮影管理學會」，全力參加及主辦各項學術會議，將臺灣的檔案資訊及縮微事業推向國際舞臺。1993 年，該會再次更名為「中華檔案暨資訊縮微管理學會」。[147]中華檔案暨資訊微縮管理學會早年的培訓集中在檔案、資料的微縮處理；自 1990 年起，每年均辦理「檔案專業訓練班」、「檔案管理高級研究班」。培訓對象為政府機關、工商企業機構、公司行號等單位的檔案管理人員。[148]歷年的培訓班可見表 5-21。

政府主導的公務人員訓練機構，如行政院人事行政局、臺灣省訓練團、臺北市公務人員訓練中心以及其他縣市地方之公務人員訓練單位等均多次舉辦文書檔案人員在職訓練班。[149]

表 5-21　中華檔案暨資訊微縮管理學會辦理各種講習班一覽表

講習班名稱	時間	講習要點	人數	期數	時數(H/W)
縮影系統講習會	1981-1982	縮影技術及作業程序	160	2	30H
地政資料縮影研討會	1983.3	地政資料縮影技術	78	1	30H
地政資料縮影講習班	1983.4	地籍資料縮影作業程序	62	1	30H
圖書資料縮影講習會	1984.5	圖書資料縮影技術	53	1	21H
縮影技術講習會	1986-1989	縮影技術與法律地位	259	5	33H
初級縮影人員技術講習會	1988.11	縮影技術及品質要求	36	1	36H
資訊縮影實務研習會	1990.1	縮影與光碟技術結合暨電腦連線	160	2	30H
微縮實務研習班	1992.3	微縮作業與光碟電腦結合技術	60	1	36H
微縮技術專業講習班	1992.9	微縮技術及作業程序	55	1	36H
微縮資訊專業講習班	1991-1992	微縮資訊專業應用實務講習	88	2	4W

訊微縮管理學會編，（臺北市，中華檔案暨資訊微縮管理學會，2000），117-21。

[146] 張樹三，〈台灣地區檔案管理教育概況〉，**中國圖書館學會會報**，35 期（1983 年 12 月）：342-44。

[147] 楊正寬，〈兩岸檔案暨縮微學術交流二十週年的回顧與前瞻〉，**檔案與縮微**，102 期（2011 年秋季）：3-21，檢索於 2016 年 1 月 15 日，http://www.chinafile.org.tw/book102/。

[148] 薛理桂，〈台灣地區檔案事業與檔案教育發展現況與前瞻〉，**圖書與資訊學刊**，59 期（2006 年 11 月）：16-24。

[149] 張樹三，〈台灣地區檔案教育之我見〉，在《**海峽兩岸檔案暨微縮學術交流會論文集**》，中華檔案暨資訊微縮管理學會編，（臺北市，中華檔案暨資訊微縮管理學會，2000），117-21。

講習班名稱	時間	講習要點	人數	期數	時數 (H/W)
檔案管理專業訓練班	1992-1993	檔案管理作業技術要求	102	4	90H
檔案管理實務研習班	1993-1999	文書處理與檔案管理實務作業	351	10	40H
物件導向系統研習會	1993.11	導向系統分析、設計、整合測試	32	1	12H
微縮技術實務研習班	1993-1994	微縮技術與國家標準	75	2	30H

資料來源：杜陵，〈從資料處理到檔案管理〉，**檔案與微縮**，57 期（200 年夏季版）：5-21。

此一時期，在各校擔任檔案管理課程授課教師的有：倪寶坤（臺灣師範大學、銘傳商業專科學校）、方同生（淡江大學、臺灣大學）、薛理桂（淡江大學）、高樺瑤（淡江大學）、陳浩（世界新聞專科學校、實踐家政專科學校）、張樹三（世界新聞專科學校、輔仁大學、臺北商業專科學校、致理商業專科學校、銘傳商業專科學校）、張澤民（世界新聞專科學校）、程素珠（世界新聞專科學校）、王征（輔仁大學）、廖又生（臺灣大學）、凌公山（逢甲大學）、晏重慶（臺北商業專科學校）、廖龍波（臺北商業專科學校）、林品香（致理商業專科學校）、黃大為（銘傳商業專科學校）、黃淑英（銘傳商業專科學校）、徐玲玲（淡水工商管理專科學校）、楊光祚（崇佑企業管理專科學校）、張世惠（崇佑企業管理專科學校）、范金波（銘傳商業專科學校）等、路守常（中華檔案暨資訊微縮學會）。以下將重點介紹：

倪寶坤（1903[150]-1991[151]），出生於南京，畢業於南京金陵中學[152]、南京金陵大學圖書館學系及中央政治學校。1949 年之前，擔任中央政治學校圖書館館長。國民政府遷臺後，倪寶坤先後擔任內政部調查局檔案室主任、國史館史料處處長（1958 年至 1973 年）。工作之外，倪寶坤在臺灣師範大學社會教育學系兼任教授，專授檔案管理學（1958 年 8 月至 1986 年 7 月）。其他兼任授課的學校還有政治大學、銘傳商業專科學校。亦曾在國防部人事室兼任顧問約十年。[153]出版有《現代檔案管理學（上冊）》、《圖書分類方法》、《圖書館編目學》等。此外著有《現代檔案管理學（下冊）》，未出版，僅存手稿。

[150] 林滿紅、曹慧如，〈復館初期的國史館——李雲漢先生訪談記錄〉，**國史館館訊**，5 期（2010 年）：115-19，檢索於 2017 年 2 月 20 日，http://www.drnh.gov.tw/ImagesPost/3eb51055-916a-4547-98c9-fa03472398b0/c165c07b-1f02-40a8-a8bb-df62004ad8ba_ALLFILES.pdf。

[151] 張樹三，〈倪寶坤（1920-1991）〉，在《圖書館人物誌》，黃元鶴、陳冠至主編，（臺北市：五南，2014），243-47。

[152] 南京市金陵中學，「1920-1929 屆校友」，南京市金陵中學網站，檢索於 2017 年 2 月 20 日，http://www.jlhs.net/DisplayInfo.jsp?pageID=7291&menuID=186。

[153] 張樹三，〈倪寶坤（1920-1991）〉，在《圖書館人物誌》，黃元鶴、陳冠至主編，（臺北市：五南，2014），243-47。

方同生（1925-1982），字孟和，安徽省桐城縣人。先後畢業於印第安納大學、南密西西比大學，獲科學教育碩士暨視聽教育專家學位、圖書館學碩士學位。先後服務於臺灣省立花蓮師範學校、革命實踐研究院、臺灣省立師範學院視聽教育中心。1967 年，自印第安納大學獲得學位之後，獲聘於淡江文理學院（1980 年改名淡江大學）任覺生紀念圖書館館長兼視聽教育館館長、教育資料科學學系主任等職。著有《視聽教育學》、《視聽教育法》、《教育資料管理》、《非書資料管理》。[154]

張樹三（1933－），字培仁，山東省濮縣人（今河南省范縣）。[155]先後畢業於新竹師範學院、臺灣省立師範大學社會教育學系圖書館組、中國文化大學史學研究所，並於 1986 年赴美國俄亥俄大學圖書館研究圖書館自動化。曾任行政院經濟建設委員會專門委員（圖書室主任）、新竹師範學院圖書館館長等職。[156]著有《圖書目錄概論》、《中文圖書分類之原理及實務》、《中文檔案管理概要》、《英文檔案管理概要》、《專門圖書館管理》、《小學圖書館管理》、《圖書檔案教育文集》、《文書檔案管理通論》、《書本目錄與卡片目錄之比較研究》等。

參、提速期的檔案學教育（1996 年至今）

1996 年以來，臺灣檔案教學進入提速階段。這一時期發生了三件標誌性事件，標誌著提速階段的到來。分別是政大圖書資訊與檔案學研究所檔案組成立、《檔案法》頒布施行、檔案管理局成立。

1996 年，政治大學圖書資訊學研究所成立。[157]該所成立之初設置圖書資訊學、檔案學與博物館學三個分組。檔案組的成立，象徵著臺灣檔案學正規教育走向系統化與專門化。

檔案學組開設了一系列與檔案學相關的課程，諸如檔案學研究、檔案選擇與鑑定、檔案編排與描述、檔案行銷學、檔案參考服務、國際檔案學、電子文件管理專題、檔案館管理、清代檔案制度、檔案保護技術、檔案工作實務等課

---

[154] 黃鴻珠，〈方同生（1925-1982）〉，在《圖書館人物誌》，黃元鶴、陳冠至主編，（臺北市：五南，2014），261-66。

[155] 張樹三，《文書檔案管理通論》之封底，（臺北市：曉園，1992）。

[156] 黃元鶴、陳冠至主編，《圖書館人物誌》之主編、作者簡歷（臺北市：五南，2014），17-18。

[157] 彭明輝，《政治大學校史（1987-1996）》，（臺北市：國立政治大學，2007），265。

程。檔案組的成立，象徵著臺灣檔案學正規教育走向系統化與專門化。2003 年 8 月，政治大學圖書資訊學研究所更名為「圖書資訊與檔案學研究所」，從此在臺灣開始有以「檔案學」為名的研究所。[158] 2010 年，政大圖書資訊與檔案學研究所博士班成立。該博士班並未分組，博士生可選擇圖書資訊或檔案學專業。臺灣有了第一個培養檔案學博士的學術機構，迄今為止該所已經招收了 6 屆博士生，其中有多位博士生選擇以檔案學為其專業。

　　1999 年，《檔案法》公布，並於 2002 年 1 月 1 日正式施行，該法為臺灣檔案管理制度的建立提供了法律依據。2001 年 10 月 24 日，《檔案管理局組織條例》公布施行，同年 11 月 23 日檔案管理局正式成立。該局的成立標誌著臺灣第一個檔案主管機關的正式誕生。《檔案法》的施行和檔案中央主管機關的成立推動了檔案事業和檔案學教育的發展。

　　這一時期開設檔案學教育的學校有：政治大學、臺灣大學、臺灣師範大學、輔仁大學、淡江大學、世新大學。除了上述提及的檔案學教育之外，檔案管理局、政大公企中心、中華檔案暨資訊微縮學會亦開展檔案學分、證書課程以及相關的培訓，見表 5-22。

表 5-22　中華檔案暨資訊微縮管理學會辦理各種講習班一覽表

講習班名稱	時間	講習要點	人數	期數	時數
21 世紀高科技研討會	1997.5	電腦、網路技術及策略	26	1	12
微縮與光碟系統研習班	1998.3	微縮光碟與電腦影像整合技術	52	1	36
病歷檔案管理實務研習班	1998-1999	病歷檔案微縮管理	178	2	36
現代檔案管理講習班	2000.3	檔案管理自動化、現代化	104	1	30
現代檔案管理講習班	2000.5	檔案管理自動化、現代化	62	1	30

資料來源：杜陵，〈從資料處理到檔案管理〉，檔案與微縮，57 期（200 年夏季版）：5-21。

第四節　臺灣檔案學教育現況

　　本節將從系所設置、學科隸屬與學位授予、地理分布、入學方式與考試、學生、教師等六個方面展開論述。

---

[158] 薛理桂，〈台灣地區檔案事業與檔案教育發展現況與前瞻〉，圖書與資訊學刊，59 期（2006 年 11 月）：16-24。

壹、系所設置

判斷臺灣大學校院的系所是否是存有檔案學教育的標準有二，一是該系所是否隸屬於「傳播學門」之下的「一般大眾傳播學類」或「圖書資訊檔案學類」，因為一般大眾傳播包括廣播、電視，資訊來自新聞、廣告、博物館圖書（管理與檔案），以及連結兩者的公共關係學、傳播學。而「圖書資訊檔案學類」培養現代化的圖書館資訊與檔案服務研究、教學與實務工作人才，且探討新的資訊、傳播科技於圖書館資訊與檔案服務上之應用。[159]此二類均與檔案專業相關。二是，該系所是否開設有檔案相關課程與人才培養，表現為本科階段開設有檔案相關課程；碩士研究生階段規劃或開設有檔案相關課程且有教師指導學生撰寫檔案相關畢業論文；博士研究生階段規劃或開設有檔案相關課程且有教師指導學生撰寫檔案相關畢業論文。

據此判斷調查之後發現：現階段，臺灣開設檔案正規教育的學校共有6所，分別是政治大學圖書資訊與檔案學研究所、臺灣大學圖書資訊學系、臺灣師範大學圖書資訊學研究所、輔仁大學圖書資訊學系、淡江大學資訊與圖書館學系、世新大學資訊傳播學系。開展檔案學大學部教育的系所有3所，分別是：臺灣大學圖書資訊學系、輔仁大學圖書資訊學系、世新大學資訊傳播學系；開展檔案學碩士研究生教育的系所有 5 所，分別是政治大學圖書資訊與檔案學研究所、臺灣大學圖書資訊學系、臺灣師範大學圖書資訊學研究所、淡江大學資訊與圖書館學系、世新大學資訊傳播學系；開展檔案學博士研究生教育的系所只有政治大學圖書資訊與檔案學研究所，見表5-23。

表 5-23　臺灣檔案學教育系所一覽表

所在縣市	院校系所名稱	學歷／開設檔案課程時間		
		本科	碩士	博士
臺北市	政治大學圖書資訊與檔案學研究所	-	1996	2010
臺北市	臺灣大學圖書資訊學系	*	*	-
臺北市	臺灣師範大學圖書資訊學研究所	-	*	-
新北市	輔仁大學圖書資訊學系	*	-	-
新北市	淡江大學資訊與圖書館學系	*	*	-
臺北市	世新大學資訊傳播學系	-	*	-

注：「-」表示該系所未開設本學歷教育，「*」表示有開設檔案管理教育或課程，但起訖時間不詳。

---

[159] 教育部編，《中華民國教育程度及學科標準分類（第四次修正）》，（臺北市：教育部，2007），7。

從本科生學歷來看，臺灣尚無以「檔案學」或「檔案管理學」為名的本科專業。表 5-23 中的學校，臺灣大學、輔仁大學、淡江大學三校均是在「圖書資訊學」專業下開設檔案相關課程。淡江大學資訊與圖書館學系規劃或開設 9 門、臺灣大學開設 6 門、輔仁大學開設 1 門，見表 5-24。淡江大學規劃或開設有檔案學概論、檔案館藏發展與維護、電子公文檔案資訊系統、檔案讀者服務、檔案編排與描述、政府資訊與出版、數位典藏、數位檔案管理、數位資訊保存；臺灣大學開設有政府檔案管理實務、政府檔案資訊行政、檔案研究、數位典藏專題研究、檔案館行銷、檔案學導論、政府資訊資源、檔案編排與描述；輔仁大學僅開設檔案管理。以上所有課程均為選修課，各校尚未開設檔案必修課。由此可見，在本科生學歷，臺灣大學與淡江大學對檔案學教育比較關注，開設了較多了選修課程。

表 5-24　臺灣部分院校系所開設檔案管理課程一覽表

院校系所名稱	課程名稱	學分	學歷	必／選修	授課教師
臺灣大學圖書資訊學系	檔案學導論	3	學士班	選修	林奇秀
	政府資訊資源	3	學士班	選修	林奇秀
	檔案編排與描述	3	學士班	選修	張郁蔚
	政府檔案管理實務	3	學士班／碩士班	選修	林秋燕
	政府檔案資訊行政	3	學士班／碩士班	選修	林秋燕
	檔案館行銷	3	學士班／碩士班	選修	張郁蔚
	數位典藏專題研究	3	碩士班	選修	陳雪華
	檔案研究	3	碩士班	選修	張郁蔚
臺灣師範大學圖書資訊學研究所	檔案學研究	3	碩士班	選修	-
輔仁大學圖書資訊學系	檔案管理	2	學士班	選修	-
淡江大學資訊與圖書館學系	檔案學概論	2	學士班	選修	-
	檔案館藏發展與維護	2	學士班	選修	
	電子公文檔案資訊系統	2	學士班	選修	
	檔案讀者服務	2	學士班	選修	
	檔案編排與描述	2	學士班	選修	
	政府資訊與出版	2	學士班	選修	
	數位典藏概論	2	學士班	選修	
	數位檔案管理	3	學士班	選修	
	數位資訊保存	3	學士班	選修	
	數位資源管理	3	碩士班	選修	
	電子檔案管理	3	碩士班	選修	
	檔案管理學研究	2	碩士班	選修	
	檔案鑑定	3	碩士班	選修	

院校系所名稱	課程名稱	學分	學歷	必／選修	授課教師
	檔案編排描述	3	碩士班	選修	
	數位資訊保存研究	3	碩士班	選修	
世新大學資訊傳播學系	商業檔案學研究	3	碩士班	選修	-

資料來源：國立臺灣大學圖書資訊學系，「課程資訊」，國立臺灣大學圖書資訊學系網站，檢索於 2017 年 2 月 21 日，http://www.lis.ntu.edu.tw/?page_id=148；國立臺灣師範大學圖書資訊學研究所，「課程資訊」，國立臺灣師範大學圖書資訊學研究所網站，檢索於 2017 年 2 月 21 日，http://www.glis.ntnu.edu.tw/course/super_pages.php?ID=course0；輔仁大學圖書資訊學系，「學士班-課程資訊」，輔仁大學圖書資訊學系網站，檢索於 2017 年 2 月 21 日，http://web.lins.fju.edu.tw/chi/college-structure；淡江大學資訊與圖書館學系，「課程規劃」，淡江大學資訊與圖書館學系網站，檢索於 2017 年 2 月 21 日，http://www.dils.tku.edu.tw/dilswordpress/；世新大學資訊傳播學系，「課程資訊」，世新大學資訊傳播學系網站，檢索於 2017 年 2 月 21 日，http://ic.shu.edu.tw/；注：「-」表示任課教師不詳。

　　從碩士生學歷來看，政治大學、臺灣大學、臺灣師範大學、淡江大學與世新大學開設檔案專業或檔案課程。政治大學圖書資訊與檔案學研究所招收「檔案學組」研究生。臺灣大學、臺灣師範大學、淡江大學與世新大學則是在課程體系中加入一定數量的檔案課程。如臺灣大學圖書資訊學系開設政府檔案管理實務、政府檔案資訊行政、檔案研究、數位典藏專題研究、檔案館行銷等五門課程；淡江大學資訊與圖書館學系開設數位資源管理、電子檔案管理、檔案管理學研究、檔案鑑定、檔案編排描述、數位資訊保存研究等六門課。而臺灣師範大學圖書資訊學研究所與世新大學資訊傳播系僅開設一門檔案學課程，分別是檔案學研究、商業檔案學研究，見表 5-24。

　　從博士生學歷來看，只有政治大學圖書資訊與檔案學研究所招收「檔案學組」博士生（後改為不分組）。且開設檔案學課程的博士班也只有政治大學圖書資訊與檔案學研究所，見表 5-24。圖書資訊學與檔案學有著共同的學科基礎與理論，多門課程均為兩專業所必修。故上述系所雖未專門設置「檔案學組」，但有多位學生撰寫檔案學相關博碩士論文，見表 5-25。

表 5-25　臺灣部分院校系所學生撰寫檔案學博碩士論文（截止到 2016 年）

院校系所	論文題目	作者	指導教授	年分	學歷
臺灣大學圖書資訊學系	檔案價值內涵與其形成過程之研究——以政府機關檔案為例	林素甘	陳雪華、薛理桂	2006	博士
	檔案館使用者資訊行為及其情境脈絡之探索	王麗蕉	林珊如	2014	博士
	政府文書檔案互動整合模式之建構	林秋燕	陳雪華	2014	博士
	臺灣大學收藏臺灣人文社會舊籍與檔案資料沿革之研究	鄭景文	盧秀菊	1993	碩士

院校系所	論文題目	作者	指導教授	年分	學歷
	美國政府資訊指引服務之研究	陳瑩芳	陳雪華	1999	碩士
	淡新檔案行政篇索引典建構之研究	黃邦欣	黃慕萱	1999	碩士
	政府機關開放資料分享之影響因素探討——以臺中市政府為例	賴泱州	楊東謀	2015	碩士
	政府開放資料承辦人員之資料尋求歷程初探	馬中哲	楊東謀	2016	碩士
	全球 500 大企業之檔案取用性探討	謝孟穎	張郁蔚	進行中	碩士
輔仁大學圖書資訊學系	我國古代檔案制度考述（商周時期）	陳忠誠	盧荷生	1996	碩士
	我國政府檔案分類之回顧與前瞻	胡英麟	盧荷生	1998	碩士
淡江大學資訊與圖書館學系	電子檔案封裝策略及其工具之研究	陳莉娟	歐陽崇榮	2009	碩士
	電子檔案管理標準之研究	劉昌柏	歐陽崇榮	2012	碩士
	數位資訊保存格式辨識工具之探討	劉承達	歐陽崇榮	2015	碩士
臺灣師範大學圖書資訊學研究所	全集層次詮釋資料之應用研究：以 EAD 為例	蕭伯瑜	陳昭珍	2007	碩士
	民國以來檔案管理制度之研究	吳宇凡	薛理桂	2015	博士
	我國國家檔案館保存策略之研究	陳淑美	薛理桂	2016	博士
	我國國家檔案館組織與功能之研究	唐建清	薛理桂	1997	碩士
	檔案描述編碼格式（EAD）在中文檔案應用之研究	賴麗雯	薛理桂	1999	碩士
	我國大學電子公文系統架構及其內容之研究—以北區大學為例	陳政益	薛理桂	2000	碩士
	檔案描述規則之比較研究：以 ISAD（G）、APPM 及 MAD3 為例	傅明儀	薛理桂	2001	碩士
政治大學圖書資訊與檔案學研究所	臺灣地區建置縣（市）立檔案館可行性之研究	洪一梅	薛理桂	2001	碩士
	我國大學檔案館設置可行性之研究	黃亭穎	薛理桂	2001	碩士
	檔案學碩士教育之比較研究：以五國九校為例	葉淑慧	薛理桂	2002	碩士
	檔案館使用者之資訊行為研究：以中研院近史所檔案館為例	陳碧珠	薛理桂	2002	碩士
	我國歷史檔案館館藏發展政策訂定之研究	劉佳琳	薛理桂	2002	碩士
	臺灣醫院院史館管理體制之研究	朱玉芬	薛理桂	2003	碩士
	我國政府機關電子文件鑑定制度之研究	黃國斌	薛理桂	2003	碩士
政治大學圖書資訊與檔案學研究所	我國歷史檔案館藏檢索系統在 Web 環境中建置之研究	張淑惠	薛理桂	2003	碩士
	照片檔案編排與描述之研究	蔡青芳	薛理桂	2003	碩士
	行憲以來我國歷任總統文物管理之研究	竇薇薇	薛理桂	2003	碩士
	我國大學校史館（室）之功能與行政隸屬研究	錢中媛	薛理桂	2003	碩士
	我國個人文件典藏管理之研究：以公部門為例	林嘉玫	薛理桂	2003	碩士

院校系所	論文題目	作者	指導教授	年分	學歷
	檔案在高中臺灣史教學運用之研究	張凱迪	薛理桂	2003	碩士
	中研院近史所檔案館數位保存後設資料項目建置之研究	王文英	薛理桂	2004	碩士
	檔案控制層次在歷史檔案編排之應用	葉美珠	薛理桂	2004	碩士
	美國、英國、澳洲國家檔案館檔案網路開放應用之比較研究	葉俊宏	薛理桂	2004	碩士
	歷史檔案策展研究—理論、概述、與實例	蔡宜娟	馮明珠	2004	碩士
	城市建設檔案管理體系建置之研究	陳慧娟	薛理桂	2004	碩士
	臺灣地區典藏古地契資源之研究	劉純芬	薛理桂	2004	碩士
	我國公營事業民營化過程之檔案管理研究：以臺鹽公司、臺電公司、臺灣菸酒公司、中船公司為例	陳珈宏	薛理桂	2004	碩士
	臺灣總督府檔案編排與描述之研究	黃淑惠	薛理桂	2006	碩士
	國家檔案鑑定與移轉機制之比較研究：以加拿大、美國、臺灣為例	詹幼華	薛理桂	2006	碩士
	從主題檔案館功能探討我國軍事檔案館設置之必要性	熊蒂生	薛理桂	2006	碩士
	臺灣地區銀行產業檔案管理體系之研究—以國內兩家民營銀行為例	蘇倉楠	薛理桂	2006	碩士
	我國檔案法立法過程之研究	廖彩惠	薛理桂	2006	碩士
	我國國家檔案徵集政策之研究	凌寶華	薛理桂	2007	碩士
	參考服務在國內檔案典藏單位應用之研究	陳憶華	薛理桂	2007	碩士
	臺灣家族檔案公部門蒐藏及管理之研究	劉美伶	薛理桂	2007	碩士
	臺灣地區檔案館危機管理之研究	王昉晧	薛理桂	2008	碩士
	臺灣地區檔案素養評估指標之研究	高君琳	薛理桂	2008	碩士
	Web 2.0 概念與技術在我國檔案典藏單位應用之研究	林國勳	薛理桂	2008	碩士
	檔案典藏單位檔案應用推廣之研究	鄧蓮華	薛理桂	2009	碩士
	個人檔案編排與描述之研究—以國內兩大典藏機構為例	廖淑媚	薛理桂	2009	碩士
	臺灣檔案典藏單位口述歷史館藏整理與應用	顏佩貞	薛理桂	2009	碩士
政治大學圖書資訊與檔案學研究所	國民小學校史檔案之整理與運用——以臺北市百年國小為例	賀語宸	薛理桂	2009	碩士
	我國國家層級檔案館與圖書館典藏與應用服務整併之可行性研究	吳宇凡	薛理桂	2009	碩士
	無線射頻識別（RFID）應用於檔案典藏單位庫房管理可行性之研究	王鈺蕙	薛理桂	2010	碩士
	高中校史檔案管理與運用—以臺灣光復前成立之中等學校為例	周旻邑	薛理桂	2010	碩士

院校系所	論文題目	作者	指導教授	年分	學歷
	我國政府機關會計類檔案的鑑定與清理	莊詒婷	薛理桂	2010	碩士
	我國戶政與戶籍檔案之典藏管理－以北市及新北市為例	劉珮君	林巧敏	2011	碩士
	檔案管理人員繼續教育滿意度與需求之研究	陳秋瑾	薛理桂	2011	碩士
	我國檔案專業學會組織與活動之分析研究	吳俞伶	林巧敏	2011	碩士
	二戰期間紙質檔案保存維護策略之研究－以國史館、國史館臺灣文獻館為例	洪碧苓	林巧敏	2012	碩士
	檔案目錄整合檢索系統之優使性研究──以 ACROSS 為例	鄭伊廷	林巧敏	2012	碩士
	臺灣文學作家手稿徵集與典藏之研究	蔡孟軒	薛理桂	2012	碩士
	臺灣文獻遺產登錄世界記憶之研究	林柏伶	薛理桂	2012	碩士
	臺灣地區縣史館轉型為公共檔案館可行性研究	黃雅珮	林巧敏	2013	碩士
	檔案典藏機構推廣服務應用行銷組合之研究	王欣愉	林巧敏	2013	碩士
	苗栗縣國中校史檔案管理與運用之研究	陳海鵬	薛理桂	2013	碩士
	光復後臺灣省級機關（構）檔案之博碩士論文引用分析研究	黃偉訓	薛理桂	2013	碩士
	高職學生建構數位學習檔案歷程之個案分析	趙佩瑜	薛理桂	2013	碩士
	臺灣地區古文書的編排與描述之研究	郭紋秀	薛理桂	2014	碩士
	影音檔案網站架構內容分析研究	戴芳伶	林巧敏	2014	碩士
	檔案典藏機構開放取用與限閱政策之研究	林玉珮	林巧敏	2014	碩士
	公立高級職業學校學籍檔案管理與運用之研究─以臺北市與新北市為例	葉貴興	薛理桂	2014	碩士
	數位檔案資源在國小教學之應用:以新竹縣為例	劉宛琪	薛理桂	2014	碩士
	國家檔案網路教學資源建置與教學運用之研究	徐家媛	薛理桂	2015	碩士
	國家檔案館藏調閱使用之研究	王立勛	林巧敏	2015	碩士
	檔案典藏機構館藏維護政策之研究	李佩珊	林巧敏	2015	碩士
政治大學圖書資訊與檔案學研究所	我國數位檔案加值應用之研究	黃若瑜	薛理桂	2015	碩士
	臺灣與澳門檔案機關行政管理體制之比較研究	周婥鈮	薛理桂	2015	碩士
	檔案館運用 Facebook 粉絲專頁互動經營之研究	王琪寬	林巧敏	2016	碩士
	美術館藝術檔案徵集與整理之研究	郭姿妙	薛理桂	2016	碩士
	臺灣地區博物館歷史檔案之典藏與管理	鐘秉慧	薛理桂	2016	碩士

院校系所	論文題目	作者	指導教授	年分	學歷
	國際檔案學文獻之書目計量分析（1976-2015）	許蓀咪	林巧敏	2016	碩士

資料來源：國立臺灣大學圖書資訊學系，「學術研究-學位論文」，國立臺灣大學圖書資訊學系網站，檢索於 2017 年 2 月 21 日，http://www.lis.ntu.edu.tw/?page_id=440；國立臺灣師範大學圖書資訊學研究所，「學術研究-歷屆論文」，國立臺灣師範大學圖書資訊學研究所網站，檢索於 2017 年 2 月 21 日，http://www.glis.ntnu.edu.tw/per2/super_pages.php?ID=per201；輔仁大學圖書資訊學系，「碩士班-論文資訊」，輔仁大學圖書資訊學系網站，檢索於 2017 年 2 月 21 日，http://web.lins.fju.edu.tw/chi/thesis；淡江大學資訊與圖書館學系，「學術研究-歷屆畢業論文」，淡江大學資訊與圖書館學系網站，檢索於 2017 年 2 月 21 日，http://etds.lib.tku.edu.tw/etdservice/bl?from=DEPT&deptid=D0002001003；國立政治大學圖書資訊與檔案學研究所，「學術成果-博碩士論文」，國立政治大學圖書資訊與檔案學研究所網站，檢索於 2017 年 3 月 19 日，http://www2.lias.nccu.edu.tw/study/pages.php?ID=study2。

貳、學科隸屬與學位授予

臺灣教育部編製的大專校院學科標準分類係參照聯合國教科文組織（United Nations Education Scientific and Cultural Organization, UNESCO）國際教育標準分類（International Standard Classification of Education, ISCED）1997年版修訂，主要供為教育統計資料在蒐集、彙編及國際比較時，具有一致基準。該分類標準共將學科分為九個領域，即（1）教育領域、（2）人文及藝術領域、（3）社會科學、商業及法律領域，（4）科學領域、（5）工程、製造及營造領域、（6）農學領域、（7）醫藥衛生及社福領域、（8）服務領域、（9）其他領域。「社會科學、商業及法律領域」分為四門：社會及行為科學學門、傳播學門、商業及管理學門、法律學門。傳播學門又細分為九類：一般大眾傳播學類、新聞學類、廣播電視學類、公共關系學類、博物館學類、圖書資訊檔案學類、圖文傳播學類、廣告學類、其他傳播及資訊學類。由此可見，「圖書資訊檔案學類」屬於「社會科學、商業及法律領域」中「傳播學門」。[160]

圖書資訊檔案學類的定位在於「培養現代化的圖書館資訊與檔案服務研究、教學與實務工作人才，且探討新的資訊、傳播科技於圖書館資訊與檔案服務上之應用」。[161] 在圖書資訊檔案學類下面可設的系科有四，分別是（資訊與）圖書館學系（系科代碼：320601）、（數位）圖書資訊學系（系科代碼：320602）、圖書資訊與檔案學研究所（系科代碼：320603）、數位出版與典藏數位學習研究

---

[160] 教育部，〈大專校院學科標準分類查詢〉，教育部全球資訊網，檢索於 2016 年 10 月 06 日，https://stats.moe.gov.tw/bcode/。

[161] 同上註。

所（系科代碼：320605）。而世新大學資訊傳播學系則屬於傳播學門下的一般大眾傳播學類，其定位在於「一般大眾傳播包括廣播、電視，資訊來自新聞、廣告、博物館圖書（管理與檔案），以及連結兩者的公共關係學、傳播學」。[162]見圖 5-2。

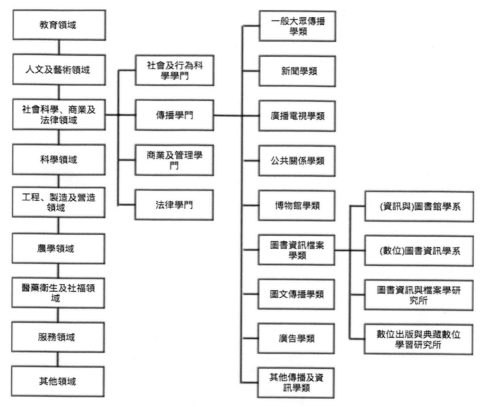

圖 5-2　臺灣圖書資訊與檔案學類學科結構圖

資料來源：根據〈教育部，「大專校院學科標準分類查詢」，教育部全球資訊網，檢索於 2017 年 2 月 22 日，https://stats.moe.gov.tw/bcode/。〉整理。

根據臺灣教育部《大學各系所（組）授予學位中、英文名稱參考手冊》，圖書資訊圖書資訊學系、圖書資訊與檔案學研究所、資訊與圖書館學系可授予文學學士（Bachelor of Arts）或圖書資訊學學士（Bachelor of Library & Information Science）、文學碩士（Master of Arts）或圖書資訊學碩士（Master of Library and Information Science）、文學博士或圖書資訊學博士（Doctor of Philosophy）。而

[162] 同上註。

資訊傳播學系授予文學學士（Bachelor of Arts）、文學碩士（Master of Arts）、文學博士（Doctor of Philosophy）[163]。

參、地理分布

臺灣現有檔案正規教育的學校共有 6 所，見表 5-23。其中，4 所分布在臺北市、2 所分布在新北市。而桃園市、臺中市、臺南市、高雄市、基隆市、新竹市、嘉義市、新竹縣、苗栗縣、彰化縣、南投縣、雲林縣、嘉義縣、屏東縣、宜蘭縣、花蓮縣、臺東縣、澎湖縣、金門縣、連江縣等縣市的數量為 0，見表 5-26。

表 5-26　臺灣檔案學教育系所地理分布

區域	數量
臺北市	4
新北市	2
桃園市、臺中市、臺南市、高雄市、基隆市、新竹市、嘉義市、新竹縣、苗栗縣、彰化縣、南投縣、雲林縣、嘉義縣、屏東縣、宜蘭縣、花蓮縣、臺東縣、澎湖縣、金門縣、連江縣	0

肆、入學方式與考試

一、檔案學相關大學部的入學方式與考試

臺灣高中生透過多元入學管道進入大學部學習。其方式分為「大學甄選入學」及「大學考試入學」2 大招生管道。「大學甄選入學」管道又分為「繁星推薦」及「個人申請」兩種招生方式。[164]

學生依據其填報的志願進入檔案學相關大學部就讀。在大學部期間還可以透過轉系／輔系／雙主修、轉學等方式修讀檔案學相關大學部及課程。

---

[163] 教育部高等教育司，《大學各系所（組）授予學位中、英文名稱參考手冊》，清華大學綜合教務組網站，最後更新於 2005 年 6 月 21 日，檢索於 2017 年 2 月 22 日，http://dgaa.web.nthu.edu.tw/ezfiles/74/1074/img/360/rule4-3.pdf。

[164] 教育部，《第七次中華民國教育年鑑（電子書）》，（臺北市：教育部，2012），153-215，檢索於 2017 年 3 月 24 日，http://www.naer.edu.tw/ezfiles/0/1000/attach/32/pta_5456_1563025_23798.pdf。

二、檔案學研究生的入學方式與考試

臺灣檔案學相關系所的研究生入學管道有兩種：甄試與一般考試。

（一）檔案學碩士研究生的入學方式與考試

臺灣檔案學相關系所碩士研究生甄試入學的甄試項目比較一致，一般為書面審查、口試，僅臺灣大學圖書資訊學系書目審查與口試之外，另有一門筆試，筆試內容為英文。書面審查的材料一般為：自傳、研究計畫、歷年成績單、推薦信、其他有利審查之材料，如英文檢定證明、學術成果、參與社團證明、得獎證明等。書面審查與口試成績所占比重一半為各 50%。臺灣師範大學圖書資訊學研究所是書面審查成績占 40%、口試成績占 60%。臺灣大學圖書資訊學系甲、乙兩組因有筆試成績，其書面審查成績、口試成績、筆試成績，分別占 40%、40%、20%。而丙組因為沒有筆試，審查成績、口試成績所占比重各 50%，見表 5-27。

表 5-27　臺灣檔案學相關系所碩士研究生甄試

院校系所	類別	報考要求	甄試科目	成績比重
政治大學圖書資訊與檔案學研究所	一般生	大學或研究所畢業；大學（含同等學力）或研究所之畢業生於畢業（或取得同等學力資格）後，在圖書館、檔案館或資訊服務相關單位工作一年以上	書面審查	50%
			口試	50%
臺灣大學圖書資訊學系	甲組一般生	報考者須為圖書資訊學相關學系畢業（含應屆）生	書面審查	40%
			筆試：英文	20%
			口試	40%
	乙組在職生	報考者須為圖書資訊學相關學系畢業生；報名時須繳交現職工作單位主管同意在職進修證明書，此證明中須有「同意該員在職進修」之字句	書面審查	40%
			筆試：英文	20%
			口試	40%
臺灣大學圖書資訊學系	丙組一般生	報考者須為圖書資訊學相關學系以外之畢業（含應屆）生	書面審查	50%
			口試	50%
臺灣師範大學圖書資訊學研究所	一般生	大學畢業具有學士學位者（含應屆），或具有同等學力者	書面審查	40%
			口試	60%
淡江大學資訊與圖書館學系	一般生	大學畢業（含應屆畢業生）或具同等學力者	書面審查	50%
			口試	50%
世新大學資訊傳播學系	一般生	大學畢業具有學士學位者（含應屆）、具同等學力資格者	書面審查	50%
			口試	50%

資料來源：國立政治大學圖書資訊與檔案學研究所，「招生資訊」，國立政治大學圖書資訊與檔案學研究所網站，檢索於 2017 年 2 月 22 日，http://www2.lias.nccu.edu.tw/admiss/recruit.php?class=101；

國立臺灣大學教務處研究生教務組，「國立臺灣大學 106 學年度碩士班甄試招生（系所）簡章」，國立臺灣大學教務處網站，檢索於 2017 年 2 月 22 日，http://gra103.aca.ntu.edu.tw/brochure/detail.asp；國立臺灣師範大學教務處企劃組，「106 學年度碩士班甄試入學招生簡章」，國立臺灣師範大學教務處網站，最後更新於 2016 年 9 月 1 日，檢索於 2017 年 2 月 22 日，http://www.aa.ntnu.edu.tw/news/news.php?Sn=58；淡江大學教務處招生組，「106 學年度碩博士班甄試招生簡章」，淡江大學教務處網站，最後更新於 2016 年 10 月 5 日，檢索於 2017 年 2 月 22 日，http://www.acad.tku.edu.tw/AS/news/news.php?Sn=1278；世新大學教務處招生組，「106 甄試入學招生簡章」，世新大學教務處網站，檢索於 2017 年 2 月 22 日，https://drive.google.com/file/d/0BwegzJIBPrXgb1E4Yi0tamtEUWs/view。

　　臺灣檔案學相關系所碩士研究生一般入學考試科目，除臺灣大學圖書資訊學系丙組及世新大學資訊傳播學系透過書面審查和口試的方式考覈之外，其餘學校均需要筆試。在需要考試的系所中，淡江大學將英文作為選考科目，而政治大學圖書資訊與檔案學研究所、臺灣大學圖書資訊學系、臺灣師範大學圖書資訊學研究所則是將英文作為必考科目。但是各系所對英文成績的處理方式不盡相同，政治大學圖書資訊與檔案學研究所將英文成績入筆試總成績；臺灣大學圖書資訊學系的英文成績不記入總分，但是英文成績未達 50% 之前的考生，不予錄取；臺灣師範大學圖書資訊學研究所英文成績不記入總分，但是作為同分的參酌，見表 5-28。

表 5-28　臺灣檔案學相關系所碩士研究生一般入學考試科目

院校系所	類別	報考要求	考試科目	成績比重
政治大學圖書資訊與檔案學研究所	一般生	大學畢業具有學士學位者（含應屆），或具有同等學力者	英文	100%
			檔案學、中國現代史（2選1）	
臺灣大學圖書資訊學系	一般生	報考者須為圖書資訊學相關學系畢業（含應屆）生	英文（Ａ）	0%
			圖書資訊學、參考資源與服務、資訊組織	100%
臺灣師範大學圖書資訊學研究所	一般生	大學畢業具有學士學位者（含應屆），或具有同等學力者	圖書資訊學導論、資訊傳播學概論、電子計算機概論（3選1）	100%
			英文	同分參酌
淡江大學資訊與圖書館學系	一般生	獲學士學位或同等學力者	圖書館學與資訊科學資訊概論、英文（2選1）	100%
世新大學資訊傳播學系	一般生	大學畢業具有學士學位者（含應屆）、具同等學力資格者	書面審查	40%
			口試	60%

資料來源：國立政治大學圖書資訊與檔案學研究所，「招生資訊」，國立政治大學圖書資訊與檔案學研究所網站，檢索於 2017 年 2 月 22 日，http://www2.lias.nccu.edu.tw/admiss/recruit.php?class=101；國立臺灣大學教務處研究生教務組，「碩士班招生」，國立臺灣大學教務處網站，檢索於 2017 年 2 月 22 日，http://www.aca.ntu.edu.tw/aca2012/gra/access/accma/callname.asp；國立臺灣師範大學教務處企劃組，「106 學年度碩士班甄試入學招生簡章」，國立臺灣師範大學圖書資訊

學研究所網站，最後更新於 2016 年 12 月 18 日，檢索於 2017 年 2 月 22 日，http://www.glis.ntnu.edu.tw/admiss/recruit.php?Sn=76；淡江大學教務處招生組，「106 學年度碩博士班招生簡章」，淡江大學教務處網站，最後更新於 2016 年 11 月 11 日，檢索於 2017 年 2 月 22 日，http://www.acad.tku.edu.tw/AS/news/news.php?Sn=1290；世新大學教務處招生組，「106 碩士班招生簡章（公告）」，世新大學教務處網站，檢索於 2017 年 2 月 22 日，https://drive.google.com/file/d/0BwegzJIBPrXgN3pFSV9xTWpJM28/view。

（二）檔案學博士研究生的入學方式與考試

臺灣檔案學博士研究生招生單位，僅政治大學圖書資訊與檔案學研究所一校。故本部分僅就政治大學圖書資訊與檔案學研究所博士研究生的招生說明。

政治大學圖書資訊與檔案學研究所博士研究生入學考試分為甄試和一般考試。兩種考試方式在時間安排上有先後，先甄試，後一般考試。兩種入學考試的項目均相同，即分為書面審查和口試，成績各占 50%，見表 5-29。

表 5-29　臺灣檔案學博士研究生入學考試

院校系所	甄試		一般考試	
	項目	成績比重	考試科目	成績比重
政治大學圖書資訊與檔案學研究所	書面審查	50%	書面審查	50%
	口試	50%	口試	50%

資料來源：國立政治大學圖書資訊與檔案學研究所，〈招生資訊〉，國立政治大學圖書資訊與檔案學研究所網站，檢索於 2017 年 2 月 22 日，http://www2.lias.nccu.edu.tw/admiss/recruit.php?class=101。

伍、學生

表 5-23 中的 6 所學校，只有政治大學圖書資訊與檔案學研究所招收檔案組研究生，其餘各院校系所均是在圖書資訊學下開展檔案學相關教育，故本節僅以政治大學圖書資訊與檔案學研究所歷年招生數據作為統計樣本。

從 2007 年至 2016 年間，政治大學教務處統計資料可知，政治大學檔案學研究生近十年的實際報到人數，共計有碩士 39 人，博士生 6 人。從 2007 年至 2016 年間，碩士生年平均招人 3.9 人；從 2011 年至 2016 年間，博士生年平均招人 1 人，見表 5-30。碩士生與博士生之比為 3.9：1。

表 5-30　政治大學圖書資訊與檔案學研究所（2006-2016）檔案學研究生報到人數

	2007	2008	2009	2010	2011	2012	2013	2014	2015	2016	合計
碩士	5	3	3	4	4	4	4	4	5	3	39
博士	0	0	0	0	1	1	1	2	1	0	6

資料來源：國立政治大學教務處，「統計資料」，國立政治大學教務處網站，檢索於 2017 年 2 月 23 日，
http://aca.nccu.edu.tw/p1-link_statistics.asp。

陸、教師

　　臺灣表 5-23 中的 6 所檔案學相關系所共聘有 12 位教師，其中專任教師 6 名、兼任教師 6 名。這 12 位教師中，有一位教授同時在兩所學校兼任，其他兼任教師均只在一所學校任教。平均各校有 1 名專任教師、1 名兼任教師。

　　12 名教師中就性別言，男性教師 5 人，女性教師 7 人，比率為 41.67%、58.3%。就學歷言，12 名教師全部擁有博士學位，比率為 100%。就職級而言，12 名教師中，2 人為教授、6 人為副教授、4 人為助理教授，比率分別為 16.67%、50%、33.33%。

第六章　海峽兩岸檔案學教育歷史脈絡之分析

　　海峽兩岸檔案學教育在歷史發展進程、系所設置、學科隸屬與學位授予、地理分布、入學方式與考試、學生、教師等方面存在差異，也存有共通之處。這些客觀因素的存在一定有其緣由。本章的目標即是基於海峽兩岸檔案學教育的異同展開歷史脈絡梳理與解釋。

第一節　1949：民國檔案學教育的重構與承襲

　　1949 年是海峽兩岸政治上的天然分水嶺。一方面，中國大陸新政權建立（1949 年 10 月 1 日）；另一方面，原有中央政府退守臺灣（1949 年 12 月 7 日）。自 1934 年文華圖專設立檔案特種教席至 1949 年海峽兩岸政治格局大變動，檔案學教育已歷經 15 年的發展，面對這 15 年的沈澱以及面向 1949 年之後現實狀況所採取的措施，造成今日海峽兩岸檔案學教育的異同。

壹、中國大陸：民國檔案學教育的重構與轉折

一、創建之初：不符預期的民國檔案學教育

　　民國檔案學教育係指民國 38 年（含民國 38 年）之前檔案學教育發展之狀況。1952 年，中共中央辦公廳欲創建檔案學教育之時，當時負責創辦檔案學教育的曾三（1906-1990）面臨諸多困難。賴世鶴、田真在《曾三傳》中寫到：

　　辦檔案系的問題，領導同意了，人民大學同意了。但怎麼辦呢？曾三感到很困惑。一是，沒有檔案專業的教員；二是，沒有辦檔案專業的經驗。從全國也調不出一個能講檔案課的。很多人對什麼是檔案，檔案怎樣整理立卷，

怎樣分類，都不清楚。所以只有請蘇聯專家來講課，請他們幫助我們培養師資了。[1]

　　針對上述所提之「一無教員、二無教材、三無經驗」[2]情形，分析如下。

　　1949 年，中國大陸新政權建立之時，有能力開展檔案學教育且存在的學校有：文華圖專、國立社會教育學院。當時，江蘇學院行政管理系、崇實檔案學校已分別於 1946 年、1948 年 12 月停辦。至 1952 年 4 月，中共中央委託中國人民大學辦理檔案專修班之時，文華圖專已經改制為「公立武昌文華圖書館學專科學校」，國立社會教育學院併入「蘇南文化教育學院」。1950 年 10 月，中南軍政委員會和湖北省人民政府還委託文華圖專開辦檔案資料管理訓練班。由此可見，繼承民國檔案學教育的學校仍然存在，尤其是文華圖專，不但尚未併入其他學校而且還改制成公立院校。

　　曾在文華圖專、國立社會教育學院、江蘇學院、崇實檔案學校等學校任教、並且仍然留在中國大陸的檔案學教師有：毛坤、徐家麟、汪應文、梁建洲、孔充、陳國琛、周連寬、殷鐘麒、黃彝仲、傅振倫。此外，《檔案管理法》與《公文檔案管理法》兩書著者龍兆佛（時年 53 歲）、《檔案科學管理法》一書作者秦翰才（時年 57 歲）也留在中國大陸。

　　在檔案教材、講義方面，毛坤編有《檔案經營法》、《檔案行政學》、《檔案編目法》[3]；傅振倫於 1948 年在北京大學圖書館學專修科講授「檔案與資料」課程[4]，並編有《檔案與資料》講義[5]。

　　由此可見，1952 年中國大陸在中國人民大學創辦檔案專修班之時，論教員，至少有 11 位 1949 年之前檔案學教育的教員仍留在中國大陸；論教材有《檔案經營法》、《檔案行政學》、《檔案編目法》、《檔案與資料》等；論經驗，文華圖專、蘇南文化教育學院均有開辦檔案專業或檔案課程的經驗。

　　2012 年，北京電視臺《檔案》節目組經過採訪中國人民大學檔案學院創辦歷程中相關重要人物，在基於中國大陸「中央檔案館」等館藏檔案的基礎上，播報了一期《中國人民大學檔案學院誕生記》，介紹到：

---

[1] 賴世鶴、田真，《曾三傳》，（北京市：中國文史出版社，2016），166。

[2] 謝麗榮、賴世鶴，〈一代宗師——吳寶康〉，在《曾三傳》，賴世鶴、田真，（北京市：中國文史出版社，2016），294-305。

[3] 梁建洲、廖洛綱、梁鱣如編，《毛坤圖書館學檔案學文選》，（成都市：四川大學出版社，2000），383-85。

[4] 傅振倫，〈附錄-年表〉，見《傅振倫學述》，當代人文社會科學名家學述叢書（杭州市：浙江人民出版社，1999），158。

[5] 傅振倫，〈附錄-作者書稿及教材目錄〉，見《傅振倫文錄類選》，（北京市：學苑出版社，1994），958。

過去，中國共產黨只有辦革命大學、軍政大學這一類學校的經驗，對於辦一個正規的大學，特別是學習檔案專業的大學，完全沒有經驗。

　　綜上所述，當時中國大陸並非「一無教員、二無教材、三無經驗」，而是沒有符合創辦人預期的「教員、教材、經驗」。也因為如此，中國人民大學檔案專修班在創建之初，並未啟用民國檔案學教育遺留的教員、教材、經驗。

二、創建之後：有選擇地啟用部分民國檔案學教育資源

　　為了解決檔案教師短缺的問題，中國人民大學決定成立檔案研究生班，從1952 年入學的檔案專修班中抽調 9 名學生組成檔案研究生班，畢業後留校任教。9 名學生是：程桂芬、何其燁、胡明誠、陳章煥、潘嘉、劉鋒、李毅、馮明、馮樂耘。[6]這些研究生在 1954 年 1 月畢業之後，學校安排程桂芬、胡明誠、陳章煥、何其燁等人在韋慶遠的帶領下籌備「中國檔案史」的課程。在這期間，他們請于石生、單士元、單士魁、葉恭綽、劉國鈞、傅振倫、陳夢家等人為其講課。其中，北京大學圖書館學系教授劉國鈞講授圖書分類，及圖書與檔案的關係；請傅振倫講授國民黨時期檔案的整理及文華圖專概況。[7]據傅振倫自己在〈六十年檔案工作記憶〉一文中回憶說：

　　1953 年在檔案幹部培訓班講授「中國檔案史」，編成講義，並把平日裡所寫有關檔案論著捐獻給人民大學。1956 年擇要油印成《歷史檔案參考資料》，並印刷出《檔案館學概論》。[8]

　　傅振倫在中國人民大學「中國檔案史」上課的時間與程桂芬的回憶的有差異，一位認為是在 1953 年，一位認為是 1954 年 11 月之後。[9]但雙方對傅振倫在中國人民大學「中國檔案史」課上任教的經歷並無爭議。1956 年，根據傅振倫所寫檔案論著編成的《歷史檔案參考資料》油印本，共計 12 篇文章和 2 篇附錄，分別是：〈「檔案」名詞的原始〉、〈檔案與歷史〉、〈我們要向蘇聯文物工作者學習〉、〈遊英法檔案館小記〉、〈資本主義國家檔案的編目與排架問題〉、〈外國檔案館檔案參考與利用問題〉、〈普魯士培養檔案管理人員問題〉、〈檔案的保管工作〉、〈中國古代史官之建置及其職掌〉、〈中國歷代史官建置沿革〉、

6　中國人民大學檔案學院，《中國人民大學檔案學院校友錄（1952-1987）》，（北京市：中國人民大學檔案學院，1987），41。

7　程桂芬，《一個老檔案工作者的回憶》，（北京市：中國檔案出版社，1999），15-18。

8　傅振倫，〈六十年檔案工作記憶〉，見《傅振倫文錄類選》，（北京市：學苑出版社，1994），408-9。

9　程桂芬，《一個老檔案工作者的回憶》，（北京市：中國檔案出版社，1999），17。

〈簡策說〉、〈論史料之種類〉、附錄〈編輯中國史籍書目提要至商榷〉、附錄〈一九一二年以來關於「國史館」的文件材料〉。[10]

1949 年至 1957 年間，傅振倫在北京歷史博物館工作，其在中國人民大學的教學與科研是一種兼職行為。[11] 1957 年，中國大陸發生了「反右運動」，傅振倫被北京歷史博物館錯劃為右派，自此，其「才和人民大學檔案系斷絕了聯繫」。[12]

另外一位得到啟用的民國檔案學教育學人是殷鐘麒。1958 年 12 月，國家檔案局在中國人民大學歷史檔案系內設立檔案學研究所（後改為檔案學研究室），1961 年，該機構因組織精簡被撤銷。[13]這一時期，殷鐘麒就在國家檔案局檔案學研究室工作。此外，他還在中央檔案館明清檔案部（後改為中國第一歷史檔案館）擔任指導工作。[14]在國家檔案局檔案學研究室期間，殷鐘麒出版了《國民黨時期檔案管理述要》[15]。此外，他還編有《國民黨統治時期檔案分類法概要介紹》[16]講稿。

1958 年 2 月，中國人民大學歷史檔案系先後翻印了 1949 年之前出版的文書、檔案學舊著十三本，有徐望之著《公牘通論》，程長源著《縣政府檔案管理法》，何魯成著《檔案管理與整理》，龍兆佛著《檔案管理法》，周連寬著《公文處理法》和《檔案管理法》，陳國琛著《文書之簡化與管理》，黃彝仲著《檔案管理之理論與實際》，梁上燕著《縣政府公文處理與檔案管理》，傅振倫、龍兆佛著《公文檔案管理法》，秦翰才著《檔案科學管理法》，許同莘著《公牘學史》，殷鐘麒著《中國檔案管理新論》。舊著的翻印為檔案學研究提供了材料。[17]

綜上所述，這一時期中國大陸有選擇地啟用了部分民國檔案學教育學人，也有選擇的翻印了部分 1949 年之前出版的文書、檔案學著作，以期為檔案學研究提供材料與借鏡。

---

[10] 中國人民大學歷史檔案系編，《歷史檔案參考資料》，（北京市：中國人民大學歷史檔案系，1956）。

[11] 傅振倫，〈附錄-年表〉，見《傅振倫學述》，當代人文社會科學名家學述叢書，（杭州市：浙江人民出版社，1999），158-59。

[12] 傅振倫，〈六十年檔案工作記憶〉，見《傅振倫文錄類選》，（北京市：學苑出版社，1994），409。

[13] 吳寶康、鄒家煒、董儉、周雪恆編，《中華人民共和國檔案工作紀實》，（西寧市：青海人民出版社，1983），37。

[14] 程桂芬，《一個老檔案工作者的回憶》，（北京市：中國檔案出版社，1999），65。

[15] 殷鐘麒，《國民黨時期檔案管理述要》，（北京市：國家檔案局，1959）。

[16] 殷鐘麒，《國民黨統治時期檔案分類法概要介紹》，（北京市：中國人民大學，不詳）。

[17] 吳寶康、鄒家煒、董儉、周雪恆編，《中華人民共和國檔案工作紀實》，（西寧市：青海人民出版社，1983），32。

貳、臺灣：民國檔案學教育的承襲與更替

一、民國檔案學教育的承襲

　　民國檔案學教育四所重要學校：文華圖專、國立社會教育學院、江蘇學院、崇實檔案學校等無一所於 1949 年之後遷臺，無一所在臺灣復校。檔案學校未遷臺，並未完全影響或阻絕臺灣對民國檔案學教育的承襲。

　　1953 年，鄭明東在〈社會教育建制商榷〉一文中呼籲「重建社會教育育才制度」：

　　關於社會教育育才制度，須依據現行學制系統而靈活運用，如過去國立社會教育學院，為獨立學院之一種，在研究社會教育學理以造就社會教育高級人才；如國立戲劇專科學校，私立文華圖書館專科學校，皆依專科學校組織，以造就社會教育專門人才。[18]

　　但因國立社會教育學院 1949 年之後並未在臺復校。1955 年，臺灣省立師範學院奉准升格為大學同時，才另設社會教育學系，以培養社會教育人才。創系之初，社教系規劃的組別有：廣播教育組、新聞組、戲劇組、圖書組等。[19]國立社會教育學院圖書博物館學系之檔案學教育並未像文華圖專一般，設有檔案管理特種教席或檔案科，其檔案學教育一直是開設幾門檔案相關的課程。此點也為臺灣省立師範大學社會教育學系圖書館組於 1958 年聘請倪寶坤前來開設檔案管理課程提供了線索。

　　在倪寶坤於臺灣省立師範大學任教之前，時任內政部部長的余井塘「請專門研究圖書館學的倪寶坤先生負責整理內政部的檔案與圖書」，共整理圖書約三萬冊、檔案三十萬件以上。[20]倪寶坤在整理總結內政部整理檔案與經驗的基礎之上，撰成《檔案管理方法》。他在該書〈檔案管理人員的資格與條件〉、〈檔案的特性與人員的培植〉兩篇章中寫到：

　　檔案管理一事，本為一專門技術工作，惜我國對於此項工作，不加注意，至今仍無專門訓練之處所，考其性質與圖書館管理學大致相同，故主辦人員，如為圖書館學專科畢業者，最為合宜，該將主管人員之資格，列具如下：（1）圖書館學專科畢業者；（2）專科以上學校文史系畢業，曾服務檔案室，圖書館，

---

[18] 鄭明東，〈社會教育建制商榷〉，臺灣教育，26 期（1953 年 2 月）：2-4。
[19] 陳仲彥，〈臺師大與臺灣社會教育發展〉，在《師大與臺灣教育》，師大七十回顧叢書，周愚文主編，（臺北市：國立臺灣師範大學出版中心，2016），236-50。
[20] 余井塘，《檔案管理方法》之余序，倪寶坤著，（臺北市：中國內政社，1952）。

或經辦文書事務者；（3）曾經檔案管理或圖書管理事業之訓練，並有服務經驗及證明文件者。[21]

但倪寶坤並不認為圖書管理等同於檔案管理。「檔案管理之方法，雖與圖書管理之方法相近，然性質究與圖書不同」，「故檔案管理人員，必須有清晰之頭腦，豐富之常識，尤須對於檔案之管理，要有相當之訓練，方能勝任」。[22]因此，在臺灣省立師範大學社會教育學系圖書組開設檔案管理課程，一方面承襲了國立社會教育學院圖書博物館學系的課程設置；另一方面也與倪寶坤自身對檔案管理人才訓練之理念不謀而合。

倪寶坤在臺灣省立師範大學社會教育學系圖書館組的任教的過程中，培養了另外一位重要檔案學人——張樹三。張樹三在倪寶坤講授的檔案管理基礎之上，又加入了陳國琛的檔案管理理念與方法。據張衍與吳宇凡於2016年4月4日對張樹三的訪談記錄：

我不曉得在哪裡借到了一本先進的書，陳國琛的，很舊很舊，缺頁，四個邊、封面、封底都爛掉了。這是一個至寶啊！很重要，很重要！他那一本書，別人都沒有看過，我就用他那裡面的辦法、表格什麼的。我都是「文抄公」。我的書就是在參考了倪寶坤和陳國琛的書的基礎上寫出來的。（笑）當然，這之前，我有打電話給我的老師倪寶坤，跟他報告這個事情。我先出《中文檔案管理概要》，再出《英文檔案管理概要》，然後再把「文書」的概念加進去，出《文書檔案管理通論》。書後來印了八版，大家都用這本書。

據張樹三口述，其後來在多所大學日間部、夜間部以及行政院人事行政局、臺灣省訓練團、臺北市、高雄市公務人員訓練中心，經濟部、財政部、中央研究院等公務人員文書檔案管理講習班上均使用上述教材，影響廣泛。

另一位接受了民國檔案學教育、渡海來臺並在大學任教的檔案學人是王征。王征係文華圖專圖書館科專科第九屆校友（1946年9月至1948年6月）。[23]在校主修圖書館學，副修檔案管理課程，入社會後，擔任檔案管理主管多年，譯有《西文檔案管理法》、著有《中文檔案管理學》。[24]

渡海來臺的民國檔案學人還有沈寶環、何魯成，江蘇學院行政管理系畢業生邱啟明、劉勝旌。但沈寶環來臺後主要從事圖書館行政管理與圖書館學教學，

---

[21] 倪寶坤，《檔案管理方法》，（臺北市：中國內政社，1952），3-4。
[22] 同上註，4-5。
[23] 武漢大學信息管理學院校友名錄（1920級-2010級）編委會編，《武漢大學信息管理學院校友名錄（1920級-2010級）》，（武漢市：武漢大學信息管理學院，2010），4-5。
[24] 薛theng桂，〈研究發展考核委員會之《建立檔案管理統一制度之研究》〉，見《檔案學經典著作》，第三卷，《檔案學通訊》雜重慶市誌社編（上海市：世界圖書出版公司，2016），402-5。

何魯成於 1960 年 9 月從香港轉臺灣定居之後主要從事中國問題研究，不再從事檔案管理之研究。[25]邱啟明和劉勝旌一直活躍在文書與檔案管理領域。[26]如邱啟明赴臺後，曾任總統府秘書，先後參與軍政機關之文書改革工作，而以在軍方建議「行文三段式」之實施，貢獻為尤多。[27]但上述諸人，均未從事檔案學教育之相關工作。此外，行政效率運動主導文書改革運動之大將甘乃光，1948 年 5 月至 1951 年 5 月，出任中國駐澳大利亞大使，1956 年病逝於澳大利亞，亦未繼續推動文書檔案改革或參與檔案學教育。[28]

二、民國檔案學教育的更替

臺灣檔案學教育起始於陳國琛 1946 年開辦的文書講習會。「二二八事件」之後，陳儀被調回中國大陸，後於 1948 年出任浙江省政府主席。陳儀將「人事、會計、事務、文書四項稱作支撐行政大廈的四根臺柱子」[29]，故每到一處均開展文書檔案管理之改革。繼福建、臺灣之後，陳儀又開始推動浙江省文書檔案管理制度之改革。而陳國琛亦隨之前往浙江主持該項工作。[30]

1949 年，陳儀因叛亂罪而被捕入獄，陳國琛亦被指認為「共黨組織中的大將」，曾在全省文書講習會擔任講師、被陳國琛親切稱為「老伙計」的王惔藩因此以叛亂罪被捕。

據當時已被捕入獄的前臺灣行政長官公署人事室課員劉春生供述：

……有一次我與我的共黨小組長馬長榮閒談中，我問起趙玉林兄弟經常演出話劇，所演話劇內容，又都帶有諷刺政府的地方，他們思想立場如何？馬長榮說，趙玉林兄弟及王惔藩是秘書處文書科科長陳國琛所領導的共黨組織中的大將。

馬長榮與我是摯友，又是我參加共黨組織後的小組長，以當時環境來說，馬告訴我有關趙玉林、王惔藩是由陳國琛所領導的共產組織分子絕不會假……[31]

---

[25] 何守樸，〈我的父親何魯成〉，檔案管理，3 期（2009）：61-65。

[26] 張衍，〈江蘇學院檔案學教育溯源〉，檔案學研究，1 期（2016 年 2 月）：51-56。

[27] 劉勝旌，〈行政管理系簡介〉，見《江蘇學院四十年》，《江蘇學院四十年》編輯小組編，（臺北市：江蘇省立江蘇學院旅臺校友會，1980），42-44。

[28] 嚴如平、賀淵，《陳儀全傳》，（北京市：人民出版社，2011），95。

[29] 同上註。

[30] 陳國琛，《浙江省實施文書改革辦法輯要》，（杭州市：不詳，1948）。

[31] 案名：王惔藩叛亂（檔號：A305440000C/0061/1571/014），全宗名：國防部後備司令部，（臺北市：檔案管理局），轉引自吳宇凡，〈民國以來檔案管理制度之研究〉，（博士論文，國立政治大學，2016），251。

因此，王愫藩於 1972 年 5 月被以加入陳國琛所領導之匪黨小組活動，來臺後卻未自首為由，判有期徒刑 12 年、褫奪公權 8 年。在劉春生的供辭之下，昔日臺灣長官公署文書改革大將陳國琛，顯然亦成為叛亂犯之一員，而其曾為各機關奉為文書處理圭臬之《文書之簡化與管理》等專書，也在此時成為附匪作家之作品，即使該書未因此而被當局查禁，依據當時的社會環境來看，此書籍難免不再為各機關所參用。[32]這也從另外一個角度檢視張樹三所言提供了線索，為何張樹三認為是至寶的《文書之簡化與管理》一書卻無人看過，為何其找到這本書之時，該書「四個邊、封面、封底都爛掉了」。

第二節　政治角力的映射與外來檔案學教育輸入

海峽兩岸檔案管理與檔案學教育的發展，是在外來力量與本土經驗之間進行學習、選擇、糅合之作用下的產物。影響海峽兩岸檔案學教育發展的外來力量從區域來看，有所不同：中國大陸推行「以蘇聯為師」，全面學習蘇聯的檔案管理與檔案學教育經驗；臺灣主動或接受美國的援助，學習美國的檔案管理方法，這些方法影響臺灣檔案學教育的形成與發展。但這些對外來力量的學習、選擇、糅合並非一成不變，不同時期、不同發展階段所受到的外來力量的影響也有不同。

壹、中國大陸：從「以蘇聯為師」走向「本土特色」

中國大陸新政權建立之初，百廢待興。蘇聯在多個方面予以了援助，如政治、經濟、外交、教育、科技等。1949 年 10 月，蘇聯政府派檔案專家米留申赴中國大陸。[33]米留申不是單人前來，而是隨著一個龐大的顧問團前來的。因為是蘇聯方面主動派來的，中國大陸並沒有留意到米留申檔案專家的特別身分。《曾三傳》中寫道：

當時，蘇聯專家小組組長柯瓦略夫對中共中央馬、恩、列、斯著作編譯局局長師哲講，他們新近來了一個整理與管理檔案工作的專家，不知中央機關是

---

[32] 吳宇凡，〈民國以來檔案管理制度之研究〉，（博士論文，國立政治大學，2016），251。

[33] 吳寶康、鄒家煒、董儉、周雪恆編，《中華人民共和國檔案工作紀實》，（西寧市：青海人民出版社，1983），2。

否需要他幫忙或講講問題。11 月 18 日，師哲給毛澤東寫了一封信，彙報了這件事，毛澤東在信上批道：「周：此兩事請酌辦。」周恩來閱後批給了中共中央辦公廳主任楊尚昆，要楊尚昆「召集黨、軍兩方管理文書檔案的人，由曾三負責，請這個同志來教授，向之學習，請師哲同志轉達。」[34]

　　最高首長的指示和拍版，讓曾三等人迅速的行動起來。1949 年 11 月 23 日至 12 月 2 日，米留申先後到中共中央秘書處、中央組織部、軍委總政治部等單位參觀檔案工作。12 月 27 日，米留申在中共中央辦公廳秘書處召開的檔案工作座談會上，作了「關於檔案工作的一般問題及中國檔案工作目前的缺點」的報告。[35] 1950 年，蘇聯專家米留申先後於 6 月 5 日、7 月 20 日、8 月 10 日三次致信政務院總理周恩來，建議成立國家檔案館，成立五個中央國家檔案館，制定全國統一的文書檔案工作制度、全國統一的標準的文件材料保管期限一覽表，並附有他起草的《政務院關於組織檔案局的決定》（草案）、《中央人民政府政務院檔案局暫行條例》（草案）、《共和國國立檔案館、機關檔案室的組織機構表》、《中央人民政府各部委、機關、團體、企業文書檔案工作暫行辦法》、《中央人民政府各部、委、會及其他團體、企業標準文件資料保管期限明細表》等文件。同年 8 月 28 日，米留申在中央人民政府各部（委、會）與中共中央機關秘書檔案工作座談會上作了「關於改善中國國家機關、團體文書檔案工作的任務」的報告。[36] 米留申的建議，概括起來有：建立國家檔案館、國立檔案館、機關檔案室，構建覆蓋全國的檔案館體系；成立檔案局；構建統一的文書檔案管理辦法；構建統一的標準的文件材料保管期限一覽表等。

　　這一連串的、高密度的、熱情的動作，著實超出了中國大陸對米留申的預期。賴世鶴、田真在《曾三傳》中寫到：「當時只是同意米留申給黨、軍機關文書檔案工作人員講講課而已，不包括他後來在實際活動中所超越的範圍」。[37]當時，學習蘇聯是從上而下的政策和指示，毛澤東、劉少奇、周恩來等人多次表示要以蘇聯為師。早在 1949 年 6 月分發表的〈論人民民主專政〉中，毛澤東說：

　　我們必須克服困難，我們必須學會自己不懂的東西。……恭恭敬敬地學，老老實實地學。不懂就是不懂，不要裝懂。……蘇聯共產黨是勝利了，在列寧和斯大林（即史達林）領導之下，他們不但會革命，也會建設。……蘇聯共產

---

[34] 賴世鶴、田真，《曾三傳》，（北京市：中國文史出版社，2016），165。

[35] 王景高、馮伯群、李向罡編，《當代中國檔案事業實錄》，（北京市：檔案出版社，1993），238。

[36] 同上註。

[37] 賴世鶴、田真，《曾三傳》，（北京市：中國文史出版社，2016），165。

黨就是我們最好的先生，我們必須向他們學習。……[38]

在這種「以蘇聯為師」的政策導向下，曾三等人一方面認真的聽取了上述建議；另一方面又囿於當時的國情國策而無法實施，其中不乏對上述的建議認識不深入。這種未深入認識可以透過兩件事請加以驗證。一件事情是，直到曾三等人想辦理檔案專業之時，因缺乏專業教師，他們想到再請米留申來中國人民大學任教之時，方才知曉米留申的真實身分。

裴桐說：蘇聯檔案專家米留申來過中國，是不是請他來？

曾三說：你和我想到一塊去了：他很合適。……

曾三對裴桐說：米留申來不了啦。他不是一般的蘇聯檔案專家，他是蘇聯中央檔案管理局副局長。[39]

另一件事情是，米留申幫忙起草的幾份文件在當時並未得到重視，直到1956年，中國大陸檔案學教育已經建立、國家檔案局業已成立之時，另外一位蘇聯檔案專家——格・伊・沃爾欽科夫來到中國大陸，重新幫忙起草了《中華人民共和國機關、團體、企業檔案室工作通則（草案）》[40]和《中華人民共和國各部及其他機關、團體、企業活動中所形成的標準文件材料保管期限表（草案）》。[41]

由此可見，無論是米留申的身分還是其提出的建議的重要性，在當時都沒有得到充分的認知。但是，米留申有一項建議不但得到了充分的重視，而且驚動了中共高層。這個建議就是——創辦檔案學院。他建議道：

蘇聯在1930年就已經創辦檔案學院了，中國也應該有這麼一所學校。[42]

曾三立即將這個建議彙報給時任中共中央辦公廳主任的楊尚昆。不久，毛澤東、劉少奇、周恩來等人均被驚動，馬上拍板同意，並且以中共中央辦公廳的名義與中央組織部、宣傳部溝通之後，決定將創辦檔案專業的任務委託給中國人民大學，並得到了中國人民大學校長吳玉章（延安五老之一）的支持。[43]

如上節所述，曾三等人認為中國大陸沒有一位符合需求的檔案專業教師。蘇聯檔案專家米留申因其工作與身分問題又無法前來中國大陸任教，因而中國

---

[38] 毛澤東，「論人民民主專政」，見《毛澤東選集》，第四卷（北京市：人民出版社，1991），1481。

[39] 賴世鶴、田真，《曾三傳》，（北京市：中國文史出版社，2016），166-67。

[40] 格・伊・沃爾欽科夫，《中華人民共和國機關、團體、企業檔案室工作通則（草案）》，（北京市：全國檔案工作會議秘書處，1956）。

[41] 格・伊・沃爾欽科夫，《中華人民共和國各部及其他機關、團體、企業活動中所形成的標準文件材料保管期限表（草案）》，（北京市：全國檔案工作會議秘書處，1956）。

[42] 賴世鶴、田真，《曾三傳》，（北京市：中國文史出版社，2016），166。

[43] 同上註。

大陸方面將委派檔案專業教師的任務交由蘇聯方面決定。1952 年 8 月，周恩來率團訪問蘇聯，徵詢蘇聯方面對中國大陸「一五計畫」的意見，並商談在此期間對中國大陸援助事項。此外，中央還特別交給周恩來另外一個任務，這就是為馬列主義學院（即現在的中共中央黨校）和中國人民大學檔案專業請蘇聯專家。[44]針對中國大陸的這一要求，蘇聯方面派出了莫斯科歷史檔案學院姆·斯·謝列茲聶夫。

1950 至 1953 年關於蘇聯專家工作的內部報告顯示，中國人民大學對蘇聯專家一直採取極為遷就的政策。[45]這種對蘇聯專家「一邊倒」的策略，在客觀上保證了謝列茲聶夫可以較為順利地將蘇聯檔案學教育移植到中國大陸。

謝列茲聶夫講授的課程，全部是蘇聯莫斯科歷史檔案學院的課程，共有六門課。這六門課是蘇聯檔案工作理論與實踐、蘇聯檔案史、蘇聯文書處理工作、蘇聯文獻公布學、蘇聯檔案保護技術學、蘇聯科技檔案。在此基礎之上，中國人民大學翻譯了一批教材和講義，如《蘇聯檔案史（簡明教材）》[46]等。

對於 1950 至 1953 年之間向蘇聯學習的重新評價在史達林（約瑟夫·維薩里奧諾維奇·史達林，Ио́сиф Виссарио́нович Ста́лин, 1878.12.18-1953.3.5）去世後不久就開始了，並導致了用更具批判性和選擇性的態度看待「將蘇聯先進經驗和中國實踐相結合」。[47]出現這種狀況最主要的原因，在於蘇聯專家在傳授知識的過程中，因為各種因素沒有考慮到中國大陸的本土實際情形或經驗。因此，中國人民大學內部出現了對部分蘇聯專家批判的態度。在對蘇聯專家批判的過程中，中國人民大學檔案專修科對謝列茲聶夫進行了完全正面的評定：

對有些專家的評定是完全正面的。例如對檔案專家謝列茲聶夫的評定，讚揚他靠一人之力在人大設立了這門課程，系裡說他的消極面微不足道。[48]

對謝列茲聶夫的正面評價一方面源於其忘我的工作和負責的態度；另一方面也歸功於其對中國本土經驗的重視。雖然他「沒有來過中國，對中國的檔案工作情況不了解，他對中國一般情況和中國歷史也了解不深，對中國各機關情

[44] 賴世鶴、田真，《曾三傳》，（北京市：中國文史出版社，2016），167。

[45] Douglas Stiffler, "Three blows of the shoulder pole : Soviet experts at Chinese People's University, 1950-1957," in *China Learns from the Soviet Union, 1949–Present*, eds. Thomas P. Bernstein and Hua-Yu Li ,The Harvard Cold War Studies Book Series, (Lexington: Lexington Books, 2010),303-26.

[46] 中國人民大學檔案教研室，《蘇聯檔案史（簡明教材）》，（北京市：中國人民大學，1953）。

[47] Douglas Stiffler, "Three blows of the shoulder pole : Soviet experts at Chinese People's University, 1950-1957," in *China Learns from the Soviet Union, 1949–Present*, eds. Thomas P. Bernstein and Hua-Yu Li ,The Harvard Cold War Studies Book Series, (Lexington: Lexington Books, 2010),303-26.

[48] Ibid.

況更不熟悉」[49]，但是他並沒有一味地傳授蘇聯經驗，而是督促中國人民大學將蘇聯經驗與本土結合。1954 年 12 月，其建議聘請一位中國人講授中國檔案史，但是教研室報告說這會有困難。[50]這也是上節「中國檔案史」專業課籌備的由來。

1955 年 6 月，謝列茲聶夫回國。[51]在將近三年時間學習和借鑑蘇聯經驗後，中國人民大學歷史檔案系各專業教研室積極組織開展教學和科研活動，由歷史檔案系開設的專業課已發展到七門，即檔案工作理論與實踐、文書處理學、中國國家機關史、中國檔案史、檔案保管技術學、檔案文獻公布學、蘇聯檔案史等。其中以中國檔案史、中國國家機關史、文書處理學等課程為代表，初步建立了本土檔案學的課程體系。到 1959 年，這些課程體系進一步擴大、內涵逐步增深、外延在不斷擴展，本土特色也愈益明顯。[52]

1957 之後，中蘇交惡，雙方關係反覆，一直到 1989 年之前才實現關係正常化。但中國大陸檔案學教育的原型在此之前業已底定，並在 1955 年之後逐步由「以蘇聯為師」走向「本土特色」。

貳、臺灣：從「深受美國影響」走向「多元選擇」

臺灣檔案學教育深受美國影響。前文述及臺灣省立師範大學社會教育學系的創設沿襲了國立社會教育學院的設置，其圖書館組乃與國立社會教育學院圖書博物館學系相對應。國立社會教育學院圖書博物館學系主任汪長炳出自文華圖專，後留學美國獲得哥倫比亞大學圖書館學碩士學位，曾任該校教務主任。這也為文華圖專課程設置向國立社會教育學院圖書博物館學系移植提供了先天條件。

據文華圖專校長沈祖榮之子沈寶環回憶說：

當時的教務長是汪長炳教授（也是文華的校友），汪教授應聘到社會教育學院擔任圖書館學系主任，在汪教授立場，他覺得他是在擴充文華在圖書館界

---

[49] 程桂芬，《一個老檔案工作者的回憶》，（北京市：中國檔案出版社，1999），8。

[50] Douglas Stiffler, "Three blows of the shoulder pole : Soviet experts at Chinese People's University, 1950-1957," in *China Learns from the Soviet Union, 1949–Present*, eds. Thomas P. Bernstein and Hua-Yu Li ,The Harvard Cold War Studies Book Series, (Lexington: Lexington Books, 2010),303-26.

[51] 中國人民大學信息資源管理學院，《中國人民大學信息資源管理學院簡史（1952-2012）》，（北京市：中國人民大學信息資源管理學院，2012），58。

[52] 同上註，14。

的影響力，而把社教學院的系看成文華的分校，用意無可厚非。[53]

文華圖專 1934 年設立檔案管理特種教席之處，就聘請費錫恩講授「西文檔案」。

臺灣省立師範大學社會教育學系首任系主任孫邦正（1913-2007）乃哥倫比亞大學教育碩士，與汪長炳、俞慶棠（1897-1949）、李小緣（1897-1959）同出一處，他們對圖書館事業在社會教育上的意義均有著深刻的認識。此外，臺灣省立師範大學社會教育學系創辦初期的教師中，即有國立社會教育學院圖書博物館學系的教師楊家駱和藍乾章。[54]由此可見，從文華圖專到國立社會教育學院，再到臺灣省立師範大學社會教育學系圖書館組，這種受美國的影響是間接的，但此影響卻又是一脈相承。由上述的發展歷程，可以解釋為何在臺灣的圖書資訊學相關系所中多見檔案管理之相關課程。

臺灣檔案學教育的另外重要一環，係對現職公務人員等開展的文書檔案訓練或稱講習會等。這一環節受到行政效率改革及美國胡佛委員會的影響。

第二次世界大戰結束之後，美國國會鑑於行政機關龐大複雜，以及行政經費的膨脹，特成立「政府行政部門組織委員會」（Commission on Organization of the Executive Branch of the Government）研究相關解決辦法。因該會由美國前總統胡佛（Herbert C. Hoover, 1874-1964）擔任主席，故又稱胡佛委員會。[55]該委員會於 1947、1953 兩次成立。因其建議對美國的行政效率改革頗為有效，乃引起世界各地的關注。該委員會提出：「政府應指派專人研究和督導各機關的檔案管理工作，建議總統應令飭有關部門擬訂政府文書工作的改進計畫，並在總務署的監督下施行，使得每一政府機構得設專人研究各種文書格式及簡化與如何減少檔案數量」。[56]

1957 年 9 月，時任考試院副院長的王雲五（1888-1979）奉命出席聯合國第十二屆大會。在出發前，蔣中正指示其就美國胡佛委員會報告建議及其執行情況加以研究。[57]王雲五返臺後，受蔣中正指示，於 1958 年 3 月 6 日組織「總統府臨時行政改革委員會」（Commission on Administrative Reform, Office of the

---

[53] 沈寶環，《毛坤圖書館學檔案學文選》之序一，梁建洲、廖洛綱、梁鱣如編，（成都市：四川大學出版社，2000），1-8。

[54] 顧燁青，〈植根民眾教育 造就專業人才——蘇州大學圖書館學教育前身(1929-1950)歷史貢獻評述〉，（論文發表於 2010 年第十屆海峽兩岸圖書資訊學學術研討會，南京，2010 年 7 月 5-7 日），152-63。

[55] 吳宇凡，〈民國以來檔案管理制度之研究〉，（博士論文，國立政治大學，2016），300。

[56] 吳宇凡，〈民國以來檔案管理制度之研究〉，（博士論文，國立政治大學，2016），303。

[57] 總統府臨時行政改革委員會編，《行政改革言論集》，（臺北市：編者，1958），1。

President）[58]，經過研擬，該會最後提出《總統府臨時行政改革委員會總報告》。《總統府臨時行政改革委員會總報告》建議中提出檔案管理人員之訓練與進修事項。[59]為增進各機關檔案管理人員之管理知識與技能，檔案管理單位應舉辦訓練與講習[60]，其並認為檔案管理人員必須學習目錄學、圖書館學，及其他有關管理技術，而考量過去檔案管理人才缺乏的原因，也因此建議應提高其官等，以便造就延攬適當人才。[61]

根據上述的建議，事務管理改進委員會擬訂出《改進檔案管理實施辦法》。其第八、第九條規定：

第八條、為增進各機關檔案管理人員之管理知識與技能，由行政院事務處定期舉辦訓練與講習。

第九條、各機關檔案管理人員之官等，得視其工作成績與權責輕重，酌予提高，以便延攬適當人才。[62]

由此可見，上述規定成為臺灣對現職公務人員等開展的文書檔案訓練或稱講習會的一個重要的依據，亦是其學習美國胡佛委員會的一個成果。

但臺灣檔案學教育的發展，不僅僅受到來自美國的影響，1996年政治大學圖書資訊學研究所成立之後，由薛理桂領銜主導檔案學組的發展。據筆者對薛理桂的訪問，其早期使用的教材主要參酌 SAA 的出版品，並參考 ICA 及加拿大、澳洲等國出版品。

1999年4月9日，由政治大學主導提出的《檔案研究中心發展計畫》，曾規劃成立檔案史研究室（周惠民主持）、檔案標準研究室（薛理桂主持）、口述史研究室（張哲郎主持）、檔案學教育研究室（楊美華主持）。在檔案學教育研究室的規劃中，曾設想開設八門課：臺灣檔案概論、西方檔案史與檔案學、中國檔案事業史、檔案保護技術學、檔案文獻學、口述歷史、檔案自動化。其中擬聘請中國人民大學檔案學院周雪恆教授講授中國檔案事業史、中國人民大學檔案學院馮惠玲教授講授檔案管理學、中國人民大學檔案學院郭莉珠教授講授檔案保護技術學。[63]遺憾的是，該計畫並未通過申請。但是其規劃中的部分構想得到了實現——2002年政治大學圖書資訊學研究所聘請郭莉珠為客座教授，在所上講授《檔案保護技術學》，為期一個學期。

[58] 徐有守，《王雲五與行政改革》，（臺北市：臺灣商務印書館，2003），1-6。

[59] 總統府臨時行政改革委員會編，《總統府臨時行政改革委員會總報告》，（臺北市：總統府，1958）。

[60] 行政改革建議案研議小組委員會，《行政改革建議案檢討報告》，（臺北市：編者，1963），298-302。

[61] 吳宇凡，〈民國以來檔案管理制度之研究〉，（博士論文，國立政治大學，2016），317。

[62] 行政改革建議案研議小組委員會，《行政改革建議案檢討報告》，（臺北市：編者，1963），299-300。

[63] 國立政治大學，《檔案研究中心發展計畫》，（臺北市：國立政治大學，1999）。

第三節　檔案管理體制與檔案學教育的互動

　　政府的檔案管理體制與檔案學教育相互影響、相互作用。檔案機構（檔案典藏單位）的數量、檔案人員是否選聘檔案專業畢業之學生、檔案機構（檔案典藏單位）的工作內容等諸多因素會直接決定對檔案專業畢業生的需求量，而這種社會需求將會直接影響檔案學教育的辦學規模、師資選聘與師資人數、招收學生的規模與學歷等。本節主要討論的檔案管理體制內容包括檔案館（檔案典藏單位）的數量、檔案人員、檔案機構（檔案典藏單位）的評鑑以及檔案人員的選聘條件以及這些要素對檔案學教育的影響。

壹、中國大陸：檔案機構、檔案工作者與檔案學教育互動

一、檔案機構與檔案人員概況

　　根據《中國檔案年鑑（1989）》顯示：1983 年時，中國大陸檔案行政管理部門約 2,242 個，各級各類檔案館 2,635 個。[64] 1987 年時，中國大陸檔案行政管理部門約 2,685 個，各級各類檔案館 3,184 個。[65]根據中國大陸國家檔案局 2016 年 11 月 16 日公布的最新數據顯示，截至到 2015 年，中國大陸共有各級檔案行政管理部門 3,077 個。其中，中央級 1 個，省（區、市）級 31 個，地（市、州、盟）級 423 個，縣（區、旗、市）級 2,622 個。中國大陸共有各級各類檔案館 4,193 個。其中，國家綜合檔案館 3,322 個，國家專門檔案館 234 個，部門檔案館 237 個，企業集團和大型企業檔案館 176 個，省、部屬事業單位檔案館 224 個[66]，見表 6-1。

　　1983 年至 2015 年間，中國大陸檔案行政管理部門年增長率約為 0.99%，各級各類檔案館年增長率約為 1.46%。

64　國家檔案局，《中國檔案年鑑（1989）》，（北京市：檔案出版社，1992），573。

65　同上註，587-605。

66　國家檔案局政策法規司，〈2015 年度全國檔案行政管理部門和檔案館基本情況摘要〉，國家檔案局網站，最後更新於 2016 年 11 月 16 日，檢索於 2017 年 3 月 1 日，http://www.saac.gov.cn/xxgk/2016-11/16/content_164743.htm。

表 6-1　1987-2015 年中國大陸檔案管理行政部門與各級各類檔案館數量

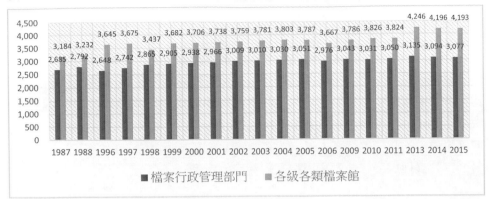

資料來源：國家檔案局，《中國檔案年鑑（1989）》，（北京市：檔案出版社，1992），573-624；國家檔案局、中央檔案館，《中國檔案年鑑（1997）》，（北京市：中國檔案出版社，1999），340-45；國家檔案局、中央檔案館，《中國檔案年鑑（1998-1999）》，（北京市：中國檔案出版社，2001），340-45；國家檔案局、中央檔案館，《中國檔案年鑑（1998-1999）》，（北京市：中國檔案出版社，2001），676-79；國家檔案局、中央檔案館，《中國檔案年鑑（2000-2001）》，（北京市：中國檔案出版社，2002），301-5；國家檔案局、中央檔案館，《中國檔案年鑑（2000-2001）》，（北京市：中國檔案出版社，2002），659-63；國家檔案局、中央檔案館，《中國檔案年鑑（2002）》，（北京市：中國檔案出版社，2003），295-329；國家檔案局、中央檔案館，《中國檔案年鑑（2003）》，（北京市：中國檔案出版社，2004），333-36；國家檔案局、中央檔案館，《中國檔案年鑑（2004-2005）》，（北京市：中國檔案出版社，2006），239-43；國家檔案局、中央檔案館，《中國檔案年鑑（2004-2005）》，（北京市：中國檔案出版社，2006），521-25；國家檔案局、中央檔案館，《中國檔案年鑑（2006）》，（北京市：中國檔案出版社，2008），291-325；國家檔案局、中央檔案館，《中國檔案年鑑（2007）》，（北京市：中國檔案出版社，2009），360-63；國家檔案局、中央檔案館，《中國檔案年鑑（2010）》，（北京市：中國文史出版社，2012），382-86；國家檔案局、中央檔案館，《中國檔案年鑑（2011）》，（北京市：中國文史出版社，2014），472-76；國家檔案局、中央檔案館，《中國檔案年鑑（2012）》，（北京市：中國文史出版社，2014），379-383；國家檔案局政策法規司，〈2013 年度全國檔案行政管理部門和檔案館基本情況摘要（一）〉，國家檔案局網站，檢索於 2017 年 3 月 26 日，http://www.saac.gov.cn/xxgk/2007-05/21/content_83841.htm；國家檔案局政策法規司，〈2014 年度全國檔案行政管理部門和檔案館基本情況摘要（一）〉，國家檔案局網站，最後更新於 2016 年 11 月 16 日，檢索於 2017 年 3 月 26 日，http://www.saac.gov.cn/xxgk/2016-11/16/content_164740.htm；國家檔案局政策法規司，〈2015 年度全國檔案行政管理部門和檔案館基本情況摘要（一）〉，國家檔案局網站，最後更新於 2016 年 11 月 16 日，檢索於 2017 年 3 月 26 日，http://www.saac.gov.cn/xxgk/2016-11/16/content_164743.htm。

二、檔案人員概況

　　根據《中國檔案年鑑（1989）》顯示：1983 年時，中國大陸檔案行政管理部門和各級各類檔案館共有專職檔案人員共計 17,585 人。[67]截止到 2015 年底，中國大陸各級檔案行政管理部門和綜合檔案館共有專職人員 49,190 人，其中，

---

[67] 國家檔案局，《中國檔案年鑑（1989）》，（北京市：檔案出版社，1992），573。

中央級 651 人，省（區、市）級 3,800 人，地（市、州、盟）級 10,710 人，縣（區、旗、市）級 34,029 人。國家專門檔案館共有專職人員 3,457 人，部門檔案館 2,263 人，企業集團和大型企業檔案館 2,982 人，省、部屬事業單位檔案館 2,072 人[68]，見表 6-2。1983 年至 2015 年間，中國大陸檔案行政管理部門和各級各類檔案館專職檔案人員年增長率約為 3.27%。

表 6-2　1983-2015 年中國大陸檔案人員數量

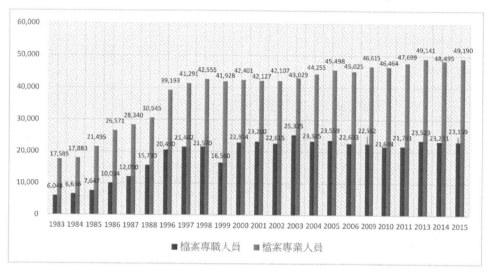

資料來源：國家檔案局，《**中國檔案年鑑（1989）**》，（北京市：檔案出版社，1992），573-624；國家檔案局、中央檔案館，《**中國檔案年鑑（1997）**》，（北京市：中國檔案出版社，1999），340-45；國家檔案局、中央檔案館，《**中國檔案年鑑(1998-1999)**》，（北京市：中國檔案出版社，2001），340-45；國家檔案局、中央檔案館，《**中國檔案年鑑（1998-1999）**》，（北京市：中國檔案出版社，2001），676-79；國家檔案局、中央檔案館，《**中國檔案年鑑（2000-2001）**》，（北京市：中國檔案出版社，2002），301-5；國家檔案局、中央檔案館，《**中國檔案年鑑（2000-2001）**》，（北京市：中國檔案出版社，2002），659-63；國家檔案局、中央檔案館，《**中國檔案年鑑（2002）**》，（北京市：中國檔案出版社，2003），295-329；國家檔案局、中央檔案館，《**中國檔案年鑑（2003）**》，（北京市：中國檔案出版社，2004），333-36；國家檔案局、中央檔案館，《**中國檔案年鑑（2004-2005）**》，（北京市：中國檔案出版社，2006），239-43；國家檔案局、中央檔案館，《**中國檔案年鑑（2004-2005）**》，（北京市：中國檔案出版社，2006），521-25；國家檔案局、中央檔案館，《**中國檔案年鑑（2006）**》，（北京市：中國檔案出版社，2008），291-325；國家檔案局、中央檔案館，《**中國檔案年鑑（2007）**》，（北京市：中國檔案出版社，2009），360-63；國家檔案局、中央檔案館，《**中國檔案年鑑（2010）**》，（北京市：中國文史出版社，2012），382-86；國家檔案局、中央檔案館，《**中國檔案年鑑（2011）**》，（北京市：中國文史出版社，2014），472-76；國家檔案局、中央檔案館，《**中國檔案年鑑（2012）**》，（北京市：中國文史出版社，2014），379-383；國家檔案局政策法規司，〈2013 年度全國檔案行

---

[68] 國家檔案局政策法規司，〈2015 年度全國檔案行政管理部門和檔案館基本情況摘要〉，國家檔案局網站，最後更新於 2016 年 11 月 16 日，檢索於 2017 年 3 月 1 日，http://www.saac.gov.cn/xxgk/2016-11/16/content_164743.htm。

政管理部門和檔案館基本情況摘要（一）〉，國家檔案局網站，檢索於 2017 年 3 月 26 日，http://www.saac.gov.cn/xxgk/2007-05/21/content_83841.htm；國家檔案局政策法規司，〈2014 年度全國檔案行政管理部門和檔案館基本情況摘要（一）〉，國家檔案局網站，最後更新於 2016 年 11 月 16 日，檢索於 2017 年 3 月 26 日，http://www.saac.gov.cn/xxgk/2016-11/16/content_164740.htm；國家檔案局政策法規司，〈2015 年度全國檔案行政管理部門和檔案館基本情況摘要（一）〉，國家檔案局網站，最後更新於 2016 年 11 月 16 日，檢索於 2017 年 3 月 26 日，http://www.saac.gov.cn/xxgk/2016-11/16/content_164743.htm。

　　在 2015 年的 49,190 檔案專職人員中，共有 23,159 人接受過檔案學教育，可視為檔案專業人員，占 47.08%。而 1983 年時，該比率僅為 34.39%。1988 年、1996 年至 1998 年、2000 年至 2006 年間，檔案專業人員占檔案專職人員的比率均超過 50%。其中 2003 年時，檔案專業人員占檔案專職人員的比率一度達到了 58.86%，見表 6-3。

表 6-3　1983-2015 年中國大陸檔案專業人員占檔案專職人員比率

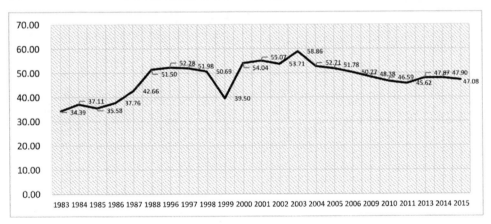

資料來源：國家檔案局，《中國檔案年鑑（1989）》，（北京市：檔案出版社，1992），573-624；國家檔案局、中央檔案館，《中國檔案年鑑（1997）》，（北京市：中國檔案出版社，1999），340-45；國家檔案局、中央檔案館，《中國檔案年鑑（1998-1999）》，（北京市：中國檔案出版社，2001），340-45；國家檔案局、中央檔案館，《中國檔案年鑑（1998-1999）》，（北京市：中國檔案出版社，2001），676-79；國家檔案局、中央檔案館，《中國檔案年鑑（2000-2001）》，（北京市：中國檔案出版社，2002），301-5；國家檔案局、中央檔案館，《中國檔案年鑑（2000-2001）》，（北京市：中國檔案出版社，2002），659-63；國家檔案局、中央檔案館，《中國檔案年鑑（2002）》，（北京市：中國檔案出版社，2003），295-329；國家檔案局、中央檔案館，《中國檔案年鑑（2003）》，（北京市：中國檔案出版社，2004），333-36；國家檔案局、中央檔案館，《中國檔案年鑑（2004-2005）》，（北京市：中國檔案出版社，2006），239-43；國家檔案局、中央檔案館，《中國檔案年鑑（2004-2005）》，（北京市：中國檔案出版社，2006），521-25；國家檔案局、中央檔案館，《中國檔案年鑑（2006）》，（北京市：中國檔案出版社，2008），291-325；國家檔案局、中央檔案館，《中國檔案年鑑（2007）》，（北京市：中國檔案出版社，2009），360-63；國家檔案局、中央檔案館，《中國檔案年鑑（2010）》，（北京市：中國文史出版社，2012），382-86；國家檔案局、中央檔案館，《中國檔案年鑑（2011）》，（北京市：中國文史出版社，2014），472-76；國家檔案局、中央檔案館，《中國檔案年鑑（2012）》，（北京市：中國文史出版社，2014），379-383；國家檔案局政策法規司，〈2013 年度全國檔案行

政管理部門和檔案館基本情況摘要（一）〉，國家檔案局網站，檢索於 2017 年 3 月 26 日，
http://www.saac.gov.cn/xxgk/2007-05/21/content_83841.htm；國家檔案局政策法規司，〈2014 年
度全國檔案行政管理部門和檔案館基本情況摘要（一）〉，國家檔案局網站，最後更新於 2016
年 11 月 16 日，檢索於 2017 年 3 月 26 日，http://www.saac.gov.cn/xxgk/2016-11/16/content_
164740.htm；國家檔案局政策法規司，〈2015 年度全國檔案行政管理部門和檔案館基本情況
摘要（一）〉，國家檔案局網站，最後更新於 2016 年 11 月 16 日，檢索於 2017 年 3 月 26 日，
http://www.saac.gov.cn/xxgk/2016-11/16/content_164743.htm。

　　中國大陸各級檔案行政管理部門和綜合檔案館現有專職人員中，博士研究
生 59 人、碩士研究生 1,456 人、研究生班研究生 1,095 人、雙學士 238 人、大
學本科 27,809 人、大專 15,461 人、具有中專及普通高中文化程度的共有 2,915
人、初中及以下文化程度的共有 157 人，分占 0.12%、2.96%、2.23%、0.48%、
56.53%、31.43%、5.93%、0.32%，見表 6-4。

　　在上述的專職人員中，共有 23,159 人接受過檔案學教育。其中具有博士研
究生檔案專業程度的 12 人、具有碩士研究生檔案專業程度的 175 人、具有研
究生班研究生檔案專業程度的 110 人、具有大學本科檔案專業程度的 3,259 人、
具有大專檔案專業程度的 2,122 人、具有中專及職業高中檔案專業程度的 605
人、接受過在職培訓教育的有 16,876 人，分占 0.02%、0.36%、0.22%、6.63%、
4.31%、1.23%、34.31%，見表 6-4。

表 6-4　2015 年中國大陸檔案工作者文化程度和專業程度分布

學歷		檔案工作者		檔案專業人員	
		人數	比率（%）	人數	比率（%）
研究生	博士研究生	59	0.12	12	0.02
	碩士研究生	1,456	2.96	175	0.36
	研究生班研究生	1,095	2.23	110	0.22
雙學士		238	0.48	-	-
本科		27,809	56.53	3,259	6.63
大專		15,461	31.43	2,122	4.31
中專及普通高中（職業高中）文化程度		2,915	5.93	605	1.23
初中及以下文化程度		157	0.32	-	-
在職培訓		-	-	16,876	34.31
合計		49,190	100	23,159	47.08

資料來源：國家檔案局政策法規司，〈2015 年度全國檔案行政管理部門和檔案館基本情況摘要〉，國家
　　檔案局網站，最後更新於 2016 年 11 月 16 日，檢索於 2017 年 3 月 1 日，http://www.saac.gov.
　　cn/xxgk/2016-11/16/content_164743.htm。

表 6-5　1983 年中國大陸檔案工作者文化程度和專業程度分布

學歷	檔案工作者		檔案專業人員	
	人數	比率（%）	人數	比率（%）
大學（含大專）	3,233	18.38	935	5.32
高中及中專	7,405	42.11	308	1.75
初中及初中以下	6,947	39.51	-	-
訓練班	-	-	4,805	27.32
合計	17,585	100	6,048	34.39

資料來源：國家檔案局編，《中國檔案年鑑 1989》，（北京市：檔案出版社，1992），573。

　　比較表表 6-2、6-3、6-4、6-5 可以發現，中國大陸檔案從業人員從 1983 至 2015 年，呈現出持續增長的態勢，人數由 1983 年的 17,585 人上升到 2015 年的 49,190 人。受過檔案學教育的檔案專業人員，占檔案從業人員的比率由 1983 年的 34.39%上升到 2015 年的比率分別是 47.08%。

　　從表 6-5 中可見，1983 年時，中國大陸的檔案專業人員學歷層次較低，受過本科或大專教育的人數僅 935 人，占檔案從業人員人數的 5.32%。到 2015 年，此比率已經上升到 11.54%，呈現增長態勢。

　　檔案從業人員文化程度的提升離不開教育的發展，尤其是檔案專業人員學歷結構的改善得益於檔案專業教育的推動和檔案管理體制中部分政策的施行。

三、政策影響作用

　　政府政策對檔案學教育的發展有直接的影響。1956 年中國大陸國務院發布《關於加強國家檔案工作的決定》，其第七條中明確規定了檔案幹部和檔案學教育的培養：

　　加緊培養幹部、提高檔案工作的業務水平和科學水平。今後國家的檔案工作幹部，除由中國人民大學歷史檔案系進行培養外，特別應該注意分層負責地開辦短期訓練班加強在職幹部的業務學習，結合實際工作，提高其業務水平。國家檔案局和中國人民大學歷史檔案系對檔案學及其他輔助科目，應該加強研究工作，以提高科學水平。各級國家機關應該對現有的檔案工作人員進行認真的審查，保證檔案工作機構的純潔性；新調配的工作人員要具有一定的政治水平和文化水平，以便能夠較快的學習和掌握檔案業務。一切在職的檔案工作人員，都應當積極工作，努力學習，爭取成為精通檔案業務專業的人才。[69]

---

[69] 國務院，〈關於加強國家檔案工作的決定〉，國家檔案局網站，最後更新於 2011 年 12 月 22 日，檢索

1985 年，中國大陸開始推行職稱改革，該項改革不但推動了檔案學教育的發展，而且改善了檔案人員的文化程度與學歷結構。1986 年，中國大陸的國務院轉發了國家檔案局制定的《檔案專業人員職務試行條例》與《關於〈檔案專業人員職務試行條例〉的實施意見》。據此，將檔案人員的專業職務分為三個等級五種，高級職務：研究館員、副研究館員，中級職務：館員，初級職務：助理館員、管理員。上述五種專業職務均有學歷要求，具體如下：

　　大學專科、中專畢業一年期滿並初步掌握檔案專業基本知識，對檔案工作有關規章制度有一定的了解，並初步掌握檔案工作的基本方法和技能可以聘為管理員。

　　獲得碩士學位、研究生班結業證書或第二學士學位，獲得學士學位、大學本科畢業見習一年期滿，大學專科畢業擔任管理員職務二年以上，中專畢業擔任管理員職務四年以上，能夠比較系統地掌握了檔案專業基礎理論和專業知識，基本了解黨和國家有關檔案工作的方針、政策和檔案工作的規章制度，有一定工作能力，能勝任和履行助理館員職責，初步掌握一門外語或基本掌握古漢語，可以聘為助理館員。

　　獲得博士學位，獲得碩士學位擔任助理館員職務二年左右，獲得第二學士學位或研究生班結業證書擔任助理館員職務二至三年，獲得學士學位、大學本科畢業擔任助理館員職務四年以上，大學專科畢業擔任助理館員職務五年以上，系統地掌握了檔案專業的基礎理論和專業知識，熟悉黨和國家有關檔案工作的方針、政策和檔案工作法規，能起草本地區、本系統、本部門的有關規章制度，具有獨立工作能力，能勝任和履行館員職責，掌握一門外語或古漢語，可聘為館員。

　　獲得博士學位擔任館員職務二至三年，具有大學本科以上學歷擔任館員職務五年以上，具有較廣博的科學文化知識，對檔案學有較深的研究並有一定水平的論著，具有比較豐富的工作經驗，能夠指導檔案專業人員業務、學術研究，解決業務工作中的疑難問題，工作成就顯著，熟練掌握一門外語，可聘為副研究館員。

　　擔任副研究館員職務五年以上，具有廣博的科學文化知識，對檔案學有較深的造詣，並有較高水平的論著，有豐富的工作經驗，能夠指導檔案專業人員進行業務、學術研究，解決業務工作中的重大疑難問題，工作成績卓著，對檔

於 2017 年 3 月 2 日，http://www.saac.gov.cn/xxgk/2011-12/22/content_12485.htm。

第六章　海峽兩岸檔案學教育歷史脈絡之分析　187

案事業有較大的貢獻；熟練掌握一門外語可聘為研究館員。[70]

　　職稱改革對檔案專業人員的學歷有明確的要求，且不同的學歷和檔案工作經驗將直接決定其職務等級的晉升。《國家檔案局對不具備規定學歷檔案人員聘任檔案專業職務的意見》中又明確規定：

　　1967 年以後從事檔案工作，不具備規定學歷的人員，一律要經過專業知識考試，成績合格，方可申報檔案專業職務。

　　館員級的考試科目是：大學專科程度的《文書學》、《檔案管理學》、《科學技術檔案管理學》、《檔案保護技術學》、《檔案文獻編纂學》等五門專業課；助理館員級的考試，可以從館員級的考試科目中選擇四門；管理員級的考試科目是：《文書工作基本知識》、《檔案工作基本知識》、《科學技術檔案管理基本知識》等三門專業課。[71]

　　這種透過政策層面推動的檔案職務晉升制度，強力推動了檔案學教育規模。1978 年至 1997 年之間，檔案學教育機構從 1978 年之前的中國人民大學獨家辦學暴增到 50 所大學以上（見表 5-3），同時期還出現了大量的自學考試、電視大學、函授大學、夜大等學歷的檔案學教育機構。為數不少的學校曇花一現，隨之結束檔案學教育辦學，如南京能源學院、南京金陵職業大學文法系、合肥聯合大學、重慶工業管理學院企管系、重慶社會大學等。中國大陸各省檔案人員職務晉升人數從爆發期過度到平穩之後，檔案學教育隨之也進入平穩期。1998 年之後，中國大陸的檔案學教育機構數相對進入了平穩時期。

貳、臺灣：檔案典藏單位、檔案人員與檔案學教育互動

一、檔案典藏單位與檔案人員概況

　　臺灣現有 8 個主要檔案典藏單位，國家發展委員會檔案管理局、國史館、國史館臺灣文獻館、故宮博物院、中央研究院臺灣史研究所檔案館、中央研究院近代史研究所檔案館、中央研究院歷史語言研究所檔案館、中國國民黨黨史館。

　　另據謝邦昌等人的調查結果顯示，各級政府機關中現有 3,940 個機關檔案

---

[70] 國家檔案局，〈檔案專業人員職務試行條例〉，見《檔案專業職稱改革工作文件彙編》，國家檔案局教育處編（北京市：檔案出版社，1987），51-62。

[71] 同上註，63-65。

典藏單位，其名稱不一，如檔案處、檔案中心、檔案室、檔案科、檔案股或其他。[72]各級政府機關中現有 5,981 位專、兼職檔案管理人員。[73]

二、政策影響作用

政策或法令對檔案學教育既可以產生推動作用，但也可能產生阻礙作用。依臺灣《機關檔案管理單位及人員配置基準》規定：

各機關宜依下列原則設置或指定檔案管理專責單位或人員：

中央一、二級機關及直轄市、縣（市）政府，設中心檔案處（室）。

未設中心檔案處（室）之中央一、二級機關或其他中央機關，檔案管理人員員額有四人以上者，設檔案處、室、科或課。

未設中心檔案處（室）之直轄市、縣（市）政府機關或其他地方機關，檔案管理人員員額有四人以上者，設檔案處、室、科、組、課或股。

未設檔案管理專責單位者，與相關業務單位合併設置，並指定專責人員。[74]

從上述的法令中不難看出：臺灣對各行政單位設立檔案管理專責單位做了明確的規定與要求，但是這種規定是非強制性的「原則設置」，但也可能原則不設置。

《機關檔案管理單位及人員配置基準》對各單位檔案人員的配備做了明確的規定與要求，要求各單位配備「專責人員」。[75]具有以下資格的人員優先錄用：

經高等考試、普通考試、相當高等考試或普通考試之特種考試檔案管理相關類、科及格者。

經高等考試、普通考試、相當高等考試或普通考試之特種考試非檔案管理相關類、科及格，並修滿大學校院檔案管理相關課程二十學分以上，或經國家發展委員會檔案管理局或國家發展委員會檔案管理局認可之專業學（協）會、大學校院系所等舉辦檔案管理人員訓練達一百六十個小時以上者。

大學校院檔案管理相關學系、所畢業者。

曾辦理檔案管理相關工作二年以上，並修滿大學校院檔案管理相關課程二十學分以上者。

---

[72] 謝邦昌、張淳淳、鄭恆雄，《機關檔案管理現況調查分析報告》，（臺北市：國家檔案局籌備處，2001），11-12。

[73] 同上註，78。

[74] 檔案管理局，〈行政規則-機關檔案管理單位及人員配置基準〉，檔案管理局網站，最後更新於 2016 年 8 月 30 日，檢索於 2017 年 3 月 4 日，http://www.archives.gov.tw/Publish.aspx?cnid=1636&p=76。

[75] 同上註。

曾辦理檔案管理相關工作二年以上，並經國家發展委員會檔案管理局或國家發展委員會檔案管理局認可之專業學（協）會、大學校院系所等舉辦之檔案管理人員訓練達一百六十個小時以上者。[76]

　　《機關檔案管理單位及人員配置基準》之外，另有一項計畫推動了臺灣檔案學教育的發展——數位典藏計畫。根據筆者對政治大學圖書資訊學研究所創所所長胡歐蘭的採訪：

　　當時跟張鼎鐘老師談到，中研院的王副院長（王汎森）、謝清俊等人積極推動與普及數位典藏。當時中研院楊副院長打電話給我，當時我還沒有構思好這個所的結構，他說，我想請你來當我們規劃整個數位化的委員。……我看了數位典藏的整體的計畫，裡面有很多的博物館、古籍、檔案的數位化計畫。好多東西都很巧合，這些不都是我今後培養的人才可以去的地方嗎？這麼多的市場，我們為什麼不朝這個方向努力呢？所以，我就產生了要把博物館、檔案館、圖書館全部 cover 進去的想法，這是應對數位化環境的一個需求，我覺得是我們要辦的一個特色。……

　　數位典藏計畫的興起，從側面推動了臺灣檔案學教育重鎮政治大學圖書資訊學研究所的產生。

---

[76] 同上註。

第七章　結論與建議

　　本章將根據前六章之鋪陳與論述，歸納得出研究結果與發現，再據此提出建議與未來之研究方向。

第一節　研究結果與發現

壹、海峽兩岸檔案學教育的差異點

　　基於第四章、第五章針對海峽兩岸檔案學教育比較分析，比較點有：歷史發展概況比較、系所設置比較、學科隸屬與學位授予比較、地理分布比較、入學方式與考試比較、學生比較、教師比較等項。

一、歷史發展概況比較

　　海峽兩岸檔案學教育的發展歷程不同。中國大陸始於 1949 年，經歷了檔案學教育重構、調整與發展期（1949-1966 年），檔案學教育動盪、拆解與停滯期（1967-1977 年），檔案學教育再起、震盪與調整期（1978-1997 年），檔案學教育變革與平穩發展期（1998 年至今）。臺灣檔案學教育始於光復後，經歷了萌芽期（1945-1957 年）、發展期（1958-1995 年）、提速期（1996 年至今），見圖 7-1。

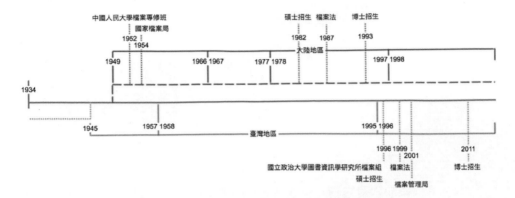

圖 7-1 　海峽兩岸檔案學教育歷史發展概況之比較

　　比較海峽兩岸第一所專門培養檔案人才的教育機構，中國大陸成立於 1952 年，臺灣成立於 1996 年，臺灣晚於中國大陸 44 年；比較海峽兩岸檔案主管機關，中國大陸的國家檔案局成立於 1954 年，臺灣的檔案管理局成立於 2001 年，臺灣晚於中國大陸 47 年；比較海峽兩岸檔案法的產生時間，中國大陸於 1987 年頒布施行《檔案法》，臺灣於 1999 年頒布《檔案法》，於 2002 年開始正式施行，臺灣的《檔案法》晚於中國大陸 22 年；比較海峽兩岸檔案學教育專門機構招收碩士研究生的時間，中國大陸於 1982 年開始正式招收檔案學碩士研究生，臺灣於 1996 年開始招收檔案學碩士研究生，臺灣晚於中國大陸 14 年；比較海峽兩岸檔案學教育專門機構招收博士研究生的時間，中國大陸於 1993 年招收第一屆檔案學博士研究生，臺灣於 2011 年招收第一屆檔案學博士研究生，臺灣晚於中國大陸 18 年。

　　由上述比較可以發現：臺灣檔案管理事業體系自 2001 年構建完成，包括成立專門的檔案學教育機構、頒布《檔案法》、成立檔案主管機關──檔案管理局；中國大陸檔案管理事業體系於 1987 年構建完成。臺灣檔案管理事業體系整體上晚於中國大陸 14 年左右。臺灣檔案學教育專門機構的成立晚於中國大陸 44 年，發展較為緩慢。但海峽兩岸檔案學研究生教育相差的時間卻短很多，其中碩士生教育相差 14 年、博士生教育相差 18 年。可見，自 1996 年臺灣檔案學教育進入了一個相對較快的提速時期。

二、系所設置比較

　　海峽兩岸檔案學教育系所的設置不同。中國大陸各類檔案學教育系所共有

37 所，其中本科教育 33 所、碩士教育 27 所、博士教育 6 所。臺灣各類檔案學教育相關系所共計 6 所，其中大學部教育 3 所、碩士教育 4 所、博士教育 1 所。從總數上看，中國大陸檔案學教育系所的絕對數值遠遠高於臺灣。但這種比較沒有意義，中國大陸區域廣袤，人口數量為世界第一位，故需要透過相對的各省平均數來進行比較。上述中國大陸檔案學教育系所總數乃 31 省（市）合計而成，其檔案學教育系所省平均數為 1.19 所，其中本科教育系所 1.06 所，碩士教育系所 0.87 所，博士教育系所 0.19 所，見表 7-1。

表 7-1　海峽兩岸檔案學教育系所設置比較

區域	總數	本科教育	碩士教育	博士教育
中國大陸	37	33	27	6
省平均數	1.19	1.06	0.87	0.19
臺灣	6	3	4	1

由上述比較可以發現，中國大陸檔案學教育系所在總量上遠高於臺灣，其系所總數、本科教育數量、碩士教育數量、博士教育數量分別是臺灣的 6.17 倍、11 倍、6.75 倍、6 倍。但是用中國大陸各省平均數與臺灣相比較，臺灣檔案學教育相關系所總數、大學部教育數量、碩士教育數量、博士教育數量分別是中國大陸的 5.04 倍、2.83 倍、4.60 倍、5.26 倍。可見，在檔案學教育系所總量上，中國大陸遠高於臺灣；但是在平均數量的比較上，臺灣又遠高於中國大陸。

從檔案學教育學歷的結構來看，中國大陸的檔案學教育呈現出正金字塔型結構，檔案本科教育為基礎，數量最多；其次為碩士教育，再次為博士教育。臺灣的檔案學教育呈現出紡錘形結構，以碩士教育為最多，大學部教育其次，再次為博士教育。

三、學科隸屬與學位授予比較

海峽兩岸檔案學的學科隸屬不同。中國大陸檔案學隸屬於「管理學」下的「圖書情報與檔案管理」。與檔案學平行的學科有圖書館學、情報學、信息資源管理、信息分析、出版管理。臺灣「圖書資訊檔案學類」，隸屬於「社會科學、商業及法律領域」下的「傳播學門」，見圖 7-2。與圖書資訊檔案學類平行的學科有一般大眾傳播學類、新聞學類、廣播電視學類、公共關係學類、博物館學類、圖文傳播學類、廣告學類、其他傳播及資訊學類。進一步比較

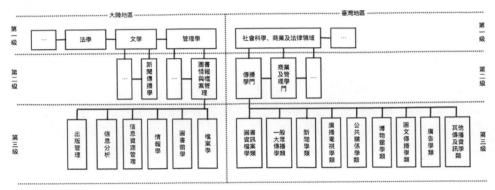

圖 7-2　海峽兩岸檔案學科隸屬之比較

發現，臺灣與中國大陸「管理學」較為接近的「商業及管理學門」是隸屬於「社會科學、商業及法律領域」的第二級學門，與「傳播學門」平行。而中國大陸的「新聞傳播學」是隸屬於與「管理學」平行的「文學」第一級學科下的二級學科。

　　由上述比較可以發現，中國大陸檔案學隸屬於管理學，而臺灣的圖書資訊檔案學類隸屬於傳播學門。中國大陸的「圖書情報與檔案管理」在第二級學科、臺灣的「圖書資訊檔案學類」位於第三級學科。此外，臺灣的「圖書資訊檔案學類」之下並無更細的學科劃分，而中國大陸則將「圖書情報與檔案管理」進一步細分。可見：中國大陸的「檔案學」是一門獨立的學科且學科分類劃分比較細，而臺灣的學科分類口徑比較寬。

　　從學位的授予方面來看，中國大陸檔案學從本科、碩士、博士，均授予管理學學位，分別為管理學學士、管理學碩士、管理學博士；而臺灣則授予文學學士、文學碩士、文學博士，或者圖書資訊學學士、圖書資訊學碩士、圖書資訊學博士。文學學士、文學碩士、文學博士與圖書資訊學學士、圖書資訊學碩士、圖書資訊學博士有所不同，究竟授予畢業生何種學位由各系所根據自身的性質決定，圖書資訊學學位偏向於學術導向，而文學學位偏向於實務專業導向或藝術領域。[1]

---

[1]　教育部高等教育司，《大學各系所（組）授予學位中、英文名稱參考手冊》，清華大學綜合教務組網站，最後更新於 2005 年 6 月 21 日，檢索於 2017 年 2 月 22 日，http://dgaa.web.nthu.edu.tw/ezfiles/74/1074/img/360/rule4-3.pdf。

四、地理分布比較

海峽兩岸檔案學教育系所的地理分布總體特徵是一致的，即區域失衡，見圖 7-3。灰色表示該區域檔案學教育系所數量為 0。用五級不同濃度的藍色色塊表示該該區域檔案學教育系所數量，濃度由淺入深分別對應阿拉伯數字 1、2、3、4、5，如圖 7-3 中的圖例所示。

中國大陸 31 個省市中，有 7 個省市沒有檔案學教育，占到 22.58%；16 個省市只有 1 所檔案學教育系所，占到 51.61%，即 74.19%的區域沒有檔案學教育或只有 1 所檔案學教育系所。檔案學教育集中的沿海區域及湖北省、河南省等地。其中江蘇省的檔案學教育系所數量（5 所）最多，教育學歷也涵蓋了本科、碩士、博士等學歷。臺灣的檔案學教育相關系所主要分布在臺北市和新北市，即臺灣北部地區，其他地區的檔案學教育系所尚無。

由上述比較可以發現，海峽兩岸檔案學教育系所地理分布均失衡，中國大陸的檔案學教育系所集中分布在沿海地區及湖北省、河南省；臺灣檔案學教育系所集中在臺灣北部。

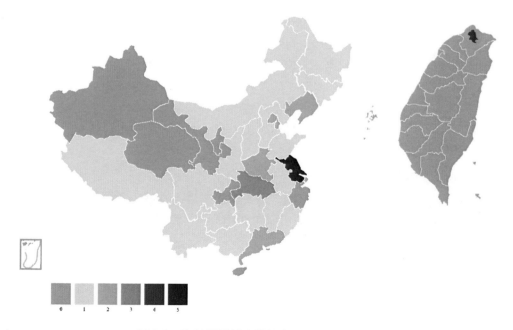

圖 7-3　海峽兩岸檔案學教育區域分布之比較

五、入學方式與考試比較

　　無論是中國大陸、臺灣，檔案學教育大學部階段的入學方式主要有兩種：甄選和考試。中國大陸甄選入學主要管道為「自主招生考試」，該考試分為學校推薦與個人申請。臺灣相對應的是「大學甄選入學」，該甄選方式有「繁星推薦」與「個人申請」。中國大陸考試入學主要管道為「普通高考」，臺灣是「大學考試入學」。目前，臺灣甄選入學的比例漸高，而中國大陸相對應的自主招生考試仍處於探索階段。海峽兩岸檔案學及相關專業碩士、博士研究生均可透過甄試或考試的方式入學，見表 7-2。

表 7-2　海峽兩岸檔案學教育入學方式之比較

區域	大學部入學方式	碩士入學方式	博士入學方式
中國大陸	普通高考、自主招生考試（學校推薦、個人申請）	甄試、考試	甄試、考試
臺灣	大學甄選入學（繁星推薦、個人申請）、大學考試入學	甄試、考試	甄試、考試

　　從海峽兩岸檔案學及相關專業招生的方向（名稱）來看，在大學部教育階段，中國大陸 33 所院校系所採用「檔案學」的名稱招收大學部學生，部分學校以「圖書情報與檔案管理類」的名義招收大學部學生，但會在學生入學的一年或兩年之後採取專業分流，分流至「檔案學」、「圖書館學」或「信息資源管理」等相關專業繼續學習。臺灣 3 所院校系所採用「圖書資訊學」的名稱招收大學部學生，在學生攻讀大學部期間，開設相關檔案學課程，見表 7-3。由此可見，中國大陸在大學部教育階段以「檔案學」名稱招收學生，臺灣以「圖書資訊學」名稱招收學生。

　　在碩士招生階段，中國大陸 27 所院校系所中有 22 所採用「檔案學」名稱招生，占總數的 81.48%；5 所採用「圖書情報與檔案管理」名稱招生，占總數的 18.52%。臺灣 5 所院校系所中有 3 所採用「圖書資訊學」名稱招生，占總數的 50%。有 1 所學校直接以「圖書資訊學-檔案學組」的名義招生，占總數的 16.67%。另有一所學校以「資訊傳播學」名稱招收碩士研究生，見表 7-3。由此可見，中國大陸以「檔案學」名稱為主、以「圖書情報與檔案管理」名稱為輔招收碩士研究生；臺灣以「圖書資訊學」名稱為主招收檔案學碩士研究生。另外一個不同點在於：中國大陸以「檔案學」為名稱的招生系所，還會在招生之初就進一步細化其招生的研究方向，根據表 5-10 顯示，當前中國大陸檔案

碩士招生的研究方向可以歸納為 13 個領域：通論、檔案保護技術、文件學、電子政務、企業檔案管理與知識服務、民族檔案學、檔案學基礎理論、信息資源管理、歷史檔案學、檔案信息化、檔案編纂學、文秘與檔案、檔案館管理。學生將根據細化的招生方向填報自己的報考志願。臺灣無論是採用何種名稱招收碩士研究生，均未細化招收方向。由此可見，中國大陸檔案碩士招生的研究方向較為細分、多元，臺灣檔案碩士招生口徑較寬。

表 7-3　海峽兩岸檔案學教育招生方向（名稱）之比較

區域	本科		碩士		博士	
	名稱	數量	名稱	數量	名稱	數量
大陸地區	檔案學	33	檔案學	22	檔案學	3
			圖書情報與檔案管理	5	圖書情報與檔案管理	3
臺灣地區	圖書資訊學	3	圖書資訊學	3	圖書資訊學（檔案學組）	1
			圖書資訊學-檔案學組	1		
			資訊傳播學	1		

在博士招生階段，中國大陸以「檔案學」和「圖書情報與檔案管理」名稱招收的院校系所各占 50%。臺灣招收檔案學博士研究生的系所，最初採用分組的方式招生，即以「圖書資訊學-檔案學組」的名義招收博士研究生；後又調整為不分組招生，即以「圖書資訊學」名稱招收博士研究生，待學生入學後，根據其研究意願自由選擇研究「圖書資訊學」或「檔案學」。

從檔案學研究生入學方式的內容來看，海峽兩岸無論碩博士教育階段，其甄試內容比較一致，即主要以書面審查和口試為主，部分學校輔以筆試。海峽兩岸檔案學研究生入學方式的不同主要體現在一般考試方面。

在碩士招生階段，中國大陸檔案學碩士研究生入學考試為國家統一考試，考試科目數量固定為四科，其中兩科：外文和思想政治由國家統一出題；另外兩科為專業課（又稱業務課），由各招生系所自主命題。上述四科的考試過程、閱卷等均統一安排。臺灣檔案學碩士研究生入學考試為非統一考試，由各招生系所根據所在學校安排自行決定考試時間和所有考試科目。考試的科目數量不一，原則上考藝兩科，個別系所考藝達四科，另有一所系所在一般考試階段仍採用「書面審查」結合「口試」的方式進行招生。從考試科目來看，中國大陸「外文」和「思想政治」（類似臺灣的「三民主義」與「公民」科）為必考。臺灣的五所招生系所中，兩所學校將英文作為必考科目，另外三所學校或不考英文或僅將英文成績作為同分條件下的參酌。由此可見，中國大陸檔案學碩士研

究生入學考試內容重視外文和思想政治，臺灣檔案學碩士研究生入學考試內容主要依據各系所的要求，並無一致的科目或要求。

在博士招生階段，中國大陸檔案學博士研究生入學考試為國家統一考試，考試科目固定為三科，其中外文由國家統一出題，另外兩門專業課由各招生系所自主出題，上述三科的考試過程、閱卷等均統一安排。臺灣檔案學博士研究生入學方式，由各系所根據所在學校的安排自行決定甄試時間和所有甄試項目。沒有筆試，只有書面審查和口試環節。由此可見，中國大陸檔案學博士研究生入學考試非常重視外文能力，相較於其檔案學碩士研究生招生階段的考試內容而言，在博士研究生階段已不再重視「思想政治」科目的考察。臺灣檔案學博士研究生入學採甄試方式，不重視筆試。

六、學生比較

囿於統計資料所限，海峽兩岸檔案學教育學生之比選取的比較年度為 2011 年至 2013 年。

2011 年至 2013 年間，中國大陸檔案專業本科、碩士、博士年均在校人數為 1,314.67、233.67、15.33；省均人數分別為：42.41、7.54、0.49。臺灣檔案專業碩士、博士年均在校人數為 4、1。

在總量上，中國大陸每年培養各類檔案專業學生約 1,563 名，省均 50 人。臺灣因本科教育的缺乏，每年培養各類檔案專業學生 5 名。

從培養的學歷來看，中國大陸呈現出倒金字塔結構，本科、碩士、博士人數之比為 85.72：15.24：1；臺灣碩士、博士人數之比為 4：1。

由此可見，在總量上中國大陸每年培養的各類檔案專業學生數倍於臺灣，其省均每年培養的各類檔案專業學生人數約為臺灣 10 倍。但單就碩士與博士學歷來看，中國大陸省均培養碩士、博士約 8 人，臺灣每年培養 5 人，差異較小。從培養學歷的結構上來看，中國大陸碩、博士人數之比為 15.24：1，而臺灣為 4：1，遠低於中國大陸，可見中國大陸的檔案專業博士生教育相對較為匱乏。

七、教師比較

海峽兩岸檔案學專業教師現況不同。中國大陸檔案學教師無論是總人數還是各校平均人數均高於臺灣。中國大陸現有檔案學專業教師 301 人，校平均人數 9 人。臺灣現有檔案學專業教師 12 人，校平均人數 2 人，見表 7-4。

表 7-4　海峽兩岸檔案學專業教師之比較

區域	總人數	校平均人數	博士學位比率	教授比率	副教授比率	助理教授比率
中國大陸	301	9	55.5%	29.6%	40.5%	29.9%
臺灣	12	2	100%	16.67%	50%	33.33%

　　從檔案學專業教師的最高學歷來看，臺灣檔案學專業教師 100%擁有博士學位，中國大陸只有 55.5%的教師擁有博士學位。由此可見，臺灣檔案學專業教師的學歷程度比較高，而中國大陸則呈現出檔案學專業教師學歷參差不齊、程度較低的現象，見表 7-4。

　　從檔案學專業教師的職稱（級）來看，海峽兩岸檔案學專業教師的隊伍結構較為一致，均呈現出紡錘形結構，即副教授比重最高，教授次之，助理教授再次。由此可見，海峽兩岸檔案學專業教師的職稱結構較為合理，見表 7-4。

八、小結

　　截至到 2016 年底，中國大陸現有 37 所高等學校或研究機構招收檔案專業學生，其中開展本科、碩士、博士教育的系所分別為 33 所、27 所、6 所。其中中國人民大學信息資源管理學院、武漢大學信息管理學院、南京大學信息管理學院、雲南大學歷史與檔案學院檔案與信息管理系、吉林大學管理學院信息管理系擁有從本科、碩士再到博士的完整教育培養體系。臺灣各類檔案學教育相關系所共計 6 所，其中本科教育 3 所、碩士教育 4 所、博士教育 1 所。

　　中國大陸的檔案學教育隸屬於管理學門下的圖書情報與檔案管理，其畢業生授予管理學學位。臺灣「圖書資訊檔案學類」隸屬於「社會科學、商業及法律領域」下的「傳播學門」。其畢業生授予文學學位或者圖書資訊學學位。

　　中國大陸的檔案學教育系所集中分布在沿海地區及湖北省、河南省；臺灣檔案學教育系所集中在臺灣北部。

　　海峽兩岸檔案學教育的入學方式在總體上是一致的。無論是中國大陸、臺灣，檔案學教育本科階段的入學方式都是透過統一入學考試為主，輔以多元入學管道的方式進入大學，再根據考生的專業志願或調劑的方式進入檔案學及相關專業學習。海峽兩岸檔案學及相關專業碩士、博士研究生均可透過甄試或考試的方式入學。

　　中國大陸每年培養各類檔案專業學生約 1,563 名，省均 50 人。臺灣因本科教育的缺失，每年培養各類檔案專業學生 5 名。

中國大陸現有檔案學專業教師 301 人，校平均 9 人。臺灣現有檔案學專業教師 12 人，校平均 2 人。

貳、海峽兩岸檔案學教育發展的歷史脈絡與關鍵節點

基於第四、第六章的內容展開海峽兩岸檔案學教育歷史脈絡之比較分析，比較點有民國檔案學教育的影響、外來檔案學教育的影響和檔案管理體制的影響。

一、民國檔案學教育的影響

面對民國檔案學教育，海峽兩岸對其的處理態度是迥異的。中國大陸在 1952 年開始重構檔案學教育之時，因民國檔案學教育遺留的「教員、教材和經驗」均不符合當局者對檔案學教育的預設，故其採用「全盤蘇化」的方式移植蘇聯檔案學教育模式，而非採用民國檔案學教育遺留資源。在建立起檔案學教育制度之後，中國大陸開始有選擇地啟用了部分民國檔案學教育資源，如在教員方面，啟用殷鐘麒、傅振倫；在教材方面，請傅振倫參與「中國檔案史」課程教材的編寫；在經驗方面，重新整理出版民國的十三本檔案學舊著。

雖然民國檔案學教育機構無一在臺復校，但臺灣對民國檔案學教育卻一路承襲而來。臺灣省立師範大學社會教育學系圖書館組檔案課程的開設，就是對國立社會教育學院圖書博物館學系課程設置的沿襲，而國立社會教育學院又可稱為文華圖專的「分校」。這一傳統也影響到其後臺灣圖書館學系或圖書資訊學系（所）檔案管理相關課程開設。

綜上所述，海峽兩岸對民國檔案學教育的策略不同，中國大陸是在重構檔案學教育完成的基礎上，有選擇地採用部分民國檔案學教育資源作為補充；臺灣主要以承襲民國檔案學教育為主體，有選擇地對部分民國檔案學教育資源予以更替，如對王愧藩等人處理。可見，民國檔案學教育形塑了臺灣檔案學教育的雛形，對中國大陸則是一種適當地補充。

二、外來檔案學教育的影響

因對民國檔案學教育的態度和當時政治環境因素的考量，中國大陸在重構檔案學教育之時採用「全盤蘇化」的策略，聘請蘇聯檔案專家將蘇聯的檔案學

教育制度等移植到中國大陸。蘇聯檔案學教育對中國大陸檔案學教育產生了巨大影響，如課程設置、教研室設置等。至 1955 年，蘇聯專家謝列茲聶夫回國之後，中國人民大學歷史檔案系已經完成了部分檔案學教育的本土化，一方面將蘇聯檔案課程本土化，如把「蘇聯檔案工作理論與實踐」轉化成「檔案工作理論與實踐」等；另一方面開發適合本土的課程與教材，如不但講授「蘇聯檔案史」，也開發「中國檔案史」並編纂相應的教材。

臺灣檔案學教育的設置深受美國的影響，無論是圖書館學專業開設檔案管理課程，亦或是效仿美國行政效率改革而產生的檔案人員訓練。政治大學圖書資訊學研究所成立之後，深受美國影響的檔案學教育體系走向了多元與融合。

綜上所述，海峽兩岸檔案學教育的發展均受到了外來檔案學教育的影響，中國大陸受蘇聯的影響最大，臺灣受美國的影響最大。有趣的是，這種外來檔案學教育的影響最終都因走向本土化而削弱，即從複製、模仿、學習走向本土特色。

三、政府檔案管理體制的影響

中國大陸現有各級檔案行政管理部門 3,077 個，各級檔案館 4,193 個，專職檔案工作者 49,190 人，其中 23,159 人接受過檔案專業教育；省均各級檔案行政管理部門 99.26 個，省均各級檔案館 135.26 個，省均專職檔案工作者 1,586.77 人，其中 947.06 人接受過檔案專業教育。

臺灣現有一個檔案主管機關，即國家發展委員會檔案管理局；8 個主要檔案典藏單位。另有 3,940 個機關典藏單位，5,981 名專、兼職檔案管理人員。

由此可見，海峽兩岸檔案行政管理部門數、檔案館數、專職檔案工作者或管理人員、接受檔案專業教育的人數存在較大的差異。這種差異的來源主要來自檔案典藏機關的設置及其檔案人員的配置要求。中國大陸的檔案典藏機關的設置是一種強制性措施。在發展檔案學教育的過程中，檔案機構的配套設置及檔案人員的職務聘用制度保障了檔案學教育的發展。臺灣當前的檔案典藏單位與檔案人員配置的法規，限於經費預算不具有強制性，而無法強力推動檔案學教育的發展。

第二節　建議

根據全文之探討，分別針對中國大陸與臺灣檔案學教育發展提出如下之建議：

壹、中國大陸檔案學教育發展之建議

一、合理規劃檔案學教育之發展

中國大陸檔案學教育自 1998 年起，已經進入了一個相對平穩的發展時期。檔案學教育之發展應該與國家需求、社會需求相適應。中國大陸檔案學教育在經歷近七十年之發展之後，應該合理規劃檔案學教育之發展，避免因為政治因素、經濟因素、人口因素等多種原因而出現教育發展之大起大落。

這種合理規劃，即包括對教育規模的規劃、教育學歷結構的規劃，也包括對地理分布的規劃、教育品質評鑑的規劃等。

二、優化檔案學教育系所地理分布

中國大陸檔案學教育系所地理分布不均，31 個省份中有 7 個省份沒有任何層級的檔案學教育系所，占總數的 22.58%。其中甘肅、青海、寧夏、新疆、海南、重慶等地均多處於邊陲或海南島，因檔案學教育系所的缺失而加重了當地檔案專業人才的稀缺程度，嚴重影響了當地檔案學高級人才的訓練與養成。中國大陸應透過政策扶持、人才扶持等系列措施，優化檔案學教育系所地理分布，力求達到每省都有一所檔案學教育系所。

三、加速發展檔案專業博士教育

中國大陸檔案專業博士教育稀缺，每年培養的檔案專業博士約為 15 名。這 15 名博士生中，約一半以上的名額由中國人民大學信息資源管理學院所招錄。其餘五校每年招錄的檔案學博士約 1-2 名。檔案專業博士的欠缺影響了各檔案學教育系所的人才的更新與補充。在確保教育品質的前提下，一方面要擴大現行博士教育規模，如南京大學、武漢大學、雲南大學、吉林大學、南京政

治學院等可以適當擴大招生規模；另一方面可以增加檔案專業博士培養學校數量，對當前檔案專業教育系所予以評估，符合檔案專業博士教育資格的學校授予博士學位授予權，擴大檔案專業博士培養學校的數量，進而增加每年檔案專業博士畢業生，滿足社會各方面對檔案專業高級人才的需求。

四、提升檔案專業教師素質

中國大陸檔案學教育隊伍博士學歷擁有率較低，當前只有 55.5% 的檔案專業教師擁有博士學位。不斷提升檔案專業教師素質是各校當前面臨的一項挑戰。各系所應多鼓勵檔案專業教師在職攻讀碩、博士學位的同時，加大海外檔案專業人才的引進，優化檔案專業教師的學緣結構和專業背景。

貳、臺灣檔案學教育發展之建議

一、推動檔案典藏單位的設置與聘用檔案專業人員

臺灣檔案學教育發展面臨的最大問題在於社會需求不足。擴大社會需求的首要措施應是推動檔案典藏單位設置。臺灣的檔案主管機關——檔案管理局業已成立 16 年，但迄今尚未成立國家檔案館。反觀國家圖書館，則於國民政府遷臺之後的 1954 年成立，迄今已逾半個多世紀。此外，檔案典藏單位的人員任用，應優先聘用檔案專業人員。政府機關應該率先在檔案典藏單位的設置上採取強制性措施，而非「原則上設置」；對檔案典藏單位的人員聘用，應選擇專業人員，而非「專責人員」。

二、優化檔案學教育系所地理分布

臺灣當前的檔案學教育系所主要分布在北部，建議在中部、南部分別設置一所檔案學教育系所，優化檔案學教育系所的地理分布。目前，中部地區的國立中興大學設有圖書資訊學研究所，但該所未開設檔案相關課程。若在該所適當增加檔案專業教師，開設檔案相關課程，培養檔案專業畢業生，將有效緩解檔案學教育系所過度集中之問題，為中南部培養檔案專業人才。此外，南部地區雖無圖書資訊檔案學類相關系所，但亦可在與檔案學較為相關的公共行政科

系或歷史科系開設檔案相關課程，如中山大學公共事務管理研究所，以求優化檔案學教育系所地理分布之缺憾，培養相關檔案專業人才，服務南部。

三、設置檔案大學部教育

臺灣檔案學教育的學歷教育，主要集中在碩士和博士研究生的培養，建議在大學部設置檔案專業大學部教育，亦可以在大學部階段採用輔系、學分學程、學位學程等方式，一方面可以拓寬檔案碩士和博士研究生報考的學生基礎，另一方面也可以滿足更多用人單位，尤其是企業對一般檔案管理人才的需求。

四、共享檔案學教育資源

臺灣檔案專業教師人數相對較少，專業教師資源亦較欠缺。此外，檔案學教育系所分布主要集中在新北或臺北市。因而，檔案管理局、檔案學會或政治大學任一機構出面召集，協調各校檔案學教育資源的共享與配置，如透過MOOCs 或線上課程的方式開設共同必修或選修課，避免各校重複性開課，浪費寶貴的人力或開課資源。專業教師資源的優化配置，可以使教師們得以開設更多樣化的課程，豐富檔案學教育課程內容與體系。

第三節　未來研究之方向

壹、海峽兩岸與法國、英國、美國、俄國等國的比較檔案研究

海峽兩岸的檔案學教育的發展受到了外來檔案學教育的影響，其中對海峽兩岸檔案學教育影響最大的國家分別是：美國和俄國（蘇聯）。選擇上述國家分別與中國大陸、臺灣的檔案學教育展開比較研究，可以進一步發現海峽兩岸檔案學教育發展的源點。中國大陸檔案學教育的創建與發展得到了俄國（蘇聯）的援助，其教育體制、課程設置、培養目標、教育理念等均對後來中國大陸檔案學教育的發展產生了制度性的影響，探討中國大陸與俄國（蘇聯）的檔案學教育之比較可以釐清中國大陸檔案學教育的由來與發展的變因；戰後

的臺灣得到了美國多領域、多方面的援助，如政治、軍事、經濟、文化等，更為重要的是對美國制度的引進與效仿。基於上述背景下探討臺灣與美國的檔案學教育之比較，可以進一步解釋清楚臺灣檔案學教育的現狀與歷史脈絡；中國大陸實行改革開放之後，尤其是蘇聯解體之後，逐步開始多領域、多方向學習西方國家的制度與經驗；探討中國大陸與美國的檔案學教育之比較可以進一步解釋清楚中國大陸檔案學教育的課程設置、學科隸屬等之發展歷程與變化原因。

貳、海峽兩岸檔案學教育思想研究

當前的檔案學教育研究多集中在對檔案學教育制度的研究，鮮有關於檔案學教育思想的探討。對檔案學教育的研究應該選擇更為宏觀的視角釐清推動檔案學教育的思想變遷與其策動力，而不僅僅關注教育制度的起承轉合。

對海峽兩岸檔案學教育思想的研究，可以進一步梳理出推動海峽兩岸檔案學教育發展的核心思想、關鍵人物等。在研究海峽兩岸檔案學教育思想的研究時，應該側重考察兩岸政治形勢的迥異對檔案學教育思想產生的作用；考察關鍵人物的檔案思想與檔案學教育思想以及其在不同時期檔案學教育思想的變遷，以期可以達到掌握關鍵節點之效。

參、海峽兩岸檔案專業課程設置研究

檔案專業課程的設置是檔案學研究、檔案管理實踐以及相關學科研究在檔案學教育中的具體反應。透過對檔案專業課程設置的研究，可以梳理出不同時期檔案學教育的重點與培養目標。對海峽兩岸檔案專業課程設置的比較研究可以進一步發現海峽兩岸檔案學教育的重點為何。

肆、海峽兩岸相關檔案政策法規研究

相關檔案政策法規的頒布與施行對檔案管理、檔案學術研究、檔案學教育產生了至關重要的影響。透過對歷年檔案政策法規時代背景梳理與政策法規的

內容分析，研究相關檔案政策法規施行與檔案管理、檔案學教育的相互作用及影響，進而評價相關檔案政策法規，據此提出有益於改進檔案管理、檔案學術研究與檔案學教育的更佳政策法規。

伍、海峽軍事院校檔案學教育研究

軍事院校檔案學教育由於其機密性甚少為外人關注。此外，因為缺乏相關研究資料，也甚少為外人能關注。但軍事院校檔案學教育的發展與普通檔案學教育（即非軍事院校檔案學教育）有著某種密切的關係，在能掌握相關資料的前提下，探討軍事院校檔案學教育的發展沿革、軍事院校檔案學教育與普通檔案學教育之間的關係等相關議題，可以彌補檔案學教育史空白之處。

謝辭

　　2012 年，我在東吳大學商學院交換生學習。臨別前，東吳的朋友們問我：何時再來臺灣？我笑著說：「待我來臺灣唸博士班的時候。」碩士班畢業前，已然簽好了工作，準備在蘇州安家落戶，開啟職場生涯。但冥冥之中似有天召——悄然申請好博士班，拿到光華全額獎學金，解除工作合約，來到臺灣。

　　為什麼要來臺灣唸博士班？為什麼要選擇政治大學？為什麼要攻讀檔案學博士學位？不止一個人這樣問我。久而久之，我內心萌發一個想法：是不是專門寫一本博士論文來回答大家？一日，在校門外的輕食餐廳「小公寓」與薛理桂教授飲酒。我怯怯地告訴老師自己對於博士論文的一些不成熟想法，沒想到，老師不但認可了這個想法，還鼓勵我要儘早完成博士論文。

　　用近三年的時間，藏在指南山麓的政大研修，能順利完成學業，首先要感謝我的指導教授薛理桂博士。薛師早年負笈英倫，儒雅紳士，學貫中西，是臺灣檔案學奠基人。薛師不直接告訴你答案，而是引導你探索、思辯問題的本身，追尋事件的脈絡，洞察現象背後的本質。在整個讀博士期間，薛師一直用自己高效的工作和敬業樂業的態度為我樹立榜樣，督促學生自我合理規劃學業生涯，不時調整學習進度，如期保證品質完成修業要求。在撰寫博士論文期間，薛師從論文的題目、框架、內容等方面對我進行指導；在我覺得身心俱疲之時，給我加油打氣，鼓舞我繼續走下去。我想，若不是薛師時常吹響向前的號角，我的修業和博士論文還要延宕許久。師母王愛珍女士，對學生亦是十分關心。三年來，師母不時給我以鼓勵；臨別前，師母還特地給我買了保溫杯，提醒我要用心生活與工作。這隻保溫杯在手，足以抵禦今後無數的「寒流」。遇見恩師與師母，乃人生大幸！

　　非常感謝博士論文的各位口試委員——周愚文教授、林麗娟教授、王梅玲教授、林巧敏教授，感謝各位老師的指導與幫助！因為有各位老師提供的建議，學生的論文才能從題目、結構、內容、語法、句讀等多個方面日益完善起來。臺灣師範大學周愚文教授每次不但給學生提出建議，還會給出合理的

解決措施。無論是 proposal，還是 oral defense，臨別前，周老師都會將自己修改過的初稿留下。看到老師通篇的修正意見，紅筆所到之處皆是老師的用心與關愛。

此外，我還要感謝圖檔所的各位師長——蔡明月教授、邱炯友教授、陳志銘教授、邵銘煌教授。各位老師或是給我以思想之啟迪，或是給予我課業之指導，或是推進我生涯之規劃。遇見各位老師，既是緣分，也是幸福！感謝圖檔所的助教——吳傳萱女士。助教的行政工作效率、待人接物方式、於公務之態度，讓我折服。我常想，眾人之思如川河，滔滔東去；助教恰如「系所」江河之大壩，沃野茲始。三年間，助教協助我完成博士班學習之諸多行政作業，若無助教，我將平添諸多困擾，在此致謝。

從我進入圖檔所之日起，各位學長姐都對我百般疼愛與照顧。宇凡師兄常常與我聊天，我們對學科史充滿了興趣，希冀今後可以在這個領域留下自己跋涉的腳印。師兄常常鼓勵我要不斷拓寬視野，在學科教育與學科史之外，也要有所專精。麗蕉學姐、雪珍學姐、苓莉學姐、淑美學姐、美文學姐常常邀我餐敘，不時關心我的課業，鼓勵我一路向前。最後的一個月，苓莉學姐常與我在憩賢樓三樓的「金色漁家」用餐，回首這一段求學時光，金色漁家的酸菜白肉鍋有一席之位。遠在中國大陸的白文琳學姐、王玉玕學姐也常常詢問我的修業進度。王玉玕學姐在我論文寫作之時，更是將自己未發表的〈法國檔案學教育〉論文借我參考，還引薦我加入中國大陸青年檔案學人社群。學長姐的暖心之舉，如涓涓細流，匯成大河，匯成大海，匯進我的心田。

素未謀面的好基友肖鵬，拉著我一起在「學海」爭渡。他水性好，游的快，常常回過頭來與我分享爭渡的經驗與技巧，有了他，我才游的不孤單。私下，我們常常擘畫未來的藍圖，希冀自己灑下「奮鬥的淚泉、犧牲的血雨」（冰心詩《成功的花》）。謝歡、王錚，在你們身上我看到了「努力」，看到了「用心」，看到了「關愛」。獨學而無友，則孤陋而寡聞。你們集體為我詮釋了「友直、友諒、友多聞」。

黃小晨、偉偉、衛小包、阿濂、謝雲，這麼多年，大家一起交心相伴、一起哭笑怒罵。無論我處於何種境地，置身何種狀況，你們都是義無反顧的伸出溫厚的手掌，投來期盼的目光，拍拍我身上的塵土，然後同行。因為有你們，我從不擔心身後；因為有你們，我只須往前。

此時此刻，我年邁的祖父祖母在家中翹首以盼，這疼愛的孫兒何時才能歸來？若不是對這孫兒還有期許，祖父祖母又是抱持何種信念與那纏人的病魔攻防？多年不在身邊盡孝，讓我常常愧疚的難以自持淚水。我的父親張丁山先

生、母親郭秀蘭女士，一直盡自己最大的努力與可能，為我劈開一片自由翱翔的天空，他們或有自己的期許，但更多的還是鼓舞我飛出去，鼓舞我飛更高。

再走一遍指南山的楓香大道，三月楓葉雖無「楓紅詩醉」，但青翠欲滴亦是可人；回首醉夢溪，這三年恍如大醉夢一場，如夢如幻。還有好多的美景來不及看，還有許多的美食來不及品，還有太多感謝的話來不及說。那我就先把這些一齊埋在心底，澆灌感恩的清泉，讓它們生根發芽，長成巨樹。每當疲累不堪時，我可以再次回來，坐在樹下，喃喃絮語：

啊，師長們！啊，朋友們！啊，政大！啊，臺灣！

參考文獻

上海檔案誌編纂委員會。《**上海檔案誌**》。上海市：上海社會科學院出版社，1999）。檢索於 2017 年 2 月 4 日。http://www.shtong.gov.cn/node2/node2245/node4511/node54552/index.html。

于建民。〈對我區檔案教育事業現狀及發展的思考〉。**新疆檔案**，2 期（1989 年）：36-38。

山東省地方史誌編纂委員會編。《**山東省誌・檔案誌（1991-2005）**》。濟南市：山東人民出版社，2014。

中國人民大學。〈大學簡介〉。中國人民大學網站。最後更新於 2015 年 12 月 31 日。檢索於 2017 年 2 月 4 日。http://www.ruc.edu.cn/intro。

中國人民大學信息資源管理學院。《**中國人民大學信息資源管理學院簡史（1952-2012）**》。北京市：中國人民大學信息資源管理學院，2012。

中國人民大學研究生院。〈中國人民大學 2017 年招收攻讀博士學位研究生簡章〉。中國人民大學研究生招生網。最後更新於 2016 年 10 月 8 日。檢索於 2017 年 2 月 17 日。http://pgs.ruc.edu.cn/articleWeb?article.id=2260&category.id=8。

中國人民大學校史研究叢書編委會編。《**中國人民大學紀事（1937-2007）[上、下卷]**》。北京市：中國人民大學出版社，2007。

中國人民大學歷史檔案系編。《**歷史檔案參考資料**》。北京市：中國人民大學歷史檔案系，1956。

中國人民大學歷史檔案系編。《**檔案學參考資料**》。北京市：中國人民大學，1956。

＿＿＿＿＿＿＿＿＿＿＿。《**檔案學參考資料**》。第一輯。北京市：中國人民大學，1959。

＿＿＿＿＿＿＿＿＿＿＿。《**檔案學論文著作目錄**》。北京市：中國人民大學，1961。

中國人民大學檔案教研室。《**蘇聯檔案史（簡明教材）**》。北京市：中國人民大學，1953。

中國人民大學檔案學院。《**中國人民大學檔案學院校友錄（1952-1987）**》。北京市：中國人民大學檔案學院，1987。

中國人民大學檔案學院資料室編。《**檔案學論著目錄（1911-1983）**》。北京市：檔案出版社，1986。

中國第二歷史檔案館。《**民國時期文書工作和檔案工作資料選編**》。中國檔案史資料叢書之三。北京市：檔案出版社，1987。

中國檔案學會。《**創新：檔案與文化強國建設——2014 年檔案事業發展研究報告集**》。北京市：中國文史出版社，2014。

中華民國圖書館學會。〈第 53 屆各委員會暨工作小組之名單與工作計畫（2014-2015）〉。中華民

國圖書館學會網站。檢索於 2016 年 3 月 28 日。http://www.lac.org.tw/intro/intro-committee53
#Archives。

中華圖書館協會會報編輯部。〈國立社會教育學院圖書博物學系概況〉，**中華圖書館協會會報** 18
卷，1 期（1943 年）：5-6。

中華檔案暨資訊微縮管理學會編。**《海峽兩岸檔案暨微縮學術交流會論文集》**。臺北市，中華檔案
暨資訊微縮管理學會，2000。

內政部統計處。〈最新統計指標-人口數〉。內政部統計處網站。最後更新於 2017 年 2 月。檢索於
2017 年 3 月 19 日。http://www.moi.gov.tw/stat/chart.aspx。

天津市地方誌編修委員會編著。**《天津通誌‧檔案誌》**。天津市：天津社會科學院出版社，1999。

尹吉星。〈汪應文圖書館學思想研究〉。碩士論文，西南大學，2012。

方明雪。〈蓬勃發展的我省檔案教育事業〉。**湖南檔案**，6 期（1989 年）：28-30。

方毓寧。〈試論我國檔案教育的歷史與現狀〉。**山西檔案**，6 期（1988 年）：27-29。

毛坤。**《檔案經營法》**。武漢市：武漢大學出版社，2013。

毛澤東。**《毛澤東選集》**。第四卷。北京市：人民出版社，1991。

王玉玕。〈法國檔案教育與培訓體系解析〉。**未公開資料**。

_____。〈法國檔案學院的現狀、歷史與發展〉。**中國檔案**，52 期（2013 年 10 月）：52-53。

_____。〈遺產保護體系下的檔案立法：法國《遺產法典（第二卷：檔案館）》解讀〉。**檔案學通
訊**，4 期（2016 年 7 月）：17-22。

王君彩。〈我區檔案高等教育在實踐中──兼論有內蒙古特色的檔案高等教育〉。**內蒙古檔案工作**，
2 期（1985 年）：6-13。

王振鵠教授七秩榮慶祝壽論文集編輯小組編。**《當代圖書館事業論集──慶祝王振鵠教授七秩榮
慶論文集》**。臺北市：正中書局，1994。

王梅玲。**《英美圖書館與資訊科學碩士教育之比較研究》**。臺北市：漢美，1997。

_____。**《英美與亞太地區圖書資訊學教育》**。臺北市：文華，2005。

王景高、馮伯群、李向罡編。**《當代中國檔案事業實錄》**。北京市：檔案出版社，1993。

王德俊。〈我國近代檔案教育歷史簡述〉。**檔案工作**，9 期（1992 年）：32-33。

_____。〈我國檔案教育的歷史、現狀與展望〉。**北京檔案**，5 期（1992 年）：14-16。

王慧玲。〈菲律賓的檔案人員培訓〉。**檔案工作**，3 期（1993 年）：38。

王麗。〈新疆檔案學專業人才培養的實踐探索──以新疆財經大學為例〉。**檔案學通訊**，6 期（2014
年）：74-77。

王蘭成。〈關於檔案專業大學本科計算機課程的設置和叫許餓內容的探討〉。**檔案學通訊**，1 期（1990
年）：57-61。

包金春。〈發展中的北京市檔案專業教育〉。**檔案工作**，8 期（1987 年）：13-14。

北京市地方誌編纂委員會編著。**《北京誌‧檔案卷‧檔案誌》**。北京市：北京出版社，2003。

四川地方誌編纂委員會編纂。**《四川省誌‧檔案誌‧僑務誌》**。成都市：四川科學技術出版社，2000。

外國檔案工作動態編輯部。〈加拿大舉辦文件管理訓練班〉。**外國檔案工作動態**，1 期（1983 年）：14。

＿＿＿＿＿＿＿＿＿＿＿＿＿。〈西德檔案工作者的培訓〉，**外國檔案工作動態**，5 期（1983 年）：12。

＿＿＿＿＿＿＿＿＿＿＿＿＿。〈阿拉伯檔案學院簡介〉。**外國檔案工作動態**，5 期（1983 年）：15。

＿＿＿＿＿＿＿＿＿＿＿＿＿。〈阿根廷的檔案教育〉。**外國檔案工作動態**，5 期（1984 年）：10。

＿＿＿＿＿＿＿＿＿＿＿＿＿。〈意大利的檔案教育〉，**外國檔案工作動態**，5 期（1983 年）：14。

＿＿＿＿＿＿＿＿＿＿＿＿＿。〈墨西哥城開辦檔案學校〉，**外國檔案工作動態**，4 期（1984 年）：16。

＿＿＿＿＿＿＿＿＿＿＿＿＿。〈檔案用於學校教育〉，**外國檔案工作動態**，2 期（1987 年）：9-10。

玉奇。〈解放前上海曾創辦過「中國檔案函授學校」——關於《舊中國的檔案教育》的補遺〉。**檔案工作**，4 期（1990 年 4 月）：45。

玉振。〈檔案課教學淺議〉。**檔案管理**，5 期（1992 年）：30-31。

石山主編。《**湖北省檔案誌：1949-2000**》。武漢市：湖北人民出版社，2011。

任虎成。〈試談我國檔案教育的現狀與今後發展〉。**檔案學通訊**，1 期（1988 年）：69-73。

任春艷。〈舊中國檔案教育的回顧與啟示〉。**遼寧檔案**，3 期（1994 年）：26-28。

任時根、任慶勝。〈蘇聯檔案事業建設大事記（四）〉。**浙江檔案**，10 期（1990 年），26-27。

任越、倪麗娟、于媛媛。〈多元創新與互動實踐——基於近十年英國檔案教育模式的思考〉。**檔案學通訊**，2 期（2013 年 3 月），66-69。

任慶勝、任時根。〈蘇聯檔案事業建設大事記（一）〉。**浙江檔案**，7 期（1990 年），26-27。

任慶勝、任時根。〈蘇聯檔案事業建設大事記（二）〉。**浙江檔案**，8 期（1990 年），30-31。

全國高等學校學生信息諮詢與就業指導中心。〈2017 年碩士專業目錄查詢〉，中國研究生招生信息網。檢索於 2017 年 2 月 17 日。http://yz.chsi.com.cn/zsml/zyfx_search.jsp。

吉林大學招生辦公室。〈吉林大學 2017 年招收攻讀博士學位研究生招生簡章〉。吉林大學招生網。最後更新於 2016 年 11 月 22 日。檢索於 2017 年 2 月 17 日。http://zsb.jlu.edu.cn/cont/1145.html。

吉林省檔案學教育處。〈長春檔案職業學校成立〉。**檔案工作**，7 期（1985 年）：24。

安小米。〈美國保護技術工作者的培訓和教育及其思考〉。**航空檔案**，2 期（1992）：22。

安徽省地方誌編纂委員會編。《**安徽省誌・檔案誌**》。北京市：方誌出版社，1998。

朱玉芬。〈中國人民共和國和臺灣地區檔案教育之比較〉。**檔案與微縮**夏季版，65 期（2002 年）：25-39。

朱江。〈嚴謹 實用 生動——密西根大學的檔案教育與培訓〉。**檔案與建設**，4 期（2005）：18-19。

朱國斌。〈瑞典工商檔案工作者培訓方案〉。**檔案**，2 期（1987 年）：36。

江西省檔案誌編纂委員會編。《**江西省・檔案誌**》。合肥市：黃山書社，1998。

江蘇省地方誌編纂委員會編。《**江蘇省誌・檔案誌**》。南京市：江蘇古籍出版社，1996。

江蘇學院四十年編輯小組。《**江蘇學院四十年**》。臺北市：江蘇省立江蘇學院旅臺校友會，1980）。

江蘇學院校友聯誼會編。《**江蘇省立江蘇學院校史**》。不詳：江蘇學院校友聯誼會，2007）。

行政改革建議案研議小組委員會。《**行政改革建議案檢討報告**》。臺北市：編者，1963。

行政院主計總處。〈平均每人 GDP（名目值，美元）〉。中華民國統計資訊網。檢索於 2017 年 3 月 20 日。http://statdb.dgbas.gov.tw/pxweb/Dialog/Saveshow.asp。

＿＿＿＿＿＿＿＿＿。〈國內生產毛額 GDP（名目值，美元）〉。中華民國統計資訊網。檢索於 2017 年

3 月 20 日。http://statdb.dgbas.gov.tw/pxweb/Dialog/Saveshow.asp。

何守樸。〈我的父親何魯成〉。**檔案管理**，3 期（2009）：61-65。

何秋生。〈安徽省檔案專業教育發展的前景及對策〉。**安徽檔案**，2 期（1990 年）：19-21。

余光中。**余光中詩選：1949-1981**。洪範文學叢書 72。二版一印。臺北市：洪範書店，2006。

吳宇凡。〈民國以來檔案管理制度之研究〉。博士論文，國立政治大學，2016。

_____。〈陳國琛與戰後初期臺灣文書改革〉。**檔案學通訊**，3 期（2015 年 5 月）：99-104。

吳定、張潤書、陳德禹。**《行政學（上、下）》**。臺北市：國立空中大學，1989。

吳運湘。〈改進教學方法 提高培訓效果〉。**湖南檔案**，5 期（1985 年）：27。

吳樂情。〈中美檔案保護教育比較研究〉。碩士論文，中國人民大學，2009。

吳寶康、鄒家煒、董儉、周雪恆編。**《中華人民共和國檔案工作紀實》**。西寧市：青海人民出版社，1983。

呂永康。〈英國的檔案教育〉。**文獻工作研究**，6 期（1989 年）：53-55

呂淑枝。〈檔案管理人員繼續教育現況、需求及態度之研究〉。碩士論文，新竹教育大學，2014。檢索於 2016 年 9 月 13 日。http://ndltd.ncl.edu.tw/cgi-bin/gs32/gsweb.cgi/ccd=mKfXwj/record?r1=1&h1=1。

宋霖、劉思祥。**《臺灣皖籍人物》**。合肥市：安徽省政協文史資料委員會、安徽省政協港澳臺僑和外事委員會、安徽省社會科學院人物研究所，2001。

宋濤。〈檔案專業心理學芻議〉。**檔案學參考**，22 期（1988 年）：9-12。

李正福。〈從世界檔案史看資本主義國家檔案專業教育的基本特點〉。**湖南檔案**，5 期（1989 年）：36-38。

李海英。〈蘇聯解體前後的莫斯科國家歷史檔案學院〉。**北京檔案**，3 期（1993 年）：41。

李健。〈臺灣檔案管理學方面的情況〉。**山西檔案**，4 期（1987 年）：46-48。

李萍。〈基於中法檔案教育比較視野下我國檔案教育現狀反思〉。**檔案學研究**，1 期（2008 年 2 月）：21-26。

沈三。〈關於江蘇檔案教育的回顧與設想〉。**檔案與建設**，5 期（1990 年）：5-7。

沈祖榮。〈私立武昌文華圖書館學專科學校近況〉。**中華圖書館協會會報** 16 卷，3、4 合刊（1942 年 2 月）：7-8。

沈麗華。〈關於日本檔案教育和培訓計畫的發展情況〉。**山東檔案**，5 期（1992 年）：31。

肖永英。〈美國馬里蘭大學檔案碩士課程的更新與變革〉。**檔案與建設**，3 期（2000）：14-15。

肖秋會。〈俄羅斯國立人文大學歷史檔案學院的歷史與現狀〉。**檔案學通訊**，3 期（2012）：77-81

_____。〈俄羅斯檔案事業中長期發展規劃研究〉。**檔案學研究**，5 期（2014）：85-90。

_____。〈當前俄羅斯檔案事業述評〉，**檔案學研究**，1 期（2008）：60-63；

辛全民。〈談我國檔案事業與檔案學碩士研究生教育的發展〉。**檔案學研究**，4 期（2007 年 8 月）：27-30。

周文泓、祁天驕、加小雙。〈構建檔案教育與研究的未來——美國檔案教育與研究協會（AERI）2015 年度會議綜述〉。**浙江檔案**，2 期（2016）：18-20。

周東濤。〈檔案學教育（本科）課程體系探討〉。**檔案**，2 期（1987 年）：7-10。

周愚文主編。《**師大與臺灣教育**》。師大七十回顧叢書。臺北市：國立臺灣師範大學出版中心，2016。

周曉雯。〈臺灣檔案管理人員的培訓與發展〉。**檔案管理**，6 期（2011 年）：26-30。

孟世恩、梁國營。〈對檔案學高等教育人才培養模式的再思考〉。**檔案學研究**，3 期（2006 年 7 月）：
22-25。

孟廣均。〈嚴謹認真 注重細節 一切講求正規化──錄臺灣政治大學圖書資訊與檔案學研究所的
一些教學規定〉。**圖書館論壇** 28 卷，6 期（2008 年）：250-52。

林明香。〈歐美檔案學對中國近代檔案學的影響研究〉。碩士論文，廣西民族大學，2015。

林滿紅、曹慧如。〈復館初期的國史館──李雲漢先生訪談記錄〉。**國史館館訊**，5 期（2010 年）：
115-19。檢索於 2017 年 2 月 20 日。http://www.drnh.gov.tw/ImagesPost/3eb51055-916a-4547-
98c9-fa03472398b0/c165c07b-1f02-40a8-a8bb-df62004ad8ba_ALLFILES.pdf。

武昌文華圖書館學專科學校編。《**文華圖書館學專科學校季刊（第七冊）**》。中國圖書館學史料叢
刊。北京市：國家圖書館出版社，2009。

＿＿＿＿＿＿＿＿＿＿＿＿。《**文華圖書館學專科學校季刊（第六冊）**》。中國圖書館學史料叢
刊。北京市：國家圖書館出版社，2009。

武漢大學信息管理學院校友名錄（1920 級-2010 級）編委會編。《**武漢大學信息管理學院校友名
錄（1920 級-2010 級）**》。武漢市：武漢大學信息管理學院，2010。

武漢大學研究生院。〈武漢大學 2017 年招收攻讀博士學位研究生簡章〉。武漢大學研究生院網。
最後更新於 2016 年 11 月 17 日。檢索於 2017 年 2 月 17 日，http://gs.whu.edu.cn/index.php/index-
view-aid-8327.html。

河北省地方誌編纂委員會編。《**河北省誌‧檔案誌**》。第 85 卷。石家莊市：河北人民出版社，1994。

河南省地方史誌編纂委員會編纂。《**河南省誌‧檔案誌**》。第 89 篇。鄭州市：河南人民出版社，
1994。

邵金耀。〈檔案學教育起源探析〉。**檔案學通訊**，1 期（2006 年 1 月）：71-74。

邵彥。〈美國檔案學高等教育〉。碩士論文，南昌大學，2010。

阿‧斯‧羅斯洛娃。〈蘇聯國立莫斯科歷史檔案學院概況介紹〉。**檔案學研究**，2 期（1959 年 9 月）：
188-222。

青海省地方史誌編纂委員會編。《**青海省誌‧檔案誌**》。合肥市：黃山書社，1996。

侯俊芳編。《**檔案學論著目錄（1984~1993）**》。北京市：檔案出版社，1986。

俞伯森。〈檔案學中等專業教育必須大力發展〉。**湖南檔案**，4 期（1986 年）：26-27。

南京大學研究生院。〈南京大學 2017 年博士研究生招生簡章〉。南京大學研究生招生網。檢索於
2017 年 2 月 17 日。http://219.219.114.101/gts2017/zsmlgl/zsjz_bs.aspx。

南京市金陵中學。〈1920-1929 屆校友〉。南京市金陵中學網站。檢索於 2017 年 2 月 20 日，
http://www.jlhs.net/DisplayInfo.jsp?pageID=7291&menuID=186。

南京圖書館編。《**汪長炳研究文集**》。南京市：南京大學出版社，2007。

姚峰。〈全國檔案學教育改革座談會在成都召開〉。檔案工作，7 期（1985 年）：4-5。

＿＿＿＿。〈談發展檔案中等教育的問題〉。**檔案學通訊**，5 期（1986 年）：72-75。

施佩瑩。〈法國檔案人員專業訓練概述〉。**檔案季刊**六卷，4 期（2007 年 12 月）：90-104。檢索於 2016 年 9 月 15 日。file:///Users/zhangyan/Desktop/090-104.pdf。

施泉平。〈美國檔案專業教育概況〉。**檔案管理**，6 期（1988 年）：37-38。

柏樺。〈臺灣歸來話檔案〉。**北京檔案**，1 期（1993 年）：6-8。

柯愈春。〈追求中國圖書館現代化的思想家徐家麟〉。**圖書情報知識**，4 期（2009 年 7 月）：5-16。

洪雯柔。《貝瑞岱比較教育研究方法之探析》。臺北市：揚智，2000。

胡述兆主編。《圖書館學與資訊科學大辭典》。臺北市：漢美，1995。

苦竹齋主（周連寬）。〈書林談屑（續）〉。**上海市立圖書館館刊**，4 期（1948）：11-17。

范並思。《圖書館學理論變革：觀念與思潮》。北京市：北京圖書館出版社，2007。

郁宗成。〈法國國立文獻學院〉。**檔案學參考**，1 期（1983 年）：36。

重慶市檔案局編纂。《重慶市誌‧檔案誌（1986-2005）》。重慶市：西南師範大學出版社，2008。

倪寶坤。《檔案管理方法》。臺北市：中國內政社，1952。

唐汝信。〈荷蘭的檔案教育〉。**天津檔案**，1 期（1990 年）：19-21。

唐思慧。〈檔案學碩士研究生教育現狀及發展趨勢〉。**檔案學通訊**，5 期（2006 年 9 月）：13-16。

孫濤。〈談談我省檔案教育問題〉，**吉林檔案**，3 期（1985 年）：28-31。

徐有守。《王雲五與行政改革》。臺北市：臺灣商務印書館，2003。

徐敏。〈美國檔案學教育分析及其啟示〉。碩士論文，南京大學，2011。

徐擁軍、張斌。〈中國大陸檔案高等教育發展研究〉。論文發表於 2011 年海峽兩岸檔案暨縮微學術交流會，北京市，2011 年 7 月 22-23 日。

＿＿＿＿＿＿。〈中國檔案高等教育發展現狀調研與對策分析〉。**檔案學通訊**，5 期（2011 年 10 月）：80-88。

格‧伊‧沃爾欽科夫。《中華人民共和國各部及其他機關、團體、企業活動中所形成的標準文件材料保管期限表（草案）》。北京市：全國檔案工作會議秘書處，1956。

＿＿＿＿＿＿＿。《中華人民共和國機關、團體、企業檔案室工作通則（草案）》。北京市：全國檔案工作會議秘書處，1956。

桂玉蘭。〈關於職業高中生分配難的思考〉。**北京檔案**，4 期（1990 年）：12-14。

殷鐘麒。《國民黨時期檔案管理述要》。北京市：國家檔案局，1959。

＿＿＿＿。《國民黨統治時期檔案分類法概要介紹》。北京市：中國人民大學，不詳。

泰州市政協文史資料研究委員會、泰州市地方誌編纂委員會辦公室編輯。《泰州文史資料（第三輯）》。泰州市：泰州市政協文史資料研究委員會、泰州市地方誌編纂委員會辦公室，1987。

浙江大學研究生院。〈浙江大學 2017 年碩士研究生招生目錄（全日制）〉。浙江大學研究生院招生網。最後更新於 2016 年 9 月 24 日。檢索 2017 年 2 月 15 日。http://grs.zju.edu.cn/attachments/2016-10/01-1476692694-109288.pdf。

財團法人中華教育文化基金會。〈關於基金會〉。檢索於 2017 年 1 月 21 日。http://www.chinafound.org.tw/ec99/eshop1387/ShowGoods.asp?category_id=57&parent_id=0。

郝偉斌、賀默嫣。〈美國著名檔案學家──波茲奈爾〉。**檔案管理**，4 期（2007 年）：6。

陝西省地方誌編纂委員會編。《**陝西省誌‧檔案誌**》。第 56 卷。西安市：陝西人民出版社，1991。

馬素萍。〈科技檔案管理學教材內容評述〉。**航空檔案**，1 期（1992 年）：12-17。

馬晴。〈中國檔案學專業人才培養模式研究〉。博士論文，中國人民大學，2015。

高君琳。〈臺灣地區檔案素養評估指標之研究〉。碩士論文，國立政治大學，2008。檢索於 2016 年 9 月 13 日。http://thesis.lib.nccu.edu.tw/cgi-bin/gs32/gsweb.cgi/ccd=6J9Kwk/record?r1=1&h1=0。

高俊寬、鄒桂香。〈長三角地區圖書館學情報學檔案學碩士研究生教育現狀分析〉。**圖書館學刊**，12 期（2009 年 12 月）：39-43。

高勇。〈外國檔案教育史上的三代檔案學院〉。**檔案文薈**，4 期（1991 年）：19。

國立政治大學。《**檔案研究中心發展計畫**》。臺北市：國立政治大學，1999。

國家統計局。〈年末總人口〉。國家數據網站。最後更新於 2015 年 12 月 31 日。檢索於 2017 年 3 月 19 日。http://data.stats.gov.cn/easyquery.htm?cn=C01&zb=A0301&sj=2015。

_____。〈高等教育學校數（所）〉。國家數據網站。最後更新於 2015 年 12 月 31 日。檢索於 2017 年 3 月 19 日，http://data.stats.gov.cn/easyquery.htm?cn=C01&zb=A0M0101&sj=2015。

_____。〈國民總收入（億元）〉。國家數據網站。最後更新於 2015 年 12 月 31 日。檢索於 2017 年 3 月 20 日。http://data.stats.gov.cn/easyquery.htm?cn=C01&zb=A0201&sj=2015。

國家發展委員會檔案管理局。〈檔案法（含解釋函）〉。國家發展委員會檔案管理局全球資訊網。最後更新於 2016 年 5 月 24 日。檢索於 2016 年 7 月 19 日，http://www.archives.gov.tw/Publish.aspx?cnid=1626&p=453。

_____。〈檔案法施行細則〉。國家發展委員會檔案管理局全球資訊網。最後更新於 2016 年 7 月 4 日。檢索於 2016 年 7 月 19 日，http://www.archives.gov.tw/Publish.aspx?cnid=1634&p=60。

國家檔案局，《**中國檔案年鑑（1989）**》，（北京市：檔案出版社，1992），573。

國家檔案局政策法規司。〈2015 年度全國檔案行政管理部門和檔案館基本情況摘要〉。國家檔案局網站。最後更新於 2016 年 11 月 16 日。檢索於 2017 年 3 月 1 日，http://www.saac.gov.cn/xxgk/2016-11/16/content_164743.htm。

國家檔案局教育處編。《**檔案專業職稱改革工作文件彙編**》。北京市：檔案出版社，1987。

國務院。〈關於加強國家檔案工作的決定〉。國家檔案局網站。最後更新於 2011 年 12 月 22 日。檢索於 2017 年 3 月 2 日。http://www.saac.gov.cn/xxgk/2011-12/22/content_12485.htm。

國務院學位委員會第六屆學科評議組。《**學位授予和人才培養一級學科簡介**》。北京市：高等教育出版社，2013。

張中訓。〈史料學、文獻學及檔案管理人才之培育──以東吳大學歷史學系『史料學與文獻學』碩士班為例〉。論文發表於檔案管理與運用研討會，臺北市，2000 年 7 月 13 日。

張克復、姜洪源。〈關於我省檔案專業教育的回顧、展望和幾點意見〉。**檔案**，5 期（1985 年）：21-25。

張衍、衛瀟、周毅。〈蘇州大學圖書館學專業發展源流探析〉。**新世紀圖書館**，8 期（2012 年）：

84-88。

_____。〈江蘇學院檔案學教育溯源〉。**檔案學研究**，1 期（2016 年 2 月）：51-56。

張衍、王梅玲。〈中國大陸檔案學碩士教育制度之研究〉。**圖資與檔案學刊** 8 卷，1 期（2016 年）：
　　61-90。

張衍、程煥、吳品才。〈蘇州大學檔案學教育源流探析——順記周連寬教授和徐家麟教授在蘇州
　　大學的檔案學教育〉。**檔案學通訊**，6 期（2013 年）：43-46。

張恩慶。〈我們寫作畢業論文的體會〉。**檔案學研究**，3 期（1960 年 3 月），108-21。

_____。〈蘇聯檔案工作的歷史和現狀〉。**檔案學通訊**，2 期（1980 年），58-64。

張照餘、周毅。〈關於在檔案學專業開設計算機課程的思考〉。**上海檔案**，3 期（1988 年）：31-32。

張樹三。〈臺灣地區檔案管理教育概況〉。**中國圖書館學會會報**，35 期（1983 年 12 月）：342-44；

_____。〈臺灣地區檔案教育之我見〉。論文發表於 2000 年海峽兩岸檔案暨縮微學術交流會，臺
　　北市，2000 年 10 月。

_____。《文書檔案管理通論》。臺北市：曉園，1992。

張疊。〈我國檔案學碩士研究生教育發展戰略研究〉。**檔案學通訊**，6 期（2011 年 11 月）：43-46。

張關雄。〈巴西檔案館與檔案教育工作〉。**湖南檔案**，6 期（1993 年）：36。

_____。〈西班牙和拉丁美洲國家的檔案教育工作〉。**檔案工作**，8 期（1992 年）：30-31。

_____。〈波蘭檔案幹部的培訓〉。**湖南檔案**，4 期（1991 年）：34-36。

_____。〈阿根廷科爾多瓦大學檔案學校〉。**檔案**，2 期（1991 年）：45。

教育年鑑編纂委員會編。《第二次中國教育年鑑：（三）第五編 高等教育》。臺北市：文海出版社，
　　1986。

教育部。〈大專校院學科標準分類查詢〉。教育部全球資訊網。檢索於 2016 年 10 月 06 日。
　　https://stats.moe.gov.tw/bcode/。

_____。《第七次中華民國教育年鑑（電子書）》。臺北市：教育部，2012。檢索於 2017 年 3 月 24
　　日。http://www.naer.edu.tw/ezfiles/0/1000/attach/32/pta_5456_1563025_23798.pdf。

教育部高等教育司。《大學各系所（組）授予學位中、英文名稱參考手冊》。清華大學綜合教務組
　　網站。最後更新於 2005 年 6 月 21 日。檢索於 2017 年 2 月 22 日。http://dgaa.web.nthu.edu.tw/
　　ezfiles/74/1074/img/360/rule4-3.pdf。

教育部統計處。〈105 學年各級學校名錄及異動一覽表〉。教育部網站。檢索於 2017 年 3 月 20 日。
　　http://depart.moe.edu.tw/ED4500/News_Content.aspx?n=63F5AB3D02A8BBAC&sms=1FF9979
　　D10DBF9F3&s=78FF58E4D55E8239。

教育部編。《中華民國教育程度及學科標準分類（第四次修正）》。臺北市：教育部，2007。

梁建洲。〈回頭看看私立武昌文華圖書館學專科學校檔案管理專業教育的貢獻〉。**圖書情報知識**，
　　1 期（2007 年 1 月）：99-107。

_____。〈我國解放前檔案管理教育情況〉。**檔案學通訊**，1 期（1992 年）：54-55。

梁建洲、廖洛綱、梁鱣如編。《毛坤圖書館學檔案學文選》。成都市：四川大學出版社，2000。

章振民。〈法國檔案學教學三十年〉。**學校檔案**，3 期（1990 年）：19-21。

莊道明。〈我國檔案管理人員 e 化在職教育課程需求初探〉。**檔案季刊** 4 卷，3 期（2005 年 9 月）：15-29。

連念、翁勇青。〈臺灣地區檔案教育述評〉。**臺灣研究集刊**，3 期（2007 年）：99-104。

_____。〈臺灣地區檔案管理人員在職教育培訓述評〉。**臺灣研究集刊**，1 期（2010 年）：88-91；

陳玉梅。〈青海樂都縣檔案館附設文書檔案系簡介〉。**檔案工作**，12 期（1958 年 12 月）：16。

陳兆祦。〈加強檔案學教材建設的加點想法〉。**檔案學通訊**，1 期（1988 年）：36-38。

_____。〈歷史檔案系本科三年級學生 1958 年生產實習總結〉。**檔案學研究**，3 期（1960 年 3 月）：97-108。

陳兆祦編。《六十國檔案工作概況》。北京市：中國檔案，1995。

陳忠民、孫振濤、劉文彥。〈檔案教育：現狀與趨勢的點滴思考〉。**檔案學研究**，1 期（1991 年）：24-27。

陳國琛。《文書改革之簡化與管理》。臺北市：臺灣新生報社，1946。

_____。《文書改革在臺灣》。再版。臺北市：盧斐，1947。

_____。《浙江省實施文書改革辦法輯要》。杭州市：不詳，1948。

陳德平。〈匈牙利檔案中級培訓的新規定〉。**上海檔案工作**，5 期（1992）：51。

陳慧娉、薛理桂。〈中國檔案學教育發軔與在臺灣發展情況〉。**檔案學通訊**，3 期（2015 年 5 月）：4-10。

陳燕。〈中美檔案學碩士研究生教育比較研究〉。碩士論文，福建師範大學，2014。

陳瓊。〈美國檔案教育的歷史與發展〉。**檔案與管理**，9 期（2003 年 9 月）：35-38。

陳麗靜。〈中美檔案學碩士研究生教育的比較研究〉。碩士論文，南京大學，2012。

傅振倫。《傅振倫文錄類選》。北京市：學苑出版社，1994。

_____。《傅振倫學述》。杭州市：浙江人民出版社，1999。

傅華。〈蘇聯解體前後檔案界的大變動〉。**檔案學通訊**，1 期（1993 年），68-71。

彭明輝。《政治大學校史（1987-1996）》。臺北市：國立政治大學，2007。

彭敏惠。〈文華圖專師資力量探析和啟示〉。**圖書情報知識**，5 期（2015 年）：39-45。

_____。〈我國檔案管理教育初創時的難關與突破──以毛坤先生的《檔案經營法》為視角〉。**圖書館論壇**，已接受（2017 年）。

_____。《文華圖書館學專科學校的創建與發展》。武漢市：武漢大學出版社，2015。

程桂芬。《一個老檔案工作者的回憶》。北京市：中國檔案出版社，1999。

程煥文。〈周連寬先生生平事跡與學術貢獻──《周連寬教授論文集》前言〉。**圖書情報知識**，1 期（2008 年）：105-10。

程熙。〈中外檔案學專業碩士研究生人才培養方案比較研究〉。碩士論文，蘇州大學，2014。

貴州省地方誌編纂委員會編。《貴州省誌·檔案誌》。貴陽市：貴州人民出版社，2002。

雲南大學研究生院。〈雲南大學 2017 年博士研究生招生簡章〉。雲南大學研究生院網站。最後更新於 2016 年 10 月 25 日。檢索於 2017 年 2 月 17 日。http://www.grs.ynu.edu.cn/docs/2016-

11/20161129143147871223.htm。

雲南省檔案局（館）編。《雲南省誌·檔案誌》。卷 79。昆明市：雲南人民出版社，2000。

馮先覺。〈淺議檔案培訓班教材教學方法的改進〉。**湖南檔案**，3 期（1984 年）：10-11。

馮惠玲、周毅。〈關於「十一五」檔案學科發展的調查和「十二五」發展規劃的若干設想〉。**檔案學研究**，5 期（2010 年 10 月）：4-10。

馮惠玲、張輯哲編。《**檔案學概論**》。第二版。北京市：中國人民大學出版社，2006。

馮璐。〈歐美檔案高等教育的發展特色研究〉。碩士論文，黑龍江大學，2015。

黃元鶴、陳冠至主編。《**圖書館人物誌**》。臺北市：五南，2014。

黃玉萍。〈案例教學法在檔案教學中的應用〉。**檔案工作**，4 期（1991 年）：32-33。

黃光奎。〈論中等檔案專業人才的智能結構〉。**檔案學研究**，S1（1993 年）：21。

黃光奎、趙汝周。〈論中等檔案專業人才的智能結構與培養〉。**檔案學通訊**，2 期（1993 年）：68-71。

黃坤坊。〈蘇聯檔案工作的開創者──邦契·布魯也維奇〉。**檔案**，4 期（1991 年），27。

黃新榮、吳建華。〈加強檔案學研究生研究方法教育的思考〉。**檔案學通訊**，2 期（2012 年 3 月）：62-65。

黃霄羽。〈國際檔案大會關於檔案教育和培訓的研討〉。**中國檔案**，7 期（1996 年 7 月）：96-97。

黃霄羽編。《**外國檔案事業史**》。第三版。北京市：中國人民大學，2015。

黑龍江省地方誌編纂委員會編。《**黑龍江省誌·檔案誌**》。第 54 卷。哈爾濱市：黑龍江人民出版社，1996。

廈門大學校史編委會編。《**廈大校史資料**》。第五輯。廈門市：廈門大學出版社，1990。

廈門大學圖書館。〈廈門記憶-廈門人物〉。檢索於 2015 年 5 月 1 日。http://was.xmlib.net:8081/xmtsgweb/xmrw-xl.jsp?channelid=75050&primarykeyvalue=SID%3D04B14D90E.000012D7.549B&primaryrecord=1。

楊友秀。〈檔案教育在英倫〉。**檔案工作**，6 期（1987 年）：39-40。

楊正寬。〈兩岸檔案暨縮微學術交流二十週年的回顧與前瞻〉。**檔案與縮微**，102 期（2011 年秋季）：3-21。檢索於 2016 年 1 月 15 日，http://www.chinafile.org.tw/book102/。

楊勝球。〈淺談檔案教學內容的針對性〉。**湖南檔案**，6 期（1988 年）：34。

當代中國叢書編輯部編。《**當代中國的檔案事業**》。北京市：中國社會科學出版社，1988。

葉淑慧。〈檔案學碩士教育之比較研究：以五國九校為例〉。碩士論文，國立政治大學，2002。檢索於 2016 年 2 月 26 日。http://ndltd.ncl.edu.tw/cgi-bin/gs32/gsweb.cgi?o=dnclcdr&s=id=%22090NCCU0448009%22.&searchmode=basic。

解放軍南京政治學院研究生招生辦公室。〈南京政治學院 2017 年攻讀碩士學位研究生招生簡章〉。最後更新於 2016 年 9 月 22 日。檢索於 2017 年 2 月 17 日。http://mp.weixin.qq.com/s?__biz=MzA4MzU4NTQzNw==&mid=2650625766&idx=1&sn=e4974b76b66525f1b29aa5a5a6e41be0&mpshare=1&scene=23&srcid=0217ktxPMyy4ZWonyFJuLyER%23rd。

賈翰。〈略述舊中國的檔案教育〉。**檔案管理**，2 期（1987 年）：35。

賈馥茗、楊深坑主編。《**教育研究法的探討與應用**》。師苑教育叢書 11。臺北市：師大書苑，1985。

廖龍波。〈中共初級檔案管理人員培訓制度之探討〉。**國立臺北商專學報**，51 期（1998 年 12 月）：167-82。

_____。〈中共檔案管理人員培訓制度之研究〉。**國立臺北商專學報**，47 期（1996 年 12 月）：141-69。

_____。〈中國人民大學檔案學院對中共檔案事業貢獻之探討〉。**國立臺北商專學報**，50 期（1998 年 6 月）：347-77。

_____。《**中共檔案管理人員培訓制度之探討**。臺北市：六國，1998。

福建省地方誌編纂委員會編。《**福建省誌‧檔案誌**》。北京市：方誌出版社，1997。

翟鳳起。〈遼寧省檔案教育的形勢和任務〉。遼寧檔案，23 期（1987 年）：59-60。

臺灣省行政長官公署秘書處編輯室。〈臺灣省行政長官公署訓令〉。**臺灣省行政長官公署公報**，秋：70 期（1946 年 9 月）：1113-14。檢索於 2017 年 2 月 19 日。http://twinfo.ncl.edu.tw/tiqry/hypage.cgi?HYPAGE=search/merge_pdf.hpg&sysid=E10A9684&jid=34240081&type=g&vol=35092002&page=%E9%A0%811113-1114%2B1126-1127。

趙小平。〈寧夏檔案教育事業發展之我見〉。寧夏檔案，創刊號（1986 年）：16-19。

趙國俊。〈關於行政信息管理專門化課程體系問題的幾點思考〉。**檔案學通訊**，6 期（1992 年）：32-35。

趙愛國。〈當前臺灣檔案事業概述〉。**檔案**，1 期（1987 年）：35-37。

_____。〈檔案文獻編纂學體系及教材結構之我見〉。**檔案與建設**，3 期（1988 年）：11-13。

劉迅、徐娜。〈英國倫敦大學檔案學專業概述〉。**檔案學通訊**，5 期（1992 年）：63-64。

劉國能。〈檔案教育工作改革思考〉。**檔案與微縮**冬季版，59 期（2000 年）：54-56。

劉國銘。《**中國國民黨百年人物全書**》。北京市：團結出版社，2005。

劉進。〈歷史與嬗變：中國高校自主招生 10 年〉。**現代大學教育**，1 期（2011 年）：69-76。

劉德元。〈應當重視中等檔案專業教育〉。**湖南檔案**，2 期（1986 年）：28-29。

廣州市檔案局。〈廣州市檔案工作大事記（1949.10-1999.12）〉。廣州檔案網。檢索於 2017 年 2 月 9 日。http://www.gzdaj.gov.cn/xxky/dabz/dasygy/200708/t20070816_1473.htm。

廣東省地方史誌編纂委員會編。《**廣東省誌‧檔案誌**》。廣州市：廣東人民出版社，2004。

蔡明月主編。《**圖書資訊學教育**》。臺北市：五南，2013。

蔣冠、桑毓域。〈關於全國檔案學專業高等教育發展情況調查的統計與分析（上）〉。**檔案學通訊**，1 期（2010 年 1 月）：69-72。

_____。〈關於全國檔案學專業高等教育發展情況調查的統計與分析（下）〉。**檔案學通訊**，2 期（2010 年 3 月）：70-73。

蔣崑。〈法國國立檔案學校沿革〉。**行政效率** 2 卷，7 期（1935 年）：1067-73。

鄧松碘，〈加拿大哥倫比亞大學檔案專業介紹——北美唯一的一家檔案碩士研究生授予點〉，**四川檔案**，4 期（1990 年）：37-39。

鄭明東。〈社會教育建制商榷〉。**臺灣教育**，26 期（1953 年 2 月）：2-4。

鄭海濱。〈民國時期江西檔案教育〉。**檔案學通訊**，3 期（2001 年）：53-55。

＿＿＿＿。〈民國時期的江西省檔案教育〉。**江西社會科學**，2 期（2001 年）：70-72。

賴世鶴。〈從《材料工作通訊》到《檔案工作》〉。**中國檔案**，6 期（2011 年 6 月）：32-35。

賴世鶴、田真。《**曾三傳**》。北京市：中國文史出版社，2016。

賴淑英。〈淺談檔案管理人員培養終身學習與資訊素養的重要性〉。**檔案與縮微**，89 期（2008 年 6 月）：1-16。

錢德芳、程曉瑞。〈文華圖書館學專科學校開辦檔案教育始末〉。**圖書情報知識**，2 期（1984 年）：36-41。

戴澧。〈古文字學與歷史檔案專業〉。**檔案學研究**，2 期（1959 年 9 月）：176-84。

檔案工作信息編輯部。〈西德檔案教育〉。**檔案工作信息**，5 期（1984 年）：8-9。

＿＿＿＿＿＿＿＿。〈英國向青少年進行重視檔案資料的教育〉。**檔案工作信息**，5 期（1984）：12。

＿＿＿＿＿＿＿＿。〈中共上海市委、市人民政府和團市委檔案工作者學習情況〉。**檔案工作**，13 期（1954 年 8 月）。

＿＿＿＿＿＿＿＿。〈中共山西省委秘書處關於檔案業務學習情況簡報〉。**檔案工作**，3 期（1953 年 10 月）：27-28。

＿＿＿＿＿＿＿＿。〈中共江西省委秘書處關於檔案研究班教學工作總結〉。**檔案工作**，13 期（1954 年 8 月）。

＿＿＿＿＿＿＿＿。〈中共河北省通縣地委辦公室組織專直檔案業務學習〉。**檔案工作**，13 期（1954 年 8 月）。

＿＿＿＿＿＿＿＿。〈中國人民大學檔案專修班關於第一期教學工作的基本總結〉。**檔案工作**，3 期（1953 年 10 月）：13-15。

＿＿＿＿＿＿＿＿。〈中國人民大學檔案教研室科學討論會簡記〉。**檔案工作**，6 期（1954 年 1 月）。

＿＿＿＿＿＿＿＿。〈法國的檔案教育〉。**檔案工作信息**，5 期（1984 年）：7-8。

＿＿＿＿＿＿＿＿。〈積極發展檔案教育事業〉。**檔案工作**，7 期（1985 年）：1。

檔案管理局。〈94 年 1 月分至 12 月分大事紀〉。檔案管理局網站。最後更新於 2007 年 9 月 4 日。檢索於 2017 年 3 月 12 日。http://www.archives.gov.tw/Publish.aspx?cnid=1418&p=358。

＿＿＿＿＿。〈96 年 1 月分大事紀〉。檔案管理局網站。最後更新於 2007 年 9 月 4 日。檢索於 2017 年 3 月 12 日。http://www.archives.gov.tw/Publish.aspx?cnid=1418&p=35。

＿＿＿＿＿。〈行政規則-機關檔案管理單位及人員配置基準〉。檔案管理局網站。最後更新於 2016 年 8 月 30 日。檢索於 2017 年 3 月 4 日。http://www.archives.gov.tw/Publish.aspx?cnid=1636&p=76。

檔案學通訊編輯部。〈國家教育委員會、國家檔案局關於發展和改革檔案學教育的幾點意見〉，**檔案學通訊**，1 期（1986 年）：1-5。

檔案學通訊雜誌社編。**檔案學經典著作**。第三卷。上海市：世界圖書出版公司，2016。

總統府臨時行政改革委員會編。《**行政改革言論集**》。臺北市：編者，1958。

────────────────。《**總統府臨時行政改革委員會總報告**》。臺北市：總統府，1958。

薛匡勇。〈檔案利用服務課程的設置及知識構成〉。**檔案學通訊**，2 期（1993 年）：72-74。

薛理桂。〈我國大學設立檔案系所與檔案專業訓練之探討〉。論文發表於檔案管理與運用研討會，臺北市，2000 年 7 月 13 日。

──────。〈從國際檔案學教育發展現況反思我國檔案教育發展方向〉。**檔案季刊四卷**，3 期（2005 年 9 月）：1-14。

──────。〈臺灣地區檔案事業與檔案教育發展現況與前瞻〉。**圖書與資訊學刊**，59 期（2006 年）：16-24。

──────。《**檔案學導論**》。修訂版。臺北市：五南，2004。

謝邦昌、張淳淳、鄭恆雄。《**機關檔案管理現況調查分析報告**》。臺北市：國家檔案局籌備處，2001。

麥可・庫克。〈培訓檔案工作者和文件管理人員的國際標準〉。**檔案學參考**，8 期（1984 年）：31-35。

韓玉梅。〈外國檔案教育〉。**檔案學通訊**，3 期（1979 年 6 月）：49-53。

──────。〈外國檔案教育──巴黎國際檔案講習班〉，**檔案學通訊**，8 期（1979 年）：49-51。

──────。〈蘇聯學校檔案管理淺議〉。**學校檔案**，創刊號（1989 年）：38-40。

韓李敏。〈陳國琛與民國時期南方三省的文書改革（一）〉。**浙江檔案**，2 期（1989 年）：17。

──────。〈陳國琛與民國時期南方三省的文書改革（二）〉。**浙江檔案**，3 期（1989 年）：29-30。

韓森。〈舊中國的檔案教育〉。**檔案工作**，5 期（1986 年）：42。

魏鐵進。〈淺談科技檔案專業外語的教學〉。**航空檔案**，S1 期（1988 年）：46-49。

羅亞利、李宏明。〈國外檔案課程引入社會公平概念的實踐及啟示──以美國威斯康星大學檔案基礎課程為例〉。**檔案學研究**，5 期（2016）：110-13。

羅軍。〈談談檔案學教材的建設問題〉。**上海大學學報（社科版）**，2 期（1993 年）：96-97。

譚必勇、曹航。〈關於美國檔案教育與研究聯合會 AERI 的研究與分析〉。**浙江檔案**，3 期（2015）：15-18。

譚錚培。〈對目前檔案學教育的幾點看法〉。**檔案管理**，4 期（1986 年）：43-45。

嚴文郁。〈文華圖專的三位教務主任──悼念汪長炳、徐家麟、毛坤三位同學〉。**中國圖書館學會會報**，43 期（1988 年 12 月）：61-65。

嚴如平、賀淵。《**陳儀全傳**》。北京市：人民出版社，2011。

蘇州大學社會教育學院北京上海南京蘇州校友會編。《**崢嶸歲月（第三集）──國立社會教育學院建院五十週年紀念**》。蘇州市：北京上海南京蘇州校友會，1992。

黨躍武、姚樂野主編。《**毛坤先生紀念文集──紀念著名圖書館學家和檔案學家毛坤先生誕辰 110 週年**》。成都市：四川大學出版社，2013。

顧力仁。歷史法及其在圖書館學研究上的應用。**書府**，18/19 期（1998 年 6 月）：48-62。

顧頡剛。《**蘇州史誌筆記**》。南京市：江蘇古籍出版社，1987。

顧燁青。〈植根民眾教育 造就專業人才──蘇州大學圖書館學教育前身（1929-1950）歷史貢獻評

述〉。論文發表於 2010 年第十屆海峽兩岸圖書資訊學學術研討會，南京，2010 年 7 月 5-7 日。

Aberystwyth University Department of Information Studies. "Courses". Aberystwyth University Department of Information Studies. Last modified March 16, 2016. Accessed March 16, 2016. http://www.aber.ac.uk/en/dis/courses/.

Archival Education and Research Institutes, "Home." Archival Education and Research Institutes. Accessed March 27, 2016. https://aeri.gseis.ucla.edu/index.htm.

Archives and Records Association (UK and Ireland). "Training". Archives and Records Association (UK and Ireland). Last modified March 16, 2016. Accessed March 16, 2016. http://www.archives.org.uk/training.html.

Bernstein, Thomas P. and Li, Hua-Yu, eds. *China Learns from the Soviet Union, 1949-Present.* The Harvard Cold War Studies Book Series. Lexington: Lexington Books, 2010.

Bodleian Library. "Bodleian trains the digital archivists of the future." *D-Lib Magazine* 20, no.7/8 (July/August 2014): 16. Accessed March 27, 2016. http://web.a.ebscohost.com/ehost/detail/detail?sid=33fed8d0-4677-458a-bbdd-3d0549c43d12%40sessionmgr4003&vid=0&hid=4214&bdata=Jmxhbmc9emgtdHcmc2l0ZT1laG9zdC1saXZl&preview=false#AN=97261593&db=lxh.

Brogan Mark. "Edith Cowan University, Archives and Digital Recordkeeping Programs." *Archives & Manuscripts* 38, no.1 (May 2010): 184-6. Accessed March 27, 2016. http://web.a.ebscohost.com/ehost/detail/detail?sid=47726091-74db-45bc-82fb-46d743f6cfa9%40sessionmgr4001&vid=0&hid=4214&bdata=Jmxhbmc9emgtdHcmc2l0ZT1laG9zdC1saXZl&preview=false#AN=51612407&db=lxh.

Cathrine T. Nengomasha. "Training for the archival profession in Namibia." *Archival Science* 6, no.2 (June 2006): 205-18. Accessed March 27, 2016. http://web.b.ebscohost.com/ehost/detail/detail?sid=7bdb2dbd-cf45-44aa-a3bf-9e1c7cf8414d%40sessionmgr110&vid=0&hid=105&bdata=Jmxhbmc9emgtdHcmc2l0ZT1laG9zdC1saXZl&preview=false#db=lxh&AN=24380530.

Centre for Archive and Information Studies. "Programmes". Centre for Archive and Information Studies. Last modified March 16, 2016. Accessed March 16, 2016. http://www.dundee.ac.uk/cais/programmes/.

Eastwood Terry. "Archival Research: The University of British Columbia Experience." *The American Archivist* 63, no.2 (Fall/Winter 2000): 243-57. Accessed March 27, 2016. http://americanarchivist.org/doi/pdf/10.17723/aarc.63.2.mk415m610pwvr40l.

_____. "Building archival knowledge and skills in the digital age." *Archival Science* 6, no.2 (June 2006): 163-70. Accessed March 27, 2016. http://link.springer.com/article/10.1007%2Fs10502-006-9026-2.

École nationale des chartes. "Doctorat." École nationale des chartes. Accessed September 16, 2016. http://www.enc-sorbonne.fr/fr/cursus/doctorat.

Feng, Huiling and Wang, Jian. "Directory of Archival Education and Training Institution." International Council on Archives. August 6, 2016. http://www.ica-sae.org/directory_second_edition.pdf.

Fredric Miller. "The SAA as Sisyphus: Education Since the 1960s." *The American Archivist* 63, no.4

(Fall/Winter 2000), 224-236.

Fretz, A. J. *A genealogical record of the descendants of Christian and Hans Meyer*. Harleysville, Pennsylvania: News Printing House, 1896.

Fyodor Vaganov. "Archival Affairs in the USSR." *The American Archivist* 51, No. 4 (1988 Fall): 481-85. Accessed September 24, 2016. http://americanarchivist.org/doi/pdf/10.17723/aarc.51.4. l2n04270785vp1g5.

Gilliland Anne. "Neutrality, social justice and the obligations of archival education and educators in the twenty-first century." *Archival Science* 11, no.3 (November 2011): 193-209. Accessed March 28, 2016. http://link.springer.com/article/10.1007%2Fs10502-011-9147-0.

Gilliland Anne, McKemmish Sue, White Kelvin, Lu Yang, and Lau Andrew "Pluralizing the Archival Paradigm: Can Archival Education in Pacific Rim Communities Address the Challenge?." *The American Archivist* 71, no.1 (Spring/Summer 2008): 87-117. Accessed March 28, 2016. http://americanarchivist.org/doi/abs/10.17723/aarc.71.1.781w61g4r2kh3708.

Goggin Jacqueline. "That We Shall Truly Deserve the Title of 'Profession': The Training and Education of Archivists, 1930-1960." *The American Archivist* 47, no.3 (Summer, 1984): 243-54. Accessed March 27, 2016. https://www.jstor.org/stable/40292675?seq=1#page_scan_tab_contents.

Golfo, M.G.P.. "EDUCATING FILIPINO ARCHIVISTS AMIDST THE CHALLENGES OF THE 21ST CENTURY ARCHIVAL PROFESSION." *Journal of Philippine Librarianship* 34 (2014): 70-78. Accessed March 27, 2016. http://journals.upd.edu.ph/index.php/jpl/article/view/4586.

Grimsted P. K.. "Beyond Perestroika: Soviet-Area Archives after the August Coup." T*he American Archivist* 55, no.1 (Winter 1992): 94-124. Accessed September 24, 2016. http://americanarchivist. org/doi/pdf/10.17723/aarc.55.1.p620773723871m06.

_____. "Glasnost' in the Archives? Recent Developments on the Soviet Archival Scene." *The American Archivist* 52, no.2 (Spring 1989): 214-36. Accessed September 24, 2016. http://americanarchivist. org/doi/pdf/10.17723/aarc.52.2.111m357171724762.

Guseva Liudmila and Makarova Alexandra. "TRADITIONS AND MODERN TRENDS OF THE RUSSIAN AND FRENCH ARCHIVAL EDUCATION", *Criar Educação* 5, no.1 (July/November 2015). Accessed March 22, 2017. http://periodicos.unesc.net/criaredu/article/view/2265/2134.

Hamilton Carolyn. "Advanced archival module." *S. A. Archives Journal* 40 (1998): 137-8. Accessed March 27, 2016. http://web.b.ebscohost.com/ehost/detail/detail?sid=9d825de9-cdf0-4256-b538-f8365e370fe1%40sessionmgr111&vid=0&hid=129&bdata=Jmxhbmc9emgtdHcmc2l0ZT1laG9zdC 1saXZl&preview=false#AN=2721454&db=lxh.

Hartwig Walberg. "ARCHIVARISCHE AUS- UND FORTBILDUNGSANGEBOTE DER FACHHOCHSCHULE POTSDAM." *Archivar* 63, no.4 (November 2010): 366-72. Accessed March 27, 2016. http://web.a.ebscohost.com/ehost/detail/detail?sid=2a8d7133-762e-4934-b8bd-328be77c1d67%40sessionmgr4003&vid=0&hid=4214&bdata=Jmxhbmc9emgtdHcmc2l0ZT1laG9

zdC1saXZl&preview=false#AN=58451152&db=lxh.

Huang, Xiaoyu. "The Innovation of Archival Pedagogy: Introducing Archival News into Classroom Teaching." Paper presented at *Archival research and education: selected papers from the 2014 AERI conference*. Sacramento, 2015.

Irmgard Christa Becker. "ZWISCHEN VERGANGENHEIT UND ZUKUNFT: AUS- UND FORTBILDUNG AN DER ARCHIVSCHULE MARBURG." *Archivar* 63, no.4 (November 2010): 361-5. Accessed March 27, 2016. http://web.a.ebscohost.com/ehost/detail/detail?sid=33ead6e6-5aa1-455d-a971-fab321a4fb21%40sessionmgr4002&vid=0&hid=4214&bdata=Jmxhbmc9emgtdH cmc2l0ZT1laG9zdC1saXZl&preview=false#AN=58451151&db=lxh.

Janice E. Ruth. "Educating the Reference Archivist." *The American Archivist* 51, no.3 (Summer, 1988): 266-75. Accessed March 27, 2016. http://americanarchivist.org/doi/pdf/10.17723/aarc.51.3.q767 42568n110771.

Jari Lybeck. "Archival education in Scandinavia." *Archival Science* 3, no.2 (2003): 97-116. Accessed March 27, 2016. http://link.springer.com/article/10.1007%2FBF02435653.

Jimerson Randall C.. "Graduate archival education at Western Washington University." *OCLC Systems & Services: International digital library perspectives* 17, no.4 (2001): 157–66. Accessed March 27, 2016. http://www.emeraldinsight.com/doi/pdfplus/10.1108/10650750110409353.

Jonathan Rhys-Lewis. "A current view of education and training in archive Conservation." *Journal of the Society of Archivists* 18, no.2 (1997): 175-80.

Jr, Francis Blouin. "Moscow State Historico-Archival Institute and Archival Education in the USSR." *American Archivist* 51, no.4(1988): 501-11. Accessed March 27, 2016. http://americanarchivist.org/doi/pdf/10.17723/aarc.51.4.mj0u65862g450v24.

Julia Brüdegam. "AUSWAHLVERFAHREN IM STAATSARCHIV HAMBURG." *Archivar* 61, no.1(February 2008):45-47. Accessed March 27, 2016. http://web.a. ebscohost.com/ehost/detail/detail?sid=f1fcf2ca-dd8f-4765-963f-992f9934738b%40sessionmgr4002&vid=0&hid=4214&bdata =Jmxhbmc9emgtdHcmc2l0ZT1laG9zdC1saXZl&preview=false#AN=32652900&db=lxh.

Karsten Uhde. "INTERNATIONALE KOOPERATION IN DER ARCHIVARSAUSBILDUNG." *Archivar* 67, no.4 (November 2014): 353-9.

_____. "New Education in Old Europe." *Archival Science* 6, no.2 (2006): 193-203. Accessed March 27, 2016. http://search.proquest.com/docview/214892921?accountid=10067.

Laura Millar. "What Are Archives?." *The Society of American Archivists*, accessed July 21, 2016. http://www2.archivists.org/profession#.V4yqDJN97LZ.

Li Haitao and Song Linlin. "Empirical research on archivists' skills and knowledge needs in Chinese archival education." *Archival Science* 12, no.3 (September 2012): 341-72. Accessed March 27, 2016. http://link.springer.com/article/10.1007%2Fs10502-012-9183-4.

Liverpool University Centre for Archive Studies. "Courses and programmes." Liverpool University

Centre for Archive Studies. Last modified March 16, 2016. Accessed March 16, 2016. https://www.liverpool.ac.uk/centre-for-archive-studies/courses/.

Minoru Takahashi. "Establishing a Certification System for Professional Archivists: Registered Archivist of the Japan Society for Archival Science." *Toshokan Zasshi/The Library Journal* 106, no.10 (October 2012): 705-7. Accessed March 27, 2016. http://search.proquest.com/docview/1373424224/E8996ADB412E4825PQ/1?accountid=10067.

Müjgan Cunbur. "Archival Education in Scandinavian Countries İskandinav Ülkelerinde Arşivcilik Eğitimi." *Türk Kütüphaneciliği* 22, no.1 (2008): 25-58. Accessed March 27, 2016. https://doaj.org/article/60db05cbf03348a59141de41b1d2e966.

Razia Saleh. "Education and training for archivists in South Africa: Introduction." *S. A. Archives Journal* 40 (1998): 102.

Shepherd Elizabeth. "Sixty years of archival education in England, 1947-2006: looking back and looking forward." Paper presented at Second Asia-Pacific Conference for Archival Educators and Trainers, Tokyo, October 18-19, 2006.

_____. *Archives and Archivists in 20th century England*. Farnham: Ashgate, 2009.

Sinn Donghee. "Collaborative Education between Classroom and Workplace for Archival Arrangement and Description: Aiming for Sustainable Professional Education." *The American Archivist* 76, no.1 (April 2013): 237-62. Accessed March 28, 2016. http://search.proquest.com/docview/1438547614?accountid=10067.

Society of American Archivists. "Guidelines for a Graduate Program in Archival Studies". Society of American Archivists. Last modified March 17, 2016. Accessed March 17, 2016, http://www2.archivists.org/gpas.

The Archival Education and Research Institute (AERI) and Pluralizing the Archival Curriculum Group (PACG), "Educating for the Archival Multiverse." *The American Archivist* 74 no.1 (Spring/Summer 2011): 69-101. Accessed March 28, 2016. http://americanarchivist.org/doi/pdf/10.17723/aarc.74.1.hv3396471l2745684.

Tibbo Helen R. "So much to learn, so little time to learn it: North American archival education programs in the information age and the role for certificate programs." *Archival Science* 6, no.2 (June 2006): 231-45. Accessed March 27, 2016. http://link.springer.com/article/10.1007%2Fs10502-006-9031-5.

UCL Department of Information Studies. "UCL Department of Information Studies-Home." UCL Department of Information Studies. Last modified March 16,2016. Accessed March 16, 2016. http://www.ucl.ac.uk/dis.

Université d'Angers. "Formation doctorale." Université d'Angers. Accessed September 16, 2016. http://www.univ-angers.fr/fr/recherche/formation-doctorale/ecoles-doctorales/ed-sce.html.

Université Lille 3. "Bienvenue sur le catalogue des formations de lille3." Catalogue des formations de Lille3. Accessed September 16, 2016. https://formations.univ-lille3.fr/ws?_cmd=getFormation

&_oid=FR_RNE_0593561A_PR_SOF-22783&_redirect=voir_fiche_program&_lang=fr-FR&_onglet =Description.

Vaisey David. "Archive Training Past and Present." *Journal of the Society of Archivists* 22, no.2 (October 2001): 231-6. Accessed March 27, 2016. http://web.a.ebscohost.com/ehost/pdfviewer/ pdfviewer?sid=ebe324c8-b439-4e52-bbf5-083cdb4605fd%40sessionmgr4001&vid=1&hid=4209.

Victoria Irons Walch, Nancy Beaumont, Elizabeth Yakel, Jeannette Bastian, Nancy Zimmelman, Susan Davis, and Anne Diffendal. "A*CENSUS (Archival Census and Education Needs Survey in the United States)." *The American Archivist* 69, No. 2 (Fall/Winter, 2006): 291-419. Accessed March 27, 2016. http://americanarchivist.org/doi/abs/10.17723/aarc.69.2.d474374017506522.

Wallace David. "Survey of Archives and Records Management Graduate Students at Ten Universities in the United States and Canada." *The American Archivist* 63, No. 2 (Fall/Winter,2000): 284-300. Accessed March 27, 2016. http://americanarchivist.org/doi/abs/10.17723/aarc.63.2.72050g01j3v858j1.

White, Kelvin L.. "Meztizaje and Remembering in Afro-Mexican Communities of the Costa Chica: Implications for Archival Education in Mexico." *Archival Science* 9, No. 1-2 (June 2009): 43-55. Accessed March 27, 2016. http://search.proquest.com/docview/57738161?accountid=10067.

White, Kelvin L., and Gilliland, Anne J.. "PROMOTING REFLEXIVITY AND INCLUSIVITY IN ARCHIVAL EDUCATION, RESEARCH, AND PRACTICE." *Library Quarterly* 80 no.3 (July 2010): 231-48. Accessed March 28, 2016. http://web.b.ebscohost.com/ehost/detail/detail?sid= 49d4e95e-291a-4fb7-8d3a-d0245d1d9030%40sessionmgr198&vid=0&hid=105&bdata=Jmxhbmc9 emgtdHcmc2l0ZT1laG9zdC1saXZl&preview=false#AN=51490667&db=lxh.

Williams Caroline. "Archival training at the University of Liverpool." *Journal of the Society of Archivists* 18, no.2 (October 1997): 181-8. Accessed March 27, 2016. http://web.b.ebscohost.com/ ehost/detail/detail?sid=8c843a96-dfc8-4ad4-98d2-5feb29f8aacc%40sessionmgr198&vid=0&hid= 105&bdata=Jmxhbmc9emgtdHcmc2l0ZT1laG9zdC1saXZl&preview=false#AN=9711242350&db= lxh.

Wosh Peter. "Research and Reality Checks: Change and Continuity in NYU's Archival Management Program." *The American Archivist* 63, no.2 (Fall/Winter 2000): 271-83. Accessed March 27, 2016. http://americanarchivist.org/doi/pdf/10.17723/aarc.63.2.n00l0588g6157373.

Yakel, Elizabeth. "The Future of the Past: A Survey of Graduates of Master's-Level Archival Education Programs in the United States." *The American Archivist* 63, No. 2 (Fall/Winter,2000): 301-21. Accessed March 27, 2016. http://americanarchivist.org/doi/abs/10.17723/aarc.63.2.p8843508857 g69v5.

附錄：海峽兩岸檔案學教育大事年表

1931 年

徐望之編著的《公牘通論》由上海商務印書館出版。此書係作者在河北省訓政學院時的講義。[1]

1934 年

許同莘編著的《公牘詮義》，由河北省政府河北月刊社出版。[2]
武昌文華圖書館學專科學校設立檔案管理特種教席。

1935 年

柏鄉縣長姜萃儉在《天津益世報》上發表打倒〈卷閱〉一文。指出卷宗管理無一定標準與方法的弊端，提出一些合理化意見。[3]

---

[1] 河北省地方誌編纂委員會編，《河北省誌・檔案誌》，第 85 卷，（石家莊市：河北人民出版社，1994），276。

[2] 同上註。

[3] 同上註。

1939 年

武昌文華圖書館學專科學校第五期講習班課程改以檔案管理為主，以圖書館學為輔。

1940 年

春，武昌文華圖書館學專科學校招收第一期檔案管理訓練班。

9月，武昌文華圖書館學專科學校呈請教育部設立檔案管理專科。

秋，武昌文華圖書館學專科學校招收第二期檔案管理訓練班。

10月，武昌文華圖書館學專科學校正式成立檔案管理專科班，第一、二期檔案管理訓練班改入檔案管理專科班。

1941 年

8月，蘇皖聯立技藝專科學校（1943年更名為江蘇學院）創建行政管理系，開設檔案管理相關課程。

國立社會教育學院成立圖書博物館學系，系主任為汪長炳。

1941年，武昌文華圖書館學專科學校由教育部指定籌辦檔案管理短期職業訓練班，簡稱「短訓班」。同年12月開辦計畫得到教育部批准。

1942 年

春，武昌文華圖書館學專科學校招收第三屆檔案管理專科班學生、第一期檔案管理短期職業訓練班學生。

秋，武昌文華圖書館學專科學校招收第二期檔案管理短期職業訓練班學生。

1942年，雲南省民政廳在雲南省地方行政幹部訓練團第六期開辦檔案幹部訓練班，培訓縣政府檔案幹部，除了講授中國機關文書處理和檔案工作方法

外，第一次講授歐美檔案學理論和方法。[4]

1943 年

　　春，武昌文華圖書館學專科學校招收第三期檔案管理短期職業訓練班學生。
　　6月，國民黨中央訓練委員會與內政部頒發《縣管理檔案人員訓練班業務訓練課程講授要點及授時分配標準》，並通飭江蘇等 20 個省訓練委員會遵辦。[5]
　　秋，武昌文華圖書館學專科學校招收第四期檔案管理短期職業訓練班學生。
　　11月，雲南省政府視察室為貫徹省府加強檔案工作的訓令，派員赴民政廳等 18 個機關逐一詳密視察，提出了訓練省級管理檔案人才，提高管卷人員地位及待遇，簡易檔案管理方法等具體實施意見，報請省政府同意後實行。[6]

1944 年

　　春，武昌文華圖書館學專科學校招收第五期檔案管理短期職業訓練班學生。
　　秋，武昌武昌文華圖書館學專科學校招收第四屆檔案管理專科班學生、第六期檔案管理短期職業訓練班學生。

1945 年

　　春，武昌文華圖書館學專科學校招收第七期檔案管理短期職業訓練班學生。
　　6月，陳國琛在臺灣行政長官公署開辦「文書講習會」，培訓臺灣各級政府機關文書檔案管理人員。
　　秋，武昌武昌文華圖書館學專科學校招收第五屆檔案管理專科班學生。

4　雲南省檔案局（館）編，《雲南省誌・檔案誌》，卷 79，（昆明市：雲南人民出版社，2000），11-12。
5　江蘇省地方誌編纂委員會編，《江蘇省誌・檔案誌》，（南京市：江蘇古籍出版社，1996），335。
6　雲南省檔案局（館）編，《雲南省誌・檔案誌》，卷 79，（昆明市：雲南人民出版社，2000），12。

1946 年

　3 月，殷鐘麒在重慶創辦私立崇實檔案函授學校；1947 年，該校更名為私立崇實檔案學校。

　9 月 20 日，臺灣行政長官公署發行的《臺灣省行政長官公署公報》中公布《臺灣省行政長官公署訓令》（致申巧署祕（一）字第二五四七四號，中華民國三十五年九月十八日），要求：各縣市政府應在本年十月十五日以前各須召集所屬區鄉主管文書人員開文書管理講習會，會期至少三日，實習期至少十日；由主任秘書，或前經參加本署文書管理講習會之較高級人員擔任主任講師，以利推行。

　1946 年，江蘇學院行政管理專業停辦。

1947 年

　1 月 19 日，《臺灣省訓練團團刊》第三卷第 2 期刊登〈臺灣省各機關處理公務分層負責及簡化公文辦法〉。

　秋，武昌武昌文華圖書館學專科學校招收第六屆檔案管理專科班學生。

　1947 年，傅振倫編著《公文檔案管理法》由貴陽文通書局出版。[7]

1948 年

　6 月，陳儀擔任浙江省主席，推行文書檔案管理制度改革，由陳國琛主持。

　12 月，崇實檔案學校停辦。

7　河北省地方誌編纂委員會編，《河北省誌・檔案誌》，第 85 卷，（石家莊市：河北人民出版社，1994），279。

1949 年

10 月，蘇聯政府派蘇聯檔案專家米留申赴中國大陸。[8]

11 月 23 日至 12 月 27 日，蘇聯專家米留申於 11 月 23 日至 12 月 2 日，先後到中共中央秘書處、中央組織部、軍委總政治部等單位參觀檔案工作。12 月 27 日，米留申在中共中央辦公廳秘書處召開的檔案工作座談會上，作了〈關於檔案工作的一般問題及中國檔案工作目前的缺點〉的報告。[9]

1950 年

6 月 5 日，蘇聯專家米留申先後於 6 月 5 日、7 月 20 日、8 月 10 日三次致信政務院總理周恩來，建議成立國家檔案館，成立五個中央國家檔案館，制定全國統一的文書檔案工作制度、全國統一的標準的文件材料保管期限一覽表，並附有他起草的《政務院關於組織檔案局的決定》（草案）、《中央人民政府政務院檔案局暫行條例》（草案）、《共和國國立檔案館、機關檔案室的組織機構表》、《中央人民政府各部委、機關、團體、企業文書檔案工作暫行辦法》、《中央人民政府各部、委、會及其他團體、企業標準文件資料保管期限明細表》等文件。[10]

10 月，中國大陸中南軍政委員會和湖北省人民政府委託私立武昌文華圖書館專科學校，開辦檔案管理訓練班。由於師資與教材方面存在許多問題，此訓練班只辦了一期即停辦。[11]

---

[8] 吳寶康、鄒家煒、董儉、周雪恆編，《中華人民共和國檔案工作紀實》，（西寧市：青海人民出版社，1983），2。

[9] 王景高、馮伯群、李向罡編，《當代中國檔案事業實錄》，（北京市：檔案出版社，1993），238。

[10] 同上註。

[11] 同上註，179。

1951 年

　　4 月 15 日，中共中央辦公廳秘書處編輯出版的《材料工作通訊》創刊。該刊為中央各部委檔案和資料工作交流經驗、互通情況的不定期刊物，內部發行，至 1953 年 5 月共出版 10 期。[12]

　　1951 年，《材料工作通訊》從 1951 年末開始，開展了一次檔案與資料區分問題的討論。這是中國大陸 1949 年之後後檔案學研究的開端。[13]

　　北京大學圖書館學專科為培養檔案人員開設了檔案資料專修班，但因缺乏新教材，這個專修班不久即停辦。[14]

1952 年

　　4 月，中共中央決定委託中國人民大學開辦檔案專業，培養檔案幹部。[15]經中共中央辦公廳和中共中央組織部、宣傳部與當時的中國人民大學校長吳玉章和副校長胡錫奎、成仿吾商定，在中國人民大學專修科內開設檔案班。學生的來源主要是抽調各大區、各省（市）及中央機關的在職檔案幹部。[16]

　　4 月 24 日，中共中央辦公廳和組織部面向全中國大陸發出《關於中國人民大學檔案工作訓練班招生的通知》。[17]

　　7 月 1 日，中共遼西省（後併入遼寧省）省委舉辦「檔案工作短期研究班」。這為中國大陸結合實際情況進行檔案教學和採用多種形式培養檔案幹部提供了有益的經驗。[18]

---

[12] 當代中國叢書編輯部編，《當代中國的檔案事業》，（北京市：中國社會科學出版社，1988），433。

[13] 吳寶康、鄒家煒、董儉、周雪恆編，《中華人民共和國檔案工作紀實》，（西寧市：青海人民出版社，1983），9。

[14] 同上註。

[15] 中國人民大學校史研究叢書編委會編，《中國人民大學紀事（1937-2007）[上卷]》，（北京市：中國人民大學出版社，2007），116。

[16] 中國人民大學信息資源管理學院，《中國人民大學信息資源管理學院簡史（1952-2012）》，（北京市：中國人民大學信息資源管理學院，2012），56。

[17] 同上註。

[18] 吳寶康、鄒家煒、董儉、周雪恆編，《中華人民共和國檔案工作紀實》，（西寧市：青海人民出版社，1983），10。

9 月，中國人民大學專修科增設檔案班。[19]

11 月 15 日，中國人民大學專修科檔案班正式開學。[20]

1953 年

7 月 1 日，檔案學刊物《材料工作通訊》更名為《檔案工作》。[21]

7 月，檔案專修班改為檔案專修科，直屬校長領導。

中國人民大學第一期專修科學員畢業，共計 103 人。[22]

9 月，陸晉蓀著《檔案管理法》一書由北京工人出版社出版。[23]

中國人民大學校部決定取消由校統管的專修科，把所屬各專業班分歸各系領導。在當時還沒有檔案系的情況下，檔案班擴大為檔案專修科，並繼續招收學員。[24]

1954 年

4 月 8 日，中國人民大學檔案教研室舉行陸晉蓀《檔案管理法》的科學討論會。[25]

8 月，中共中央辦公廳秘書局設檔案管理處，為各級黨委檔案工作的指導機構。

10 月 31 日，中國大陸國政務院第二次會議上通過並決定成立國家檔案局。

11 月 8 日，國家檔案局成立。[26]

---

19 中國人民大學校史研究叢書編委會編，《中國人民大學紀事（1937-2007）[上卷]》，（北京市：中國人民大學出版社，2007），118。

20 王景高、馮伯群、李向罡編，《當代中國檔案事業實錄》，（北京市：檔案出版社，1993），179。

21 當代中國叢書編輯部編，《當代中國的檔案事業》，（北京市：中國社會科學出版社，1988），434。

22 中國人民大學信息資源管理學院，《中國人民大學信息資源管理學院簡史》，（1952-2012）（北京市：中國人民大學信息資源管理學院，2012），57。

23 吳寶康、鄒家煒、董儉、周雪恆編，《中華人民共和國檔案工作紀實》，（西寧市：青海人民出版社，1983），11。

24 中國人民大學信息資源管理學院，《中國人民大學信息資源管理學院簡史（1952-2012）》，（北京市：中國人民大學信息資源管理學院，2012），57。

25 吳寶康、鄒家煒、董儉、周雪恆編，《中華人民共和國檔案工作紀實》，（西寧市：青海人民出版社，1983），12。

26 同上註，14。

11月30日，中共中央批准在中共中央辦公廳秘書局下設第三處即黨中央檔案館籌備處。[27]

1955 年

　　3月1日，《檔案工作》刊物改由國家檔案局出版，並繼續在內部發行，改組了編委會。

　　4月，高等教育部決定在中國人民大學檔案專修班基礎上成立歷史檔案系，吳寶康擔任系主任。同年9月1日，歷史檔案系正式開學，第一期本科學生60人，學制4年。同時，繼續招收專修學生。[28]當時，歷史檔案系的組織機構設置是：檔案歷史與組織教研室、國家機關史與文書處理學教研室、檔案工作理論與實踐教研室、文獻公布學教研室、辦公室、翻譯室、實驗室、資料室。[29]檔案專修科隸屬新建立的歷史檔案系領導。[30]

　　6月，蘇聯檔案專家姆・斯・謝列茲聶夫回國。[31]

　　12月8日，國家檔案局發出《關於改「芬特」為「全宗」的通知》。同時將「芬特構成者」改為「立檔單位」，「國家統一檔案芬特」改為「國家全部檔案」。[32]

1956 年

　　4月16日，中國大陸國務院發布《關於加強國家檔案工作的決定》，要求「加緊培養幹部，提高檔案工作的業務水平和科學水平。」《決定》指出：「今後國家的檔案工作幹部，除由中國人民大學歷史檔案系進行培養外，特別應注

---

[27] 當代中國叢書編輯部編，《當代中國的檔案事業》，（北京市：中國社會科學出版社，1988），435。

[28] 王景高、馮伯群、李向罡編，《當代中國檔案事業實錄》，（北京市：檔案出版社，1993），179。

[29] 中國人民大學信息資源管理學院，《中國人民大學信息資源管理學院簡史（1952-2012）》，（北京市：中國人民大學信息資源管理學院，2012），58。

[30] 中國人民大學校史研究叢書編委會編，《中國人民大學紀事（1937-2007）[上卷]》，（北京市：中國人民大學出版社，2007），135。

[31] 中國人民大學信息資源管理學院，《中國人民大學信息資源管理學院簡史（1952-2012）》，（北京市：中國人民大學信息資源管理學院，2012），58。

[32] 吳寶康、鄒家煒、董儉、周雪恆編，《中華人民共和國檔案工作紀實》，（西寧市：青海人民出版社，1983），19。

意分層負責地開辦短期訓練班，加強在職幹部的業務學習，結合實際工作，提高其業務水平。」《決定》還要求「國家檔案局和中國人民大學歷史檔案系對檔案學及其他輔助科目應該加強研究工作，以提高科學水平」。[33]

5月22日，中國人民大學歷史檔案系改名為檔案系。[34]

6月，蘇聯檔案專家格・伊・沃爾欽科夫來中國大陸工作。1957年7月2日回國。

中國大陸國務院科學規劃委員會制定的「1956-1967年哲學、社會科學規劃綱要（草案）」中，把檔案學列為16個學科的第14個學科，制定檔案學的十二年發展規劃，並提出了需要研究的9個重要問題和計畫完成的9部重要著作。[35]

10月5日，國家檔案局聘請蘇聯專家格・伊・沃爾欽科夫擔任顧問，為中國大陸制定檔案工作業務指導性文件提供諮詢。格・伊・沃爾欽科夫於1957年7月2日回國。[36]

1956年，中國人民大學在檔案工作理論與實踐教研室內建立了技術實驗室。[37]

1957 年

中國人民大學檔案系更名為歷史檔案系。[38]

[33] 中國人民大學信息資源管理學院，《中國人民大學信息資源管理學院簡史（1952-2012）》，（北京市：中國人民大學信息資源管理學院，2012），58-59。

[34] 中國人民大學校史研究叢書編委會編，《中國人民大學紀事（1937-2007）[上卷]》，（北京市：中國人民大學出版社，2007），143。

[35] 中國人民大學信息資源管理學院，《中國人民大學信息資源管理學院簡史（1952-2012）》，（北京市：中國人民大學信息資源管理學院，2012），59。

[36] 吳寶康、鄒家煒、董儉、周雪恒編，《中華人民共和國檔案工作紀實》，（西寧市：青海人民出版社，1983），25。

[37] 中國人民大學信息資源管理學院，《中國人民大學信息資源管理學院簡史（1952-2012）》，（北京市：中國人民大學信息資源管理學院，2012），59。

[38] 中國人民大學校史研究叢書編委會編，《中國人民大學紀事（1937-2007）[上卷]》，（北京市：中國人民大學出版社，2007），150。

1958 年

2 月，中國人民大學歷史檔案系先後翻印了全國解放前出版的文書、檔案學舊著十三本，有徐望之著《公牘通論》，程長源著《縣政府檔案管理法》，何魯成著《檔案管理與整理》，龍兆佛著《檔案管理法》，周連寬著《公文處理法》和《檔案管理法》，陳國琛著《文書之簡化與管理》，黃彝仲著《檔案管理之理論與實際》，梁上燕著《縣政府公文處理與檔案管理》，傅振倫著《公文檔案管理法》，秦翰才著《檔案科學管理法》，許同莘著《公牘學史》，殷鐘麒著《中國檔案管理新論》。舊著的翻印為檔案學研究提供了材料。[39]

5 月 21 日，遵照國家檔案局和教育部指示，復旦大學、上海第一師範學院率先在全國省市的正規大學開設檔案專業課程，聘請上海市人民委員會辦公廳副主任、檔案管理處處長林德明擔任歷史系檔案學課程的講授。[40]

9 月，中國人民大學歷史檔案系開辦 2 年制技術檔案專修科，培養技術檔案幹部。[41]

中國人民大學中國歷史教研室和世界通史教研室劃分歷史檔案系領導。1961 年，中國人民大學建立歷史系，改兩教研室復歸歷史系。[42]

倪寶坤在臺灣省立師範大學社會教育學系圖書館組開設檔案管理課程。

12 月，為促進檔案事業的進一步發展和加強檔案學研究，國家檔案局在中國人民大學歷史檔案系內設立檔案學研究所（後改為檔案學研究室）。檔案學研究所先後編印了《檔案學基礎》、《檔案學論文著作目錄》、《國民黨時期檔案管理述要》、《檔案學研究》、《蘇聯檔案工作新階段》等著作和譯文。1961 年，該所因精簡機構撤銷。[43]

---

[39] 吳寶康、鄒家煒、董儉、周雪恆編，《中華人民共和國檔案工作紀實》，（西寧市：青海人民出版社，1983），32。

[40] 上海檔案誌編纂委員會，《上海檔案誌》，（上海市：上海社會科學院出版社，1999），檢索於 2017 年 2 月 4 日，http://www.shtong.gov.cn/node2/node2245/node4511/node54552/index.html。

[41] 王景高、馮伯群、李向罡編，《當代中國檔案事業實錄》，（北京市：檔案出版社，1993），180。

[42] 中國人民大學信息資源管理學院，《中國人民大學信息資源管理學院簡史（1952-2012）》，（北京市：中國人民大學信息資源管理學院，2012），60。

[43] 吳寶康、鄒家煒、董儉、周雪恆編，《中華人民共和國檔案工作紀實》，（西寧市：青海人民出版社，1983），37。

1958 年，天津市河北區幹部大學（現名河北區職工大學）開辦檔案系，這是中國大陸成人高等教育中第一個檔案系。[44]

1959 年

1 月底，根據中國人民大學校部要求，歷史檔案系做了如下變動：將檔案工作理論與實踐教研室和文獻公布學教研室合併為檔案學教研室，將檔案歷史與組織教研室改名為檔案史教研室，將國家機關史與文書處理學教研室改名為文書學教研室。[45]

9 月，應中央第一機械工業部的要求，中國人民大學檔案學系開設了第一屆技術檔案進修班，學制為一年，學員是由第一機械工業部及各省市保送的幹部。[46]

1959 年，中國人民大學歷史檔案系在校學生達到 535 人，成為中國人民大學在校學生人數最多的系科之一。同時，教師隊伍迅速擴大，共有教職員 107 人。[47]

1960 年

3 月 14 日，經國務院總理周恩來同意，習仲勛副總理和中共中央辦公廳主任楊尚昆批准籌建北京檔案學院。同年 9 月，因國民經濟暫時困難，中央辦公廳決定該學院停辦。[48]

---

[44] 王景高、馮伯群、李向罡編，《當代中國檔案事業實錄》，（北京市：檔案出版社，1993），180。

[45] 中國人民大學信息資源管理學院，《中國人民大學信息資源管理學院簡史（1952-2012）》，（北京市：中國人民大學信息資源管理學院，2012），60。

[46] 中國人民大學校史研究叢書編委會編，《中國人民大學紀事（1937-2007）[上卷]》，（北京市：中國人民大學出版社，2007），172。

[47] 中國人民大學信息資源管理學院，《中國人民大學信息資源管理學院簡史（1952-2012）》，（北京市：中國人民大學信息資源管理學院，2012），61。

[48] 王景高、馮伯群、李向罡編，《當代中國檔案事業實錄》，（北京市：檔案出版社，1993），180。

1961 年

8 月，越南勞動黨中央辦公廳檔案處給中國人民大學來電，索要專業教科書。[49]

9 月，中國人民大學歷史檔案系成立技術檔案管理學教研室，下分技術檔案管理學、檔案保護技術學、影片照片錄音檔案管理三個教學組和檔案保護技術、技術檔案兩個實驗室。[50]

1961 年，中國人民大學檔案系的專業改為五年制。[51]

在 1961 年底，中國人民大學歷史檔案系翻譯出版了包括蘇聯、荷蘭、美國、英國、德國、日本等國的檔案專著和歐、亞、非、拉美幾十個國家的有關檔案學的文章、資料約 1,000 多萬字，還與中國大陸幾十個檔案業務部門建立了資料交換關係。[52]

1962 年

7 月，中國人民大學歷史檔案系專業課程教材《檔案管理學》、《檔案保管技術學》由中國人民大學出版社出版，內部交流。與此同時，還鉛印了《文書學講義》（1961 年）、《中國檔案史講義》（1961 年）、《技術檔案管理學》（1962 年）等一批教學用書。[53]

---

[49] 中國人民大學信息資源管理學院，《中國人民大學信息資源管理學院簡史（1952-2012）》，（北京市：中國人民大學信息資源管理學院，2012），62。

[50] 同上註。

[51] 中國人民大學校史研究叢書編委會編，《中國人民大學紀事（1937-2007）[上卷]》，（北京市：中國人民大學出版社，2007），175。

[52] 中國人民大學信息資源管理學院，《中國人民大學信息資源管理學院簡史（1952-2012）》，（北京市：中國人民大學信息資源管理學院，2012），62。

[53] 同上註，63。

1963 年

　　5 月 17 日，經國家科學技術委員會批准，國家檔案局成立檔案科學技術研究所籌備處，負責檔案資料的複製技術、修復技術、保管技術以及業務理論等方面的研究工作。該所是直屬國家檔案局領導的一個全國性的檔案科學技術事業單位。

1964 年

　　4 月 14 日，科學技術委員會、文化部、國家檔案局下達的《一九六三至一九七二年科學技術發展規劃（情報、圖書、檔案資料）》中提出：要加強對技術檔案資料工作的理論與方法的研究，加強對技術檔案資料的保管技術、修復技術和複製技術的研究，迅速提高技術檔案資料工作的科學技術水平，並列出了具體研究項目，同時提出籌建檔案科學技術研究所。

　　9 月 10 日，內蒙古自治區檔案管理局在呼和浩特舉辦的第一期牧區、邊境地區檔案幹部訓練班開學。學習中完全以蒙語授課、蒙語輔導，引發蒙文講義。50 名來自旗、縣檔案館和公社的專兼職檔案員參加了學習。[54]

1965 年

　　8 月，在中國人民大學歷史檔案系學習的阿爾巴尼亞留學生和中央檔案館培養的阿爾巴尼亞的複製技術實習生結業回國。[55]

　　12 月，《檔案工作》第 6 期發表〈為停刊敬告讀者、作者〉的信，宣布該刊從 1966 年起停止出版。該刊從 1953 年 7 月至 1965 年共出版 103 期。[56]

---

[54] 王景高、馮伯群、李向罡編，《當代中國檔案事業實錄》，（北京市：檔案出版社，1993），180-1。

[55] 吳寶康、鄒家煒、董儉、周雪恒編，《中華人民共和國檔案工作紀實》，（西寧市：青海人民出版社，1983），73。

[56] 同上註，74。

1966 年

5 月,「文化大革命」開始,中國人民大學歷史檔案系師生的正常教學工作被打斷,本學年招收新生的工作被迫停止。[57]

6 月 13 日,中共中央辦公廳發出《關於揭發檔案工作中反黨反社會主義黑線的通知》。這個《通知》全盤否定新中國成立以來檔案工作的正確路線和巨大成就,在全國檔案工作部門造成了極其嚴重的惡果。[58]

1969 年

1 月,國家檔案局被撤銷,全局工作人員都下放到江西省進賢縣「中央辦公廳五七學校」勞動。

各省、自治區、直轄市檔案局及地(市)、縣檔案管理機構也相繼被取消。全國檔案業務指導、監督工作完全停頓,檔案管理更加混亂。

1969 年,中國人民大學停辦,歷史檔案系全體教職員工和其他系一樣,到江西餘江縣五‧七幹校勞動鍛鍊,接受所謂的「再教育」。[59]

1970 年

10 月,北京市革命委員會通知中國人民大學停辦。[60]

---

[57] 王景高、馮伯群、李向罡編,《當代中國檔案事業實錄》,(北京市:檔案出版社,1993),181。

[58] 當代中國叢書編輯部編,《當代中國的檔案事業》,(北京市:中國社會科學出版社,1988),449。

[59] 中國人民大學信息資源管理學院,《中國人民大學信息資源管理學院簡史(1952-2012)》,(北京市:中國人民大學信息資源管理學院,2012),63。

[60] 中國人民大學校史研究叢書編委會編,《中國人民大學紀事(1937-2007)[上卷]》,(北京市:中國人民大學出版社,2007),240。

1973 年

10 月 10 日，中共北京市委、市革委通知，撤銷中共中國人民大學領導小組和中國人民大學革命委員會。軍宣隊全部撤離學校。中國人民大學正式宣告結束。[61]

1974 年

5 月，中國人民大學歷史檔案系被迫宣告停辦。檔案專業教師改行，教學實驗設備和圖書資料分散。中國大陸唯一的高等檔案學教育機構被取消。[62]

1975 年

12 月 3 日，上海市革委會機關業餘大學開辦文書檔案班，採取「學員上大學、辦大學、管大學」的辦學方針。[63]

1977 年

原中國人民大學教工一致要求恢復中國人民大學，原歷史檔案系主任吳寶康積極參加了以李新、胡林昀等為首的複校活動，呼籲恢復歷史檔案系。[64]

---

[61] 同上註，246。

[62] 吳寶康、鄒家煒、董儉、周雪恆編，《中華人民共和國檔案工作紀實》，（西寧市：青海人民出版社，1983），92。

[63] 上海檔案誌編纂委員會，《上海檔案誌》，（上海市：上海社會科學院出版社，1999），檢索於 2017 年 2 月 4 日，http://www.shtong.gov.cn/node2/node2245/node4511/node54552/index.html。

[64] 中國人民大學信息資源管理學院，《中國人民大學信息資源管理學院簡史（1952-2012）》，（北京市：中國人民大學信息資源管理學院，2012），64。

1978 年

　　3 月 13 日，中國社會科學院規劃辦公室主持召開在京檔案界部分同志參加的檔案科學規劃座談會。原國家檔案局局長曾三，副局長張中和中央檔案館、故宮博物院明清檔案部、北京市檔案局、鐵道部檔案處、中國人民大學歷史檔案系等單位負責人二十多人參加了會議。會上成立「檔案學規劃小組」，並由「小組」起草《檔案學八年（1978-1985 年）規劃的初步設想》（草稿）。[65]

　　5 月 19 日，中國社會科學院規劃辦公室編輯出版的《情況和建議》第 44 期，發表〈關於檔案工作和檔案學研究的現狀和建議〉一文，呼籲恢復國家檔案局，恢復中國人民大學檔案系，建立檔案學研究所，以加強對檔案工作的領導並努力發展檔案學。[66]

　　7 月 7 日，國務院國發[1978]129 號文件批准教育部《關於恢復中國人民大學有關問題的請示報告》。中國人民大學恢復。[67]歷史檔案系也同時恢復，改名檔案系。[68]

　　9 月，中國人民大學檔案系開始招生，下設檔案管理、技術檔案管理和檔案保護技術三個專門化，學制 4 年。[69]同時設立中國政治制度史、文書學、檔案管理學、文獻編纂學、檔案史、技術檔案管理、檔案保護技術等七個教研室。[70]

　　1978 年，中華民國資料處理縮影學會成立。

---

[65] 吳寶康、鄒家煒、董儉、周雪恆編，《中華人民共和國檔案工作紀實》，（西寧市：青海人民出版社，1983），99-100。

[66] 同上註，100。

[67] 中國人民大學校史研究叢書編委會編，《中國人民大學紀事（1937-2007）[上卷]》，（北京市：中國人民大學出版社，2007），250。

[68] 中國人民大學信息資源管理學院，《中國人民大學信息資源管理學院簡史（1952-2012）》，（北京市：中國人民大學信息資源管理學院，2012），65。

[69] 王景高、馮伯群、李向罡，《當代中國檔案事業實錄》，（北京市：檔案出版社，1993），181。

[70] 吳寶康、鄒家煒、董儉、周雪恆編，《中華人民共和國檔案工作紀實》，（西寧市：青海人民出版社，1983），100-1。

1979 年

2 月，中國人民大學二分校檔案專業和一分校社會科學情報專業新生入學，學制 4 年。[71]

2 月 17 日，中共中央、國務院正式批准恢復國家檔案局。

5 月 25 日，國家檔案局局長張中會見了中國人民大學副校長郭影秋。會見時，郭影秋副校長提出，請國家檔案局考慮一下檔案系的專業設置問題。經國家檔案局與檔案系多次研究和國家檔案局局務會議討論提出：為適應現代化建設的需要，檔案系應設有三個專業：歷史檔案管理專業、科技檔案管理專業、檔案保護技術專業。[72]

7 月，鄭州航空工業管理學校設立技術檔案系，培養管理航空技術檔案的專門人才。學制三年，由高考統一招生。這是中國大陸第一個培養專業技術檔案管理人員的高等檔案學教育機構。[73] 1984 年 11 月經教育部同意，鄭州航空工業管理專科學校又改建為鄭州航空工業管理學院，技術檔案系改名為科技檔案管理系。1985 年開始招收本科生（四年制），同時招收專科生（三年制）。1986 年 9 月該系又增加了科技情報專業，並改系名為科技管理系。[74]

8 月，天津市新華業餘大學的檔案專業正式恢復招生，學制三年。該校主要為天津市各區、局、公司培養基層文書檔案工作人員。[75]

中國人民大學檔案系首次招收研究生共 4 人。[76]

12 月，國家檔案局給中國人民大學檔案系送來《中華人民共和國檔案法》徵求意見稿，經過討論研究，提出修改意見。[77]

---

[71] 王景高、馮伯群、李向罡編，《當代中國檔案事業實錄》，（北京市：檔案出版社，1993），181。

[72] 中國人民大學信息資源管理學院，《中國人民大學信息資源管理學院簡史（1952-2012）》，（北京市：中國人民大學信息資源管理學院，2012），66。

[73] 吳寶康、鄒家煒、董儉、周雪恆編，《中華人民共和國檔案工作紀實》，（西寧市：青海人民出版社，1983），104-5。

[74] 王景高、馮伯群、李向罡編，《當代中國檔案事業實錄》，（北京市：檔案出版社，1993），182。

[75] 吳寶康、鄒家煒、董儉、周雪恆編，《中華人民共和國檔案工作紀實》，（西寧市：青海人民出版社，1983），106。

[76] 中國人民大學信息資源管理學院，《中國人民大學信息資源管理學院簡史（1952-2012）》，（北京市：中國人民大學信息資源管理學院，2012），66。

[77] 同上註。

1979 年，為了加速檔案工作的恢復與整頓，中央機關和各省、自治區、直轄市許多機關積極培訓檔案幹部。華東五省一市（江蘇、浙江、福建、山東、安徽、上海）在安徽蕪湖聯合舉辦了檔案業務講座。上海、河北、河南、遼寧、湖南等省、市也都舉辦了檔案幹部訓練班。[78]

1980 年

4 月 1 日，國務院同意美國檔案與文件局提出的建立中美兩國國家檔案局雙邊合作和互相學習的關係。

10 月 14 日，江蘇省南京市金陵職業大學在文法系內設立的檔案專業開學，採取自費、走讀、不包分配的頒發招收高中畢業生，學制 3 年。[79]

1980 年，中國人民大學檔案系教師編寫的《檔案管理學》、《技術檔案管理學》、《檔案保護技術學》由中國人民大學出版社出版，新華書店公開發行。[80]

1981 年

1 月 30 日，中國大陸國務院發出關於同意文化部、國家檔案局、國家人事局制定的《圖書、檔案、資料專業幹部業務職稱暫行規定》的通知。《暫行規定》將圖書、檔案、資料專業幹部職稱定位研究館員、副研究館員、館員、助理館員、管理員等五級，並具體規定了確定職稱與晉升的條件、考覈辦法、評審的組織和授予職稱的手續等事項。[81]

7 月，北京市高等教育自學委員會在自學高考中開設了檔案專業，包括18 項考試科目。自學考生通過考試可獲得大學本科或大專學歷。[82]其中專業課和專業基礎課有中國古代史、中國近代史、文書學、檔案管理學、科技檔案管理學、中國檔案事業史、世界通史、中國政治制度史、中共組織史、文獻編纂學，影片、照片、錄音檔案管理，檔案保護技術學、外國檔案工作等

---

[78] 王景高、馮伯群、李向羣編，《當代中國檔案事業實錄》，（北京市：檔案出版社，1993），182。

[79] 同上註，183。

[80] 王景高、馮伯群、李向羣編，《當代中國檔案事業實錄》，（北京市：檔案出版社，1993），183。

[81] 吳寶康、鄒家煒、董儉、周雪恆編，《中華人民共和國檔案工作紀實》，（西寧市：青海人民出版社，1983），125。

[82] 王景高、馮伯群、李向羣編，《當代中國檔案事業實錄》，（北京市：檔案出版社，1993），184。

十三個科目。自學考生全部或部分科目考試合格，可達到大學本科或專科畢業水平。[83]

7月至8月，中國人民大學檔案系分別舉辦了檔案保護技術和科技檔案管理兩個暑期短訓班，來自中央和全國各地各部門的檔案幹部一千四百多人參加學習。[84]

9月，在各地檔案局的積極努力及有關教育機構的幫助下，一些大學開辦理檔案學專業。

南開大學分校創辦檔案系，採取自願報名，審查錄取的頒發，從數學、物理、化學三系的二年級學生中招收了第一屆檔案本科生，學制四年。

四川大學歷史系設立了檔案專業，招收本科生。

遼寧大學歷史系設立了檔案專業，招收本科生。

復旦大學分校（今上海大學文學院）開設 3 年制的檔案學專修班（夜大學），這是上海最早的檔案專業高等學歷教育。1982 年秋季，又開始招收圖書館學與檔案學專業 4 年制本科生。[85]該校中文系還辦了秘書專業，開設文書檔案管理課程。[86]

吉林市聯合大學新設檔案專業，學制四年。[87]

中國人民大學二分校開辦科技檔案專業，學制四年。[88]

內蒙古大學與內蒙古自治區檔案局合辦檔案專修科，招收在職幹部入學，學制兩年。[89]

11月，中國檔案學會成立。

1982 年

6月23日，河北省高教局、河北省檔案局就《關於在河北大學歷史系增設檔案專業的報告》聯合請示河北省政府。9月7日，河北省政府批准此報告。

---

[83] 吳寶康、鄒家煒、董儉、周雪恆編，《中華人民共和國檔案工作紀實》，（西寧市：青海人民出版社，1983），129。

[84] 同上註，130。

[85] 《上海檔案誌》編纂委員會，《上海檔案誌》，（上海市：上海社會科學院出版社，1999），檢索於 2017 年 2 月 4 日，http://www.shtong.gov.cn/node2/node2245/node4511/node54552/index.html。

[86] 吳寶康、鄒家煒、董儉、周雪恆編，《中華人民共和國檔案工作紀實》，（西寧市：青海人民出版社，1983），133。

[87] 同上註。

[88] 同上註，102。

[89] 同上註，132。

自此，河北省檔案專業高等教育正式開創。[90]隨後，河北大學歷史系開始該專業的籌建工作，1983 年該系招收檔案專業本科生 31 名。[91]

9 月，中國人民大學函授學院開設檔案學專業，學制為五年兩段制，招收對象主要為在職檔案幹部，其專業課教學任務由檔案系承擔。1983 年由函授學院撥給函授教師編製 8 人。[92]

中國人民大學檔案系招收第一屆檔案學專業碩士研究生 2 人，學制為三年。[93]

11 月 24 日，經江蘇省檔案局與省高教局商定，在蘇州大學歷史系設立檔案專業班。1983 年暑期開始招生。[94]

12 月 4 日，國家檔案局在《向全國檔案工作會議提出的工作報告》中提出：除了辦高等檔案教育以外，還要適當發展中等檔案教育，使各級各類檔案教育合理配置，培養各種有用人才。

1982 年，中國人民大學函授學院在河南設檔案專業函授班，1983 年春季和 1985 年秋季，相繼招收兩屆學員，分別為 112 人和 97 人，實畢業 192人。[95]

1983 年

3 月，河北省檔案局在河北省經濟管理幹部學院開辦檔案中專班。參加學習的是各級檔案部門在職青年幹部 50 名，學習期限兩年半，畢業後回原單位工作。[96]

9 月 10 日，中國人民大學檔案系受教育部委託舉辦的高校檔案專業教師全日制進修班開學。進修班學制一年，學員來自全國二十二所設有檔案專業

---

[90] 河北省地方誌編纂委員會編，《河北省誌・檔案誌》，第 85 卷，（石家莊市：河北人民出版社，1994），296。

[91] 同上註，254。

[92] 中國人民大學信息資源管理學院，《中國人民大學信息資源管理學院簡史（1952-2012）》，（北京市：中國人民大學信息資源管理學院，2012），69。

[93] 同上註。

[94] 江蘇省地方誌編纂委員會編，《江蘇省誌・檔案誌》，（南京市：江蘇古籍出版社，1996），346。

[95] 河南省地方史誌編纂委員會編纂，《河南省誌・檔案誌》，第 89 篇，（鄭州市：河南人民出版社，1994），131。

[96] 河北省地方誌編纂委員會編，《河北省誌・檔案誌》，第 85 卷，（石家莊市：河北人民出版社，1994），296。

（系、班）的院校，共三十九人。[97]

　　1983 年，中國人民大學函授學院河北分院開辦檔案專業。招收學員 87 名，學期 3 年。[98]

1984 年

　　年初，國務院學位委員會下達通知：中國人民大學獲得檔案學專業碩士學位授予權。為攻讀檔案學專業碩士研究生所開設的研究方向有：檔案學理論與歷史、檔案保護技術、明清檔案與明清政治制度。[99]

　　9 月 12 日，國家檔案局與中國人民大學簽署《關於建立檔案學院的協議書》，規定國家檔案局在 1984 年內中國人民大學投資基本建設費 400 萬元，1987 年以前在中國人民大學建立檔案學院，開設歷史檔案管理、科技檔案管理和檔案保護技術三個專業，1989 年在校生達到 500 人。[100]

　　9 月 15 日，中國人民大學函授學院昆明函授班正式開學，全省有學員 53 名。[101]

　　9 月，中國人民大學新設專科文書學專業。招生對象為高中畢業生，學制二年。[102]

　　雲南大學歷史系檔案專業正式開辦，歷史系 82 級 27 人、83 級 27 人轉入檔案專業學習。[103]

　　12 月 9 日，廣州市檔案局、廣州大學發出《關於組織在職幹部報考廣州大學檔案幹部班的通知》。1985 年 6 月 14 日，雙方簽定合同書，決定聯合舉辦檔案專業幹部專修班。[104]

---

[97] 中國人民大學信息資源管理學院，《中國人民大學信息資源管理學院簡史（1952-2012）》，（北京市：中國人民大學信息資源管理學院，2012），69。

[98] 河北省地方誌編纂委員會編，《河北省誌・檔案誌》，第 85 卷，（石家莊市：河北人民出版社，1994），297。

[99] 中國人民大學信息資源管理學院，《中國人民大學信息資源管理學院簡史（1952-2012）》，（北京市：中國人民大學信息資源管理學院，2012），70。

[100] 同上註。

[101] 雲南省檔案局（館）編，《雲南省誌・檔案誌》，卷 79，（昆明市：雲南人民出版社，2000），31。

[102] 中國人民大學信息資源管理學院，《中國人民大學信息資源管理學院簡史（1952-2012）》，（北京市：中國人民大學信息資源管理學院，2012），70。

[103] 雲南省檔案局（館）編，《雲南省誌・檔案誌》，卷 79，（昆明市：雲南人民出版社，2000），31。

[104] 廣州市檔案局，「廣州市檔案工作大事記（1949.10－1999.12）」，廣州檔案網，檢索於 2017 年 2 月 9 日，http://www.gzdaj.gov.cn/xxky/dabz/dasygy/200708/t20070816_1473.htm。

12 月 17 日，青海省檔案局、衛生廳聯合舉辦了青海省第一期病歷檔案幹部培訓班。為期 6 天。[105]

1984 年，中國人民大學檔案學系為西藏自治區檔案局代培幹部專修科成員，至 1986 年共計培養 42 人。[106]

中華民國資料處理縮影學會更名為「中華民國資訊縮影管理學會」。

1985 年

1 月，中國人民大學成立檔案學研究室。[107]

2 月 7 日，國家檔案局發出《關於轉發電大一九八五年招生考試日程和檔案學專業教學計畫的通知》。檔案學專業是中央廣播電視大學 1985 年開設的專業之一，學制 3 年，畢業生可取得國家承認的大專學歷。第一期全國共招收學員 25,000 餘人。[108]

2 月，雲南廣播電視大學決定檔案專業班招收全日制、半工半讀制電大生。雲南大學、昆明市檔案處和昆明市工會、臨滄地區檔案局與臨滄地區農墾分局、思茅地區檔案科獲准舉辦檔案電大班。[109]

3 月，江蘇省廣播電視大學檔案專業 1985 年度全省共招生 3,233 人。[110]

4 月 6 日、7 日，中央廣播電視大學新開設檔案學專業，學制三年（1985 連 9 月至 1988 年 7 月），共有學生 3.3 萬人。其專業課的講授和教材、參考資料的編撰均由中國人民大學檔案學系教師承擔。[111]

5 月，中國人民大學函授學院雲南檔案班招收第二屆學員，全省共錄取學員 60 名。[112]

---

[105] 青海省地方史誌編纂委員會編，《青海省誌・檔案誌》，（合肥市：黃山書社，1996），132。

[106] 中國人民大學校史研究叢書編委會編，《中國人民大學紀事（1937-2007）[上卷]》，（北京市：中國人民大學出版社，2007），362。

[107] 中國人民大學信息資源管理學院，《中國人民大學信息資源管理學院簡史（1952-2012）》，（北京市：中國人民大學信息資源管理學院，2012），71。

[108] 王景高、馮伯群、李向罡編，《當代中國檔案事業實錄》，（北京市：檔案出版社，1993），185。

[109] 雲南省檔案局（館）編，《雲南省誌・檔案誌》，卷 79，（昆明市：雲南人民出版社，2000），31。

[110] 江蘇省地方誌編纂委員會編，《江蘇省誌・檔案誌》，（南京市：江蘇古籍出版社，1996），348。

[111] 中國人民大學校史研究叢書編委會編，《中國人民大學紀事（1937-2007）[上卷]》，（北京市：中國人民大學出版社，2007），328。

[112] 雲南省檔案局（館）編，《雲南省誌・檔案誌》，卷 79，（昆明市：雲南人民出版社，2000），31。

6 月 16 日至 21 日，國家檔案局與國家教育委員會在四川成都聯合召開全國檔案學專業教學改革座談會。來自全國 71 個檔案或教育部門的 73 名代表參加了會議，會議討論了中國大陸檔案學教育的發展方針，研究了檔案學教學改革的問題。國家檔案局局長韓毓虎、副局長李鳳樓出席了座談會。韓毓虎在會上講了話。[113]

7 月 5 日，經國家教育委員批准，中國人民大學檔案學院成立。檔案學院設歷史檔案管理、科技檔案管理和檔案保護技術三個專業。根據 1984 年 9 月 12 日國家檔案局與中國人民大學簽署的《關於建設檔案學院的協議書》，國家檔案局在 1984 年內向中國人民大學投資基本建設費 400 萬元。中國人民大學在 1987 年內建成檔案學院，1989 年檔案學院在校人數應達 500 人。[114]

8 月 28 日，國家檔案局與國家教育委員會聯合印發了《關於發展和改革檔案學教育的幾點意見》。[115]要求中國人民大學檔案學院「辦成我國高等學校檔案學教育與檔案研究的中心，成為培訓高等學校檔案學師資的基地」。該文件還「建議中國人民大學成立檔案學研究所」。[116]

8 月 31 日至 1988 年 7 月，青海省檔案局報經青海省教育廳批准，青海省檔案局主辦了第一期青海廣播電視大學檔案專業班。學制三年（半工半讀）。1988 年 9 月 1 日至 1991 年 7 月，青海省檔案局主辦了第二期青海廣播電視大學檔案專業班。學習科目與第一期相同。[117]

9 月 10 日，廣州大學檔案幹部專修班舉行開學典禮。這是廣州地區首次舉辦檔案專業大專教育，學制為全日制 2 年，學員 52 人。[118]

9 月，雲南廣播電視大學檔案專業大專班昆明班開學。[119]

鄭州市第三職業中等專業學校首開檔案職業中專班，從應屆初中畢業生中招生，學制 3 年。該校 1985 年招生 2 班，100 人；1986 年 2 班，80 人；1987 年 2 班，80 人，在校生共 260 人，畢業後不包分配，擇優錄用。[120]

---

[113] 王景高、馮伯群、李向罡編，《當代中國檔案事業實錄》，（北京市：檔案出版社，1993），185。

[114] 同上註，185-86。

[115] 王景高、馮伯群、李向罡編，《當代中國檔案事業實錄》，（北京市：檔案出版社，1993），185。

[116] 中國人民大學信息資源管理學院，《中國人民大學信息資源管理學院簡史（1952-2012）》，（北京市：中國人民大學信息資源管理學院，2012），72。

[117] 青海省地方史誌編纂委員會編，《青海省誌‧檔案誌》，（合肥市：黃山書社，1996），135。

[118] 廣州市檔案局，「廣州市檔案工作大事記（1949.10-1999.12）」，廣州檔案網，檢索於 2017 年 2 月 9 日，http://www.gzdaj.gov.cn/xxky/dabz/dasygy/200708/t20070816_1473.htm。

[119] 雲南省檔案局（館）編，《雲南省誌‧檔案誌》，卷 79，（昆明市：雲南人民出版社，2000），32。

[120] 河南省地方史誌編纂委員會編纂，《河南省誌‧檔案誌》，第 89 篇，（鄭州市：河南人民出版社，1994），132。

11 月 3 日至 30 日，國家檔案局舉辦全國中央廣播電視大學檔案專業課輔導教師培訓班。對「文書學」、「社會科學情報概論」兩門專業課的 200 名輔導教師進行了培訓。[121]

1985 年，河北省廣播電視大學設立檔案專業並招生。[122]

中央廣播電視大學在河南開設檔案專業，鄭州、開封、洛陽、濮陽、新鄉、鶴壁、許昌、焦作、安陽等市和周口、商丘、信陽、駐馬店等地區電大與檔案局共開班 24 個，招生 1421 人，實畢業 1,057 人。[123]

1986 年

3 月 21 日，中國人民大學在檔案系基礎上建立了中國第一所檔案學院。該院將辦成中國檔案學教育與研究中心。[124]

3 月 28 日，中央職稱改革工作小組轉發國家檔案局制定的《檔案專業人員職務試行條例》及其《實施意見》，要求各地區、各機關檔案部門試行，並根據實際情況制定各自的「實施細則」。

6 月 17 日，經江蘇省教育廳、江蘇省計經委同意江蘇省常州輕工業學校增設檔案專業。9 月，在全省招收學生 90 人。[125]

6 月，中國人民大學檔案學院受國家教育委員會的委託，承擔了國家教委文科教材辦公室下達的全國高等學校教材選編的任務。其中重點承擔了《檔案管理學》、《機關文件管理》、《檔案文獻編纂學》、《檔案學概論》、《科技檔案管理學》、《檔案保護技術學》、《縮微攝影複製技術》、《中國檔案史》、《中國政治制度》等教材的編寫任務和《文件管理系統》（美國）、《蘇聯檔案工作理論與實踐》（蘇聯）等書的翻譯任務。[126]

[121] 王景高、馮伯群、李向罡編，《當代中國檔案事業實錄》，（北京市：檔案出版社，1993），186。
[122] 河北省地方誌編纂委員會編，《河北省誌・檔案誌》，第 85 卷，（石家莊市：河北人民出版社，1994），299。
[123] 河南省地方史誌編纂委員會編纂，《河南省誌・檔案誌》，第 89 篇，（鄭州市：河南人民出版社，1994），131。
[124] 中國人民大學校史研究叢書編委會編，《中國人民大學紀事（1937-2007）[上卷]》，（北京市：中國人民大學出版社，2007），345。
[125] 江蘇省地方誌編纂委員會編，《江蘇省誌・檔案誌》，（南京市：江蘇古籍出版社，1996），349。
[126] 中國人民大學信息資源管理學院，《中國人民大學信息資源管理學院簡史（1952-2012）》，（北京市：中國人民大學信息資源管理學院，2012），73。

9 月，南京大學圖書情報系增設科技檔案專業班，首屆招收四年制本科學生 42 人，招收雙學位 15 人。[127]

中國人民大學檔案學院開設科技檔案管理專業，招收本科生 30 名，學制四年。同時還新開設並招收科技檔案管理研究方向的碩士學位研究生。[128]

1986 年，經國家教育委員會和中央軍委批准，中國人民解放軍空軍政治學院設立全軍第一個檔案專業（學制 4 年）。並當年首次從地方招收 30 名新生，為全軍培訓具有高學歷、高品質的檔案管理人才。[129]

河北大學歷史系檔案專業增設檔案專修科，招收在職檔案幹部 40 人，學制 2 年。[130]

經國家教委批准，鄭州大學歷史系設檔案專業，1987 年秋季招收首屆學生 30 名，招收對象為應屆高中畢業生，本科，學制 4 年。[131]

開封市第二職業中專和焦作市第十二中學分別開辦檔案職業中專（高中）班，招生人數分別為 47 人和 80 人。[132]

1987 年

6 月 30 日，中國人民大學函授學院檔案專業雲南函授班 54 名學生考試合格，獲中國人民大學專科畢業證書。

7 月，中國人民大學檔案學院 303 名畢業生離校，其中研究生 12 人（碩士研究生 4 人、研究生班 8 人）、本科 41 人、專科 52 人、幹部專修科 198 人。[133]

9 月 5 日，中國大陸通過並頒布《檔案法》。

9 月，中國人民大學檔案學院招收行政信息管理專門化的四年制本科學生。行政信息管理專門化主要培養行政管理領域中的綜合性信息管理人才，

---

[127] 江蘇省地方誌編纂委員會編，《江蘇省誌・檔案誌》，（南京市：江蘇古籍出版社，1996），349。

[128] 中國人民大學信息資源管理學院，《中國人民大學信息資源管理學院簡史（1952-2012）》，（北京市：中國人民大學信息資源管理學院，2012），73。

[129] 王景高、馮伯群、李向罡編，《當代中國檔案事業實錄》，（北京市：檔案出版社，1993），186。

[130] 河北省地方誌編纂委員會編，《河北省誌・檔案誌》，第 85 卷，（石家莊市：河北人民出版社，1994），300。

[131] 河南省地方史誌編纂委員會編纂，《河南省誌・檔案誌》，第 89 篇，（鄭州市：河南人民出版社，1994），132。

[132] 同上註。

[133] 中國人民大學信息資源管理學院，《中國人民大學信息資源管理學院簡史（1952-2012）》，（北京市：中國人民大學信息資源管理學院，2012），75。

專門從事國家機關中的文件、檔案、情報資料及辦公室自動化系統的綜合管理活動，規劃與管理國家機關的信息系統，負責機關內部與外部的信息溝通與協調。[134]

昆明師專夜大文書檔案專業開始招生，學制三年。此專業共計辦 1987、1988 年 2 屆，招生 101 人，畢業 80 人。[135]

10 月 15 日，中國檔案學會主辦的《檔案學研究》（季刊）創刊號出版。

11 月 23 日，國家檔案局成立檔案中專教材編審委員會，委員 10 人，李鳳樓任主任委員。編審委員會決定採取招標方式選定編寫人員，編寫《文書工作》、《檔案管理》、《科學技術檔案管理》、《檔案保護技術學》、《檔案複製技術》、《計算機操作技術》等教材。[136]

1987 年，鄭州大學檔案專業首開函授教育，招生 150 人。[137]

1988 年

1 月 1 日，中國大陸《檔案法》正式施行。

4 月 1 日、2 日，中國檔案學會理事長裴桐發表講話，呼籲海峽兩岸檔案工作者開展檔案學術交流。

6 月，南京大學圖書館系科技檔案專業 14 名首屆雙學位畢業生獲得國家頒發的文學士、理學士雙學位證書。[138]

9 月 1 日，廣州師範學院第一期成人檔案專業大專證書班開學。1992 年第 4 期結業後停辦，4 期共招收學員 296 人。[139]

9 月，中國人民大學檔案學院新開設並招收檔案保護技術專業本科生 20 人，學制四年，檔案保護技術專業為理工類專業。[140]

---

[134] 同上註。

[135] 雲南省檔案局（館）編，《雲南省誌·檔案誌》，卷 79，（昆明市：雲南人民出版社，2000），252。

[136] 王景高、馮伯群、李向罡編，《當代中國檔案事業實錄》，（北京市：檔案出版社，1993），187。

[137] 河南省地方史誌編纂委員會編纂，《河南省誌·檔案誌》，第 89 篇，（鄭州市：河南人民出版社，1994），131。

[138] 江蘇省地方誌編纂委員會編，《江蘇省誌·檔案誌》，（南京市：江蘇古籍出版社，1996），352。

[139] 廣州市檔案局，「廣州市檔案工作大事記（1949.10－1999.12）」，廣州檔案網，檢索於 2017 年 2 月 9 日，http://www.gzdaj.gov.cn/xxky/dabz/dasygy/200708/t20070816_1473.htm。

[140] 中國人民大學信息資源管理學院，《中國人民大學信息資源管理學院簡史（1952-2012）》，（北京市：中國人民大學信息資源管理學院，2012），76。

雲南大學檔案系正式掛牌招生。[141]

1989 年

　　3 月，雲南大學檔案學系檔案專業證書班開學，學制 1 年，學習 12 門課程，每年春秋季各招收 1 期。[142]

　　9 月 11 日，受江蘇省檔案局委託，經江蘇省教委批准，由揚州師範學院主辦的檔案專業「專業證書」函授班在揚州開學。[143]

1990 年

　　11 月 28 日，曾三逝世。

1991 年

　　倪寶坤逝世。

1992 年

　　4 月 7 日，臺灣資訊縮影暨檔案管理界人士赴中國大陸旅行團一行 10 人來到中國人民大學檔案學院參觀訪問。[144]

　　4 月 11 日，臺灣中華資訊縮影暨檔案管理人士旅行團一行 9 人，在中國檔案學會副理事長靳雲峰的陪同下抵達南京，代表團與江蘇省檔案學會有關人士進行了檔案學術交談，交換了部分檔案學術著作。[145]

---

[141] 雲南省檔案局（館）編，《雲南省誌·檔案誌》，卷 79，（昆明市：雲南人民出版社，2000），35。

[142] 同上註。

[143] 江蘇省地方誌編纂委員會編，《江蘇省誌·檔案誌》，（南京市：江蘇古籍出版社，1996），353。

[144] 中國人民大學信息資源管理學院，《中國人民大學信息資源管理學院簡史（1952-2012）》，（北京市：中國人民大學信息資源管理學院，2012），80。

[145] 江蘇省地方誌編纂委員會編，《江蘇省誌·檔案誌》，（南京市：江蘇古籍出版社，1996），356。

11 月 10 日，中國人民大學檔案學院舉行建院 40 週年大會。[146]

12 月 29 日至 1993 年 1 月 3 日，應臺灣資訊縮影管理學會的邀請，中國人民大學檔案學院副院長李鴻健赴臺灣參加光碟與縮影系統學術研討會，向大會提交了〈光碟在檔案管理中的應用之研究〉論文。[147]

1993 年

3 月至 11 月間，經雲南省委幹教委批准，雲南省檔案局會同省委黨校、雲南行政學院等先後作出決定：從下半年起至 1994 年上半年，分別舉辦檔案大專班。與此同時，舉辦了檔案幹部進修班、檔案執法監督檢查員培訓班以及辦公自動化培訓班等，在全省範圍內系統地培訓檔案幹部。[148]

12 月 17 日，國務院學位委員會批准中國人民大學歷史文獻學（含檔案學）博士學位點授予權。[149]同時批准曹喜琛教授為歷史文獻學（含檔案學）博士生指導教師。[150]

1993 年，中華民國資訊縮影管理學會更名為「中華檔案暨資訊縮微管理學會」。

1994 年

3 月 24 日，國家檔案局、中央檔案館和中國人民大學聯合召開檔案教育獎學金公布會，宣布自 1994 年起由國家檔案局每年撥款 5 萬元，用於獎勵檔案學院的優秀學生。[151]

---

[146] 中國人民大學信息資源管理學院，《中國人民大學信息資源管理學院簡史（1952-2012）》，（北京市：中國人民大學信息資源管理學院，2012），81。

[147] 中國人民大學校史研究叢書編委會編，《中國人民大學紀事（1937-2007）[上卷]》，（北京市：中國人民大學出版社，2007），476。

[148] 雲南省檔案局（館）編，《雲南省誌‧檔案誌》，卷 79，（昆明市：雲南人民出版社，2000），41。

[149] 中國人民大學校史研究叢書編委會編，《中國人民大學紀事（1937-2007）[上卷]》，（北京市：中國人民大學出版社，2007），489。

[150] 中國人民大學信息資源管理學院，《中國人民大學信息資源管理學院簡史（1952-2012）》，（北京市：中國人民大學信息資源管理學院，2012），81。

[151] 中國人民大學校史研究叢書編委會編，《中國人民大學紀事（1937-2007）[上卷]》，（北京市：中國人民大學出版社，2007），493。

1995 年

3 月，經中國人民大學學位委員會批准，檔案學院增聘王傳宇教授為歷史文獻學（含檔案學）博士生導師。[152]

8 月 15 日至 19 日，中國檔案學會在昆明市舉行「1995 年海峽兩岸檔案學術交流會」。[153]

1996 年

2 月，受建設部委託，中國人民大學檔案學院開設城建檔案專業證書班，學制一年。[154]

3 月 12 日，中國人民大學檔案學院主辦的首屆在職人員碩士研究生課程進修班開學，學員 25 人。[155]

4 月，上海市檔案專業大專自學考試首次開辦，4 月 21 日首次開考。[156]

6 月，中國人民大學曹喜琛教授被評為全國哲學、社會科學規劃委員會文獻信息組評議委員。[157]

6 月 26 日，廣州業餘大學檔案專業班 45 名學生畢業。該班是廣州市檔案局委託開辦的，1993 年 9 月開學，學制為業餘三年。[158]

8 月 1 日，政治大學圖書資訊與檔案學研究所正式成立。

---

[152] 中國人民大學信息資源管理學院，《中國人民大學信息資源管理學院簡史（1952-2012）》，（北京市：中國人民大學信息資源管理學院，2012），82。

[153] 雲南省檔案局（館）編，《雲南省誌・檔案誌》，卷 79，（昆明市：雲南人民出版社，2000），43。

[154] 中國人民大學校史研究叢書編委會編，《中國人民大學紀事（1937-2007）[下卷]》，（北京市：中國人民大學出版社，2007），521。

[155] 中國人民大學信息資源管理學院，《中國人民大學信息資源管理學院簡史（1952-2012）》，（北京市：中國人民大學信息資源管理學院，2012），83。

[156] 《上海檔案誌》編纂委員會，《上海檔案誌》，（上海市：上海社會科學院出版社，1999），檢索於 2017 年 2 月 4 日，http://www.shtong.gov.cn/node2/node2245/node4511/node54552/index.html。

[157] 中國人民大學信息資源管理學院，《中國人民大學信息資源管理學院簡史（1952-2012）》，（北京市：中國人民大學信息資源管理學院，2012），83。

[158] 廣州市檔案局，〈廣州市檔案工作大事記（1949.10－1999.12）〉，廣州檔案網，檢索於 2017 年 2 月 9 日，http://www.gzdaj.gov.cn/xxky/dabz/dasygy/200708/t20070816_1473.htm。

1997 年

　　5 月，中國人民大學檔案學院首屆博士研究生馮惠玲、夏宏圖通過學位論文答辯。[159]

　　國家教委成立檔案學高等教育指導委員會，中國人民大學檔案學院曹喜琛教授為主任委員，馮惠玲為副主任委員，宮曉東為委員。[160]

　　6 月，根據國務院學位委員會的決定，中國人民大學檔案學院曹喜琛教授出任國務院學位委員會圖書情報檔案學科評議組召集人。[161]

1999 年

　　7 月 13 日，澳門檔案館館長劉美儀女士訪問中國人民大學檔案學院，商談澳門迴歸後邀請檔案學院合作培訓澳門檔案工作者事宜。[162]

　　12 月 15 日，臺灣的《檔案法》公布。

2000 年

　　9 月 1 日，臺灣政治大學圖書資訊學研究所（臺灣第一個也是唯一一個檔案碩士授予點）所長薛理桂教授一行 15 人訪問中國人民大學檔案學院，與學院教授、師生座談，互贈書籍。[163]

　　10 月 21 日至 29 日，教育部高等學校檔案學科教學指導委員會暨第九屆檔案學專業系主任聯席會議在廣西民族學院舉行，馮惠玲院長參加會議並提出了「以獨立為體、融合為用」的專業發展思路。[164]

---

[159] 中國人民大學信息資源管理學院，《中國人民大學信息資源管理學院簡史（1952-2012）》，（北京市：中國人民大學信息資源管理學院，2012），84。
[160] 同上註。
[161] 同上註。
[162] 同上註，85。
[163] 同上註，86。
[164] 同上註。

12 月 7 日，國務院學位辦第八批審覈同意中國人民大學備案的自行審批增列的碩士學位授權學科，有歷史文獻學（含敦煌學、古文字學）、情報學。[165]

2001 年

4 月 30 日，教育部成立「2001-2005 高等學校檔案學學科教學指導委員會」，中國人民大學檔案學院馮惠玲教授為主任委員。[166]

8 月，《教育部關於成立 2001-2005 年教育部高等學校有關科類教學指導委員會的通知》公布了 2001-2005 年教育部高等學校 29 個教學指導委員會委員名單。馮惠玲擔任檔案學委員會的主任委員。[167]

9 月 8 日，中國人民大學檔案管理專業西藏專科班開學典禮舉行。中共中央統戰部宗教局、國家檔案局、中國人民大學有關校領導及相關部門負責人參加典禮。[168]

10 月 24 日，臺灣的《檔案管理局組織條例》公布施行。

11 月 23 日，臺灣的檔案管理局正式成立。

2002 年

1 月 1 日，臺灣的《檔案法》正式施行。

8 月 23 日，中國人民大學檔案學院郭莉珠赴臺灣就檔案保護技術問題作為期半年的講學，並作「中國大陸檔案專業教育」專題講座。[169]

10 月 12 日，中國人民大學舉行檔案學院成立五十週年慶祝大會。[170]

---

[165] 中國人民大學校史研究叢書編委會編，《中國人民大學紀事（1937-2007）[下卷]》，（北京市：中國人民大學出版社，2007），619。

[166] 中國人民大學信息資源管理學院，《中國人民大學信息資源管理學院簡史（1952-2012）》，（北京市：中國人民大學信息資源管理學院，2012），87。

[167] 中國人民大學校史研究叢書編委會編，《中國人民大學紀事（1937-2007）[下卷]》，（北京市：中國人民大學出版社，2007），641。

[168] 同上註，642。

[169] 同上註，680。

[170] 同上註，686。

2003 年

4 月 25 日，中國人民大學西藏檔案幹部專修班 40 名學員完成在校為期兩年的學業。該專修班是中國人民大學教育援藏項目之一。[171]

8 月，政治大學圖書資訊學研究所更名為「圖書資訊與檔案學研究所」。

11 月 23 日，國家人事部、全國博士後管理委員會發布《關於新設 434 個博士後科研流動站的通知》，中國人民大學 2003 年申請設立的圖書館、情報與檔案管理學科獲准設立博士後科研流動站。[172]

12 月 1 日，中國人民大學決定在原有檔案學院基礎上成立信息資源管理學院。[173]

2004 年

中國人民大學信息資源管理學院成立。[174]

2005 年

1 月，中國人民大學信息資源管理學院劉耿生教授應臺灣淡江大學歷史系邀請任客座教授，講授為期八個月的編纂學、鑑辨學、檔案與史學三門課程。[175]

3 月 2 日至 4 日，檔案管理局委由行政院人事行政局地方行政研習中心辦理 94 年（2005 年）第 1 期檔案管理實務研習。[176]

---

[171] 同上註，721。

[172] 同上註，756。

[173] 同上註，756。

[174] 同上註，782。

[175] 同上註，831。

[176] 檔案管理局，〈94 年 1 月分至 12 月分大事紀〉，檔案管理局網站，最後更新於 2007 年 9 月 4 日，檢索於 2017 年 3 月 12 日，http://www.archives.gov.tw/Publish.aspx?cnid=1418&p=358。

4 月 21 日，檔案管理局出版《94 年機關檔案管理人員基礎實務訓練教材彙編》。[177]

5 月，中國人民大學信息資源管理學院成為中國大陸第一個國際信息資源管理學會團體會員。

6 月 1 日至 3 日，檔案管理局委由行政院人事行政局地方行政研習中心辦理 2005 年第 2 期檔案管理實務研習。[178]

6 月 7 日，檔案管理局與教育部合作辦理「94 年度教育部所屬機關學校北區檔案管理人員講習」。[179]

8 月 8 日至 11 日，教育部檔案學學科教學指導委員會年會暨第十四屆檔案學專業系主任聯席會議在雲南大學召開。[180]

2006 年

中國人民大學信息資源管理學院獲得圖書館、情報與檔案管理一級學科博士學位授予權。[181]

2007 年

1 月 4 日，臺灣檔案管理局召開「96 年（2007 年）機關檔案管理人員基礎實務訓練教材及簡報資料修訂研討會」。[182]

3 月 16 日，教育部學位與研究生教育發展中心正式公布了 2006 年 5 月啟動的全國第二輪第一批一級學科評估結果，中國人民大學圖書館、情報與檔案管理列第二名。[183]

---

[177] 同上註。

[178] 同上註。

[179] 同上註。

[180] 中國人民大學信息資源管理學院，《中國人民大學信息資源管理學院簡史（1952-2012）》，（北京市：中國人民大學信息資源管理學院，2012），95-96。

[181] 同上註，100。

[182] 檔案管理局，〈96 年 1 月分大事紀〉，檔案管理局網站，最後更新於 2007 年 9 月 4 日，檢索於 2017 年 3 月 12 日，http://www.archives.gov.tw/Publish.aspx?cnid=1418&p=35。

[183] 中國人民大學校史研究叢書編委會編，《中國人民大學紀事（1937-2007）[下卷]》，（北京市：中國人民大學出版社，2007），988。

4 月，教育部公布了《教育部社會科學委員會新增委員名單》，馮惠玲教授被增補為教育部社會科學委員會委員。[184]

2008 年

　　5 月 2 日，吳寶康教授逝世。[185]

　　11 月 11 日至 16 日，中國人民大學信息資源管理學院盧小賓教授赴臺灣政治大學圖書資訊與檔案學研究所、輔仁大學圖書資訊學系與世新大學資訊傳播學系訪問考察，並分別作專場學術報告。[186]

2009 年

　　7 月 25 日至 27 日，「2009 年海峽兩岸檔案暨微縮學術交流會」舉行。[187]

2010 年

　　2010 年，政治大學圖書資訊與檔案學研究所成立博士班，招收檔案學博士研究生。

2012 年

　　6 月 21 日，中國人民大學信息資源管理學院與臺灣政治大學圖書資訊與檔案學研究所聯合主辦「兩岸圖書、情報、檔案學教育論壇」。雙方還先後介紹

---

[184] 同上註，999。
[185] 中國人民大學信息資源管理學院，《中國人民大學信息資源管理學院簡史（1952-2012）》，（北京市：中國人民大學信息資源管理學院，2012），104-5。
[186] 同上註，107。
[187] 同上註，109。

了兩院博碩士課程設置和培養計畫，就師生互訪、學術交流等問題交換意見，進一步達成合作意向。[188]

2016 年

6月，中國人民大學信息資源管理學院、國立政治大學圖書資訊與檔案學研究所加入 iSchools。

7月，政治大學圖書資訊與檔案學研究所培養的第一位檔案學博士研究生吳宇凡畢業。

---

[188] 同上註，118。

社會科學類　PF0283　Viewpoint54

海峽兩岸檔案學教育之沿革與發展

作　　者 / 張　衍
責任編輯 / 石書豪
圖文排版 / 楊家齊
封面設計 / 蔡瑋筠

發 行 人 / 宋政坤
法律顧問 / 毛國樑　律師
出版發行 / 秀威資訊科技股份有限公司
　　　　　 114 台北市內湖區瑞光路 76 巷 65 號 1 樓
　　　　　 電話：+886-2-2796-3638　傳真：+886-2-2796-1377
　　　　　 http://www.showwe.com.tw
劃撥帳號 / 19563868　戶名：秀威資訊科技股份有限公司
　　　　　 讀者服務信箱：service@showwe.com.tw
展售門市 / 國家書店（松江門市）
　　　　　 104 台北市中山區松江路 209 號 1 樓
　　　　　 電話：+886-2-2518-0207　傳真：+886-2-2518-0778
網路訂購 / 秀威網路書店：https://store.showwe.tw
　　　　　 國家網路書店：https://www.govbooks.com.tw

2020 年 12 月　BOD 一版
定價：420 元
版權所有　翻印必究
本書如有缺頁、破損或裝訂錯誤，請寄回更換

國家圖書館出版品預行編目

海峽兩岸檔案學教育之沿革與發展 / 張衍著. --
 一版. -- 臺北市：秀威資訊科技, 2020.12
  面； 公分. -- (社會科學類；PF0283)
(Viewpoint ; 54)
 BOD 版
 ISBN 978-986-326-854-3(平裝)

 1. 檔案學 2. 教育史

027.09   109014024

讀 者 回 函 卡

感謝您購買本書，為提升服務品質，請填妥以下資料，將讀者回函卡直接寄
回或傳真本公司，收到您的寶貴意見後，我們會收藏記錄及檢討，謝謝！
如您需要了解本公司最新出版書目、購書優惠或企劃活動，歡迎您上網查詢
或下載相關資料：http:// www.showwe.com.tw

您購買的書名：＿＿＿＿＿＿＿＿＿＿＿＿＿＿＿＿＿＿＿＿＿＿＿

出生日期：＿＿＿＿＿＿年＿＿＿＿＿＿月＿＿＿＿＿日

學歷：□高中 (含) 以下　　　□大專　　　□研究所 (含) 以上

職業：□製造業　□金融業　□資訊業　□軍警　□傳播業　□自由業
　　　□服務業　□公務員　□教職　　□學生　□家管　　□其它＿＿＿

購書地點：□網路書店　□實體書店　□書展　□郵購　□贈閱　□其他

您從何得知本書的消息？

　□網路書店　□實體書店　□網路搜尋　□電子報　□書訊　□雜誌

　□傳播媒體　□親友推薦　□網站推薦　□部落格　□其他＿＿＿＿＿＿

您對本書的評價：（請填代號　1.非常滿意　2.滿意　3.尚可　4.再改進）

　封面設計＿＿　版面編排＿＿　內容＿＿　文／譯筆＿＿　價格＿＿

讀完書後您覺得：

　□很有收穫　□有收穫　□收穫不多　□沒收穫

對我們的建議：＿＿＿＿＿＿＿＿＿＿＿＿＿＿＿＿＿＿＿＿＿＿＿

＿＿＿＿＿＿＿＿＿＿＿＿＿＿＿＿＿＿＿＿＿＿＿＿＿＿＿＿＿＿＿

＿＿＿＿＿＿＿＿＿＿＿＿＿＿＿＿＿＿＿＿＿＿＿＿＿＿＿＿＿＿＿

＿＿＿＿＿＿＿＿＿＿＿＿＿＿＿＿＿＿＿＿＿＿＿＿＿＿＿＿＿＿＿

11466
台北市內湖區瑞光路 76 巷 65 號 1 樓

秀威資訊科技股份有限公司　　　收

BOD 數位出版事業部

....

（請沿線對折寄回，謝謝！）

姓　　名：＿＿＿＿＿＿＿＿＿　年齡：＿＿＿＿　性別：□女　□男

郵遞區號：□□□□□

地　　址：＿＿＿＿＿＿＿＿＿＿＿＿＿＿＿＿＿＿＿＿＿

聯絡電話：(日) ＿＿＿＿＿＿＿＿＿＿＿　(夜) ＿＿＿＿＿＿＿＿＿＿＿

E-mail：＿＿＿＿＿＿＿＿＿＿＿＿＿＿＿＿＿＿＿＿＿